老子@你

读懂《道德经》

刘琬琦 著

广东旅游出版社
GUANGDONG TRAVEL & TOURISM PRESS
悦读书·悦旅行·悦享人生

中国·广州

图书在版编目（CIP）数据

老子@你：读懂道德经 / 刘琬琦著 . — 广州：广东旅游出版社，2024.3
ISBN 978-7-5570-3202-9

Ⅰ. ①老… Ⅱ. ①刘… Ⅲ. ①《道德经》–通俗读物 Ⅳ. ① B223.1-49

中国国家版本馆 CIP 数据核字（2024）第 014639 号

出 版 人：刘志松
特约策划：李晓阳　宁成敏
项目执行：武星华
责任编辑：陈晓芬
装帧设计：春普品牌文化
责任校对：李瑞苑
责任技编：冼志良

老子 @ 你　读懂道德经
LAOZI@NI DUDONG DAODEJING

广东旅游出版社出版发行
（广州市荔湾区沙面北街71号首层、二层）
邮　编：510130
电　话：020-87347732（总编室）　020-87348887（销售热线）
印　刷：天津丰富彩艺印刷有限公司
　　　　（天津市宝城区新开口镇大新公路北侧 427 号）
开　本：710mm×1000mm　16 开
字　数：452 千字
印　张：27
版　次：2024 年 3 月第 1 版
印　次：2024 年 3 月第 1 次印刷
定　价：89.00 元

【版权所有　侵权必究】
本书如有错页倒装等质量问题，请直接与印刷厂联系换书。

序：又见老子

《道德经》，并不论述道德。关于老子我们知道的其实并不多，只知道他老人家姓李，名耳，字聃，春秋末期楚国人。连生卒年份都不甚清楚，传说很多，反而使其真相不明：寿年大概很高，有说百岁以上的，也有说超过两百岁的，也有说三百岁……

我相信他高寿，因为他的思想；不过我不相信他会特别高寿，毕竟他身处那个战乱年代，可谓生灵涂炭。

老子的思想朴素不失深邃，可谓博大精深，意蕴深远。从他的经文里，我看到的是一位睿智通达、胸怀天下又虚怀若谷的哲思大家。他老人家如此心胸豁达，又是"贵生、厚生"之人，若非天灾人祸，必然高寿。

《道德经》分上下篇，共八十一章。传说老子要出关，官吏劝他留下一些言论，他才口授，别人记下的。

后世奉《道德经》为道家的圣典、兵家的韬略、法家的理论……我把它看作什么呢？

先讲我的认知论。它的顺序是这样的：宇宙观→世界观→人生观。可能有人会说，这谁不知道，不都这样吗？我们可以先思考一些现象，在我们身边，哪些人具有相对完善的人生观？他们的人生观从哪里来？依据是什么？是其世界观呢，还是宇宙观？我的回答是：

1. 不从宇宙观而来的世界观，你的世界在哪里？

2. 不从世界观而来的人生观，难道你不活在这个世界吗？

飞禽走兽不需要"禽生观、兽生观"，但它们一样地飞，一样地走，这是它们的福气，可人没有这样的福气。我们当中有很多人成了知识分子、艺术家……这不免就特别需要一个能正确指引我们人生方向的观念，否则将使自己陷入人生僵局，且少不了以悲剧收场。

没有人敢蒙着眼睛过马路。可是我们当中的大多数人，却选择蒙着眼睛过一生，即使他们所有的意识都并不这样认为。

完善的人生观源自成熟的思想体系，使我们拥有完整的思考和成熟理智的判断力；就像一盏明灯，在关键时刻给我们指引人生方向，普通人比艺术家更需要完善的人生观。

读万卷书之后，真的要行万里路，更需阅人无数……否则，你的人生观、世界观充其量只是"闭门造车"的"一己之见"。

因此，回到前面的话题，我把《道德经》当什么呢？当作自己人生观的参照物。

老子的哲学特别清楚地把宇宙观渗透世界观、融入人生观。我认为其根本原因就在于，他有清晰明确的宇宙观。

用一个最简单的比喻来形容老子的逻辑：你要收获，先种下种子，而后用心耕耘。

期待你和我一样有收获。

刘琬琦

目 录

第 一 章	有无之名：道中有乾坤	001
第 二 章	有无相生：处无为之事、行不言之教	009
第 三 章	圣人之治：虚心、实腹、弱志、强骨	017
第 四 章	道之所用：解纷挫锐、和光同尘	023
第 五 章	道之境界：万物平等、阴阳无极、生生不息	027
第 六 章	道之根本：空性与明性	031
第 七 章	天长地久：只有爱，才是基业长青之道	035
第 八 章	上善若水：谦柔处下成江海之器，虚怀若谷容乾坤之量	041
第 九 章	物极必反：留白才有天地宽	049
第 十 章	道之玄妙：万物有道，道道相通；明德为玄，微妙玄通	053
第十一章	无我自在：空无，是修行的最高境界	059
第十二章	为腹去目：守住生命的内核	063
第十三章	超然物外：行到水穷处，坐看云起时	067
第十四章	不皦不昧："不着相、不我执、不落两端"的实修	075
第十五章	不盈新成：成为心的主人，成就生命的王者	081

第 十 六 章	致虚守静：常识是最高的真理，没有什么比常识更高	087
第 十 七 章	功成身退：管理的最高境界	091
第 十 八 章	仁义孝慈：这个社会越强调的，其实是因为失去了	095
第 十 九 章	见素抱朴：见素则识定，抱朴则神全	099
第 二 十 章	愚人之心：像大海一样辽阔，像风一样自由	103
第二十一章	恍惚窈冥：惟（唯）道是从，坚定自己的信念	109
第二十二章	圣人抱一：求知若渴，抱朴守拙	115
第二十三章	证道德行：将智慧融入生命	119
第二十四章	有道不处：放下自我，才能开启明心见性的实修	123
第二十五章	道法自然：通晓天地规律，故能随顺天地、顺势而为	127
第二十六章	圣人持重：沉静清明、镇定自若	133
第二十七章	以道为根：在做事中修行，在修行中完善自己的道	139
第二十八章	知守常德：知白守黑，知荣守辱	145
第二十九章	天下神器：去甚、去奢、去泰	149
第 三 十 章	以道为基：其事好还，物极必反，否极泰来	153
第三十一章	以道铸器：保有战力，是为了有能力不战而屈人之兵	157
第三十二章	道在天下：遵道而行，知其所止，万物自宾	161
第三十三章	明者修身：人生最根本的动力源，是内在的光明	165
第三十四章	道之品质：不自以为大	171
第三十五章	大道至简：成功就是从头到尾坚持做好一件事	175
第三十六章	大智微明：洞悉全局，守柔藏拙，韬光养晦	179
第三十七章	无名之朴：自化自治的生命境界	183

第三十八章	居厚处实：淳朴通达，去伪存真	187
第三十九章	得道抱一：一是万物之始，亦是事物的整体与全局	191
第 四 十 章	相反相成：这混成而又秩序井然的人生	197
第四十一章	善贷且成：将"我"修到混沌，没有人我之分	201
第四十二章	负阴抱阳：常怀谦下、虚空、敬畏的心	207
第四十三章	柔能克刚：在轻松的状态下才能出业绩	215
第四十四章	孰轻孰重：拎得清轻重，才能做常胜将军	221
第四十五章	清静为正：得自在，才能真正地圆满	225
第四十六章	无祸无咎：一心外求，奈何苦	231
第四十七章	道行万里：足不出户便知天下	237
第四十八章	为道日损：要在花花世界里守住本心	243
第四十九章	大道为公：心有多大，就能装下多少事	249
第 五 十 章	摄生之道：强大自己的终极意义，就是练就金刚不坏之心	257
第五十一章	万物遵道：不要把精力浪费在末端，在根源上努力生长	265
第五十二章	袭常之明：掌握洞悉一切的能力	273
第五十三章	大道甚夷：不要轻易舍弃大道，转而追求施和迤	279
第五十四章	不拔不脱：治国先从修炼自己开始	285
第五十五章	和常益生：开放、和谐、共生	291
第五十六章	玄同天地：明道之人均复万物	297
第五十七章	治国用兵：怎么才能得天下	301
第五十八章	直而不肆：无限接近圆满的为人处世思想	307
第五十九章	长生久视：创建正向的价值体系，种下积极的能量种子	311

第六十章	道临天下：这个世界，除了你自己没有人能伤害你	315
第六十一章	大国下流：正确的人生值得拥有"下"的品质	321
第六十二章	善人之宝：谨记谦卑与敬畏，君子披褐而怀玉	325
第六十三章	无为无事：只要你用心，没有做不成的事	329
第六十四章	千里之行：你再能干，做事也得一步步来	335
第六十五章	道者治民：没有大智慧，必然无法做好管理	339
第六十六章	百谷之王：越是王者，越与世无争	345
第六十七章	守持三宝：慈、俭与不敢为天下先，就是管理者的道	349
第六十八章	不争之德：在真正需要下功夫的方向持续不断地努力	355
第六十九章	兵法权谋：谋的是大局观，是眼界，是格局	359
第七十章	被（披）褐怀玉：不信口雌黄，不肆意妄为	363
第七十一章	圣人不病：体验病痛，认识病痛真相，当可消融病痛	367
第七十二章	自知自爱：高明的领导者一定懂的道理	373
第七十三章	繟然（从容）善谋：天道，从不辜负每一个在道上持之以恒的人	377
第七十四章	民不畏死：法出必行，就是树立威信、树立榜样	381
第七十五章	贤于贵生：为上者不要得寸进尺	385
第七十六章	或柔或强：不能光看表面	389
第七十七章	补损得当：要的就是这个结果	397
第七十八章	正言若反：做一个真正的强者	403
第七十九章	天道无亲：菩萨心肠，还得有霹雳手段	409
第八十章	小国寡民：保护传统与民俗，尊重民主与民权	413
第八十一章	圣人之道：一生所求，不过是内心光明坦荡	417

第一章

有无之名：道中有乾坤

道可道，非常道。
名可名，非常名。
无，名天地之始；有，名万物之母。
故常无，欲以观其妙；常有，欲以观其徼。
此两者同出而异名，同谓之玄。
玄之又玄，众妙之门。

传统译文

可以说出来的道，都不是最根本最恒久的道。可以命名的，都不是事物的本质。天地最初始的状态是无，而有则是世间万物的开始。所以要以无欲去观察领悟道的奥妙，以有欲去观察体会道的端倪。"有"和"无"这两者来源相同而名称不同，都可以称为玄妙。但又不是一般的玄妙，而是玄妙中的玄妙，是世间所有奥妙的门径。

经典对话

朱玲：道可道，非常道。名可名，非常名。这一句我更喜欢的是另一个版本：道可道，非恒道；名可名，非恒名。

道可道：条条道路通罗马。想讲述一个道理，它在不同的环境和人身上，可能用不同的表达方式去阐述；想完成一件事，也可以从多个角度或用不同方法去打造。非常道：但人不能认死理。想用一个亘古不变的标准来应对变化的环境，这是行不通的。有很多人会喜欢用看到的一些"道理"，去要求别人，殊不知他人与自己经历各不相同，认知也不相同。同一句话也许对自己有用，换一个人，他不一定接受和认可。

名可名，非常名：当某些人物或事情（件）被人为定义了，我们反而容易对其所具有的定义外延理解得更加狭隘。而有些从来没上过学的人，脑子里没有条条框框，很多时候反而更能把握住某些事物的本质。

无，名天地之始；有，名万物之母：万事万物本来是没有"名"的，当我们不去定义它的时候，在使用的时候反倒能意识到它的潜能；当它被定义为×××，有了称呼、有了功能描述时，"名"就开始延伸扩展了。正反、高低、长短、好坏……就像家里有一把扳手，我爸爸可以用它完成很多事；而有的人看到扳手，只能理解其作用为扭螺丝，所以就买锤子、起子、梅花刀……从而产生更多"名"，更多定义，也就带来了更多否定，继而遮住了自己运用智慧看到本质的眼帘。

"故常无，欲以观其妙，常有，欲以观其徼。"常无欲：这里我理解的是"不用心思考"，而是去感受"道"的更多妙用。在不同的环境与条件下，它可以通过对不同人或事的信手拈来，以效果为前提，产生自己需要的效用。常有欲：代表有意识地观察，观察到凡事都有边界，有局限，凡事都会在一定的规律中运作，因而我们要有意识地捕捉其边界在哪里。

此两者同出而异名，同谓之玄。玄之又玄，众妙之门。有和无，万事万物不会因为还没有被"（命）名"，或打上标签，它们就不存在。有句话叫太阳底下没有新鲜事，一切事物都在按其规律运作。因此在某种意义上理解，一切事物都可以为己所用，当我们意识到某些人物或事情之"名"时，其实只是一种对其理解的表象。而我们透过这个"名"（有），又可以延伸出（通过逻辑的联系）它的内核意义所在（无），此两者同出而异名，同谓之玄。

张倩： 夫子说我们讲的这个"道"是可以被说、被理解、被读懂的"道"。它和我们通常意义上说的那种道路是不一样的，还有生活中那些有形的事物，它们可以被定义、被命名，但不是我们通常意义上说的那个意思（玄之又玄）。比如说"道"，（参考《道德经》第二十五章，"有物混成先天地生。寂兮寥兮独立而不改，周行而不殆，可以为天下母。吾不知其名，强字之曰"道"）我只能勉强将它叫做"道"这个名字。由此可见"道"是一个名字。它是被我们定义的。这个被我们定义出来的"道"已经不是我们通常意义上讲的那个道了（非常名）。这个被定义出来的"道"，可以让我们接近那个真正意义上的道，去认识那个真正意义上的道。

再比如说"无"和"有"，我们把天地之始，天地的源头叫做"无"，把孕育万物的母亲叫做"有"，这其实也是名。"无"和"有"分别代表了原始本真的状态，以及现实中那些可以认知本质的物理存在。我们通过"无"的视角来看这个世界，来体味到这个世界的真相及奥妙，以"有"的视角来看这个世界，能够看到无限接近本质，了解本质。因此夫子说，"无"和"有"实际上是一回事。"道"，只不过叫了两个不同的名字，它们都很玄妙；但正是这种玄之又玄的微妙，才是打开宇宙奥妙的大门啊！

问道感悟：

这一章让我对"名"有了更加深刻的领悟。我们现在说的话，表达的文字等这些都是名，是名就会有徼。因为名是被定义的，就会受到去定义它的这个人所处的环境和学识与认知等的限制。名，出现是为了让我们去接近真相，但不是真相本身。因此，我们不能执着于名，而是要通过名去无限接近真相。

心兰：《道德经》主要论述"道"与"德"。"道"不仅指宇宙之道、自然之道，更指个体修身之道；"德"是修道者应必备的以"道"为根的世界观（以道莅天下）、方法论以及为人处世之法。

第一章是《道德经》全书的思想和内容总纲，老子称之为：众妙之门。不入此门，则难得其奥妙整体感受到第一章之能量异常恢宏，比之"有无相生"的第四十章，有过之而无不及。而且我隐隐约约感受到第四十章的"有无相生"和第一章的"有、无"，是谓同妙。

进入正题：

道可道，非常道；名可名，非常名。（中心思想）

无，名天地之始；有，名万物之母。（举例说明）

故常无，欲以观其妙；常有，欲以观其徼。（实践指导）

此两者，同出而异名，同谓之玄。玄之又玄，众妙之门。（总结点题）

道：囊括万物，也隐喻万物之道。任何事都可以说，道自然也是可以言说的。只是当我们在论道的时候，不要刻意去追求语言的完整，而要追求逻辑的严谨；不要刻意去追求一个不变的、放之四海而皆准的"道理"，而要意识到万事万物无时无刻不在运转，同时发生着变化。我们应该追求的是不断精进与成长，刻意练习抓住事物核心本质的能力，才有能力去应对这个瞬息万变的世界。

这里的"有"和"无"，老子传达的是意识的有和无。

以无的状态去感受观察它的微妙玄通，以有的状态去觉察它的边界和极限。无的状态是指我们不要被世俗的"道理""名""条条框框"框住。

道，同样不会因为你知道或不知道，而有或无。"道"一直存在，区别只在于：人们的意识当中，是有道还是无道，是有名还是无名。

悟道之人，是有意识地去察觉道，进而"勤而行之"，尊道而贵德；无道之人，其实是有意识地忽略道的存在，从而"大笑之，不笑不足以为道"。

悟道之人，敬畏因，会在因上努力，尊时势，种德因，必有道果；无道之人，为果奋斗，心有五毒，所谓"嗜欲深者天机浅"，眼无眼界，胸无成竹，人云亦云，随波逐流，信仰没有根基，行为没有准则……如此，必尝恶果。

精彩拓展

"道可道，非常道。"说出来的真的就不是"道"吗？"道"，不可说吗？说出来的"道"，就不是"常道"吗？能说出来的"道"，都不是永恒不变的"大道"吗？

"道"，当然可道，只是你听不懂。"可道"，亦是"常道"，只是你不会准确地说出来。风声雨声，鸟声水声，终日遵循其"道"，只是你从来没认真听过，或不明其道而已。

得道之人，皆不离道。不知所云，才用不可道敷衍自己，惑乱他人。

《教父》里说："花一秒钟就看透事物本质的人，和花一辈子都看不清事物本质的人，注定是截然不同的命运。"

苏辙说："不知道，而务学，闻见日多，而无以一之，未免为累也。"

这句话就是讲，一个人在不了解"道"、没有掌握"道"的前提下，只知机械地追求学问，那就难免为这些"学问"所绊。

那么"道"到底是什么，为什么如此重要？为什么"道可道，非常道"？

"道"是一种系统的思维模式，能深悟事物本质的系统思维能力。一个人的系统思维能力越强，越能体会"道可道、名可名"背后所蕴含的高能智慧，越可以系统地将吸收到的新信息和知识归纳总结，为己所用。

然而，当知识不成系统时，知识就无法产生真正的有效价值。我们看似获取了大量的所谓知识，但无法把这些知识有机地整合在一起，形成一种能够直抵本质的能力、解决问题的智慧。

也就是说，拥有再多的知识，也不等于拥有智慧。

尤其当下进入个体崛起的时代，个体要想崛起，我们就不得不依赖于更强大的系统思维，成为这个时代大系统中的一分子。实时更新，与时代的大系统兼容，我们才不会被时代的系统因"升级刷新"而被无情地淘汰出局……

系统思维，即处理事物，尤其是处理复杂事务各要素间达成目的的一套整体性的解决方案。

如何学得这种系统思维能力？

通过现有一些成熟的知识体系来学习系统思维，比如麦肯锡的七步分析法、5W2H分析法、金字塔原理等方法，通过各领域、行业的分析工具，可以帮助我们系统性地思考问题、发现问题、解决问题。因时制宜、审时度势地进行分析、判断和决策，以最大程度地做出有效决策。

知识的复杂性、不对称性和不确定性，决定了我们解决新事物、新问题时无法——直接套用或掌握现有的系统思维工具，因而我们需要打破陈旧的模式。这就对我们提出了一种更高的要求，拥有应变思维。在已知一些系统思维工具的基础上，构建一套"自我生成系统思维的触发机制"，从问题中优化出一套最优解的系统方案，以保证事物朝着有序、可控的方向推进。

构建学习型系统思维，有四大关键因素：

1. 拆解思维

再复杂的事情也经不起拆解的"破坏力"，这是一种"破坏性"的建设。界定目标问题，是根据"相对独立，完全穷尽"的原则，调查分析问题由哪些要素构成，每一种要素有多少种可能性、选择性。拆解思维的本质是为了从整体到局部，把问题展开，具体细化地描述，发现可能存在的问题点（着力点），以便在这个问题点上制定出对应的解决问题的策略。

2. 逻辑思维

"知所先后，则近道矣"。运用逻辑思维分析如何操作要素，就能知道先做什么，后做什么；根据逻辑流程的时间、地点、主次和程度，整理出要素的次序，继而规划出实现目标路径的步骤，这是处理事物最基础的一项基本功。逻辑思维的本质是为了清楚地知道如何去操作一件事情，达成有效的实施步骤（环节），从而在实现目标的每个环节上，找出对应的解决问题的方法与策略。

3. 权重思维

系统思维的关键是权重思维，找到关键性的驱动要素。在一组要素（包含子要素）中，每个要素互为作用关系，但在整体事物中作用程度不尽相同，决定了我们所用的脑力、精力与体力也不相同。权重思维的本质是为了找出驱动事物发展的一个或几个关键要素，在这些关键要素上给予足够多的重视和投入程度，找出相对应的解决问题的方法与策略。

自媒体写作，标题是一个最关键的驱动因素。因为标题决定了打开率，内容决定了转发率。所以那些深谙此道的写作高手花费一至几天写出的一篇文章，却往往在短短几个字到几十个字的标题上大费周折，"大做文章"。有很多网络大V都会召集团队所有人一起进行头脑风暴，集思广益，花费"巨额"时间来设计标题，从几十到近百个标题中筛选出一个最有价值的标题。可见标题这个关键要素的分量有多重。

4. 战略思维

战略思维是系统思维，是指通过调查分析、扬长避短，做出持续性连贯的行动来达成未来的目标和愿景。战略思维的本质不是思考未来做什么，而是现在做什么才有未来。

马云说："你知道这样搞下去，将来一定会到那儿，所以你在那先挖个坑。"

因为现实中不是每个人的资源都那么丰富，要想真正利用有限的资源实现目标，就不得不做战略性思考，分析自己的优势、劣势、机会和成本，而不是设定简单的目标和励志的口号来驱动自己行动。

然而，好的战略不是轻而易举得来的，实际上大多数战略都是"先干起来再说，摸着石头过河"，遇到了天时地利人和的环境而产生出来的。因此，我们一方面要避免"用战术上的勤奋来掩盖自己战略上的懒惰。"同时，我们也不能在低水平的层次里偏执地努力，日复一日重复劳动，这样是无法获得成长的迁跃；思考战略，找到自己的战略杠杆，才是实现成长迁跃的突破口。另一方面是避免"用战略上的勤奋来掩盖自己战术上的懒惰。"就像有些人想写作，想了半年，还停留在各种纠结中，思考伟大的人生。专注自己擅长的，先干起来再说，即使走得慢点，付出一些试错成本；但只要带着战略性思考去实践，尤其是有了一定的积累后，战略便可衍生"豁然开朗"。

所以如果说老子和佛陀有什么共通之处，我想就是他们提供了相同的修行法门，只是用了不同的文字去表达。

老子：道可道，非常道。

佛陀：法无定法，如来所说法，皆不可取，不可说。

第二章

有无相生：处无为之事、行不言之教

天下皆知美之为美，斯恶已；皆知善之为善，斯不善已。
故有无相生，难易相成，长短相形，高下相倾，音声相和，前后相随。
是以圣人处无为之事，行不言之教。万物作焉而不辞。
生而不有，为而不恃，功成而弗居。
夫唯弗居，是以不去。

传统译文

天下人都知道美，为了美而去追求美，那就不是一种美而是一种恶；天下人都知道善，为了善而去行善，那也就不是善了。有无一体相生，有中生无，无中生有。难易相依存，难中有易，易中有难。长短相对应，有长才有短，有短方称长，高下相补充，声音相和谐，前后相跟随。所以圣人以顺应自然的心态处理世事，施行不发号施令的教化。让万物按照自己的规律生长，任其自由发展而不强加干涉。生养了万物却不占有它们，培育了万物却不仗恃、炫耀自己的力量，功成业就而不自居。正因为他不居功，所以他的功业才不会失去什么。

经典对话

朱玲： 结合在第一章解读的"道可道，非常道；名可名，非常名"，我意识到这个世界本来就是按照着规律在默默运转，无论已经被下过定义的、被注上名称和形容词的，还是没有下过定义的事物、行为、现象，它都不会因为被下定义（注名）而失去它原本的状态。

当一种表象、现象、状态被下了定义以后，比如当我们定义了某件行为（事物呈现出来的表象）是好的、善的，那么自然会在我们大脑中形成一种"思维定势"。陷入这种二元对立的判断中带来的巨大危害是让我们摸不清事物本身成立的逻辑是什么。

凡事只要有了定义，它就会陷入两极分化的状态，因而就容易使当事人失去了对本质的判断力。有了对美的定义，自然凸显了什么是丑。当整个商业资本都在打造女人以瘦为美的时候，我们接受了这样的定义，自然就无比厌恶自己肚子上的赘肉。如果把这个时代换成是一个以"胖"为美的时代，瘦子又该何去何从？

我们由此可以发现，很多标准，都来自不断被灌输后的人为设定影响，它并不属于真正意义上的需求和价值。

第二章 有无相生：处无为之事、行不言之教

所以一个有道的人不定义（无为），不对外定义，更不对内（自己）定义，做该做的事，以不言之教影响着身边的人——即便是不言之教，对有道人来说，重点也不在"教"上。而是当自己只做符合规律的事的时候，周围人群雪亮的眼睛总是能分辨出谁靠谱，谁值得跟随。

我们之所以能够把那些美的事物识别出来叫美，是因为有恶的存在；之所以能够把善识别出来，是因为有那些不善的人和不善的事。

就像一个硬币有正反两面，看似对立，实则是一个整体。实际上，万事万物都是这样形成的，都处在一个统一的整体中。这里面没有谁是独立存在的，大家都相互依存，相互作用。比如说有和无、难和易、长和短、高和下、音和声、前和后。

有无相生，无中生有，有最后又会还无——眼见他起高楼，眼见他楼塌了；难和易相互成就，你刚开始选择难的事情，后面就会相对容易，一开始就选择做容易的事情，后面就会越发艰难，难的事情做久了就会变得容易，而容易的事情做久了，你会觉得一切事情都是有难度的。

长短是相互映衬的。没有短就显不出长，同样没有长也看不出短来。有的人脑筋转得很快，因为转得快就特别看不上那些显得稍微迟钝的人。殊不知就是这些看起来稍微有些迟钝的人才显得他脑袋灵光，如果全是脑袋灵光的人，估计别人也很难发现他的脑袋灵光了。

高与下是相互依存的。陈道明说过一句话："上山的人永远不要瞧不起下山的人，因为他风光的时候，你还在山下；山上的人也永远不要瞧不起山下的人，因为不定什么时候，山下的人就会爬上来。"高和下是一个动态的存在，也是相对的。就像身高一样，你和比你高的人比，自然就低了，和比你低的人比，则自然就高了。所以高下相倾也表示世上之事无绝对，比上不足比下有余，用不着烦恼，也无须烦恼。

《说文解字》道：声，音也，音，声也；《礼记·乐记》："声成文谓之音。"只有声没有音是噪声，只有音没有声别人听不见。所以声音是分不开的，这就是"和"。

前后相随很好理解。以前我们只知道居后随前，可是如果没有了后面的跟随者，又何来前之说。所以夫子说，前后是相随的，相互跟随，相互成就，水能载舟亦能覆舟。

明白了这个道理，那些得道之人便会以无为处事，以不言行教化。"无

为"不是不为，而是该为则为；不言不是不说话，而是说该说的话，说信言、贵言，说负责任的话；而不是用嘴巴去教人，用嘴说教，那是上帝的事。

孕育和生养了对方而不占为己有，为对方的付出也不是想着来日以此为凭恃，获得什么好处。

事成了也不居功，反而将功劳让出去。正因为他不居功，人们反而会一直铭记他的功勋。历史上这样的高人很多，比如范蠡、张良，功成身退是为大智，乃至后世还一直在传颂。

问道心得：这一章将为人处世讲得通透。

第一，存在即合理，万物同源，对立又统一，相互依存，有可能就是你最看不起的对方成就了你，尊重任何一个人的存在；

第二，做成了不要居功，失败了也不用懊恼；

第三，急流勇退方为人生大智。

心兰： 天下皆知美之为美，斯恶已；皆知善之为善，斯不善已。（中心思想）

故有无相生，难易相成，长短相形，高下相倾，音声相和，前后相随。（举例说明）

是以圣人处无为之事，行不言之教。（实践指导）

万物作焉而不辞。生而弗有，为而弗恃，功成而弗居。夫唯弗居，是以不去。（总结说明）

把世俗认为的美当作美的话，问题就出来了。世间万事万物本来完全平等，而世人却有区别心，非要明辨是非美丑善恶，分出高低贵贱等级；认为是美的东西就拼命赞美它，费尽心思有意去追求和造就它。久而久之，人的心灵有可能变得丑陋令人厌恶，反而由美变成恶。

把世人公认的好与善良当成善良，问题就来了。我们习惯从自我的立场出发，去界定行为的善与不善，对自己有利的就认为是善，违背自己意愿的就认为是不善，别人也会刻意去追求模仿。久而久之，人就失去了淳朴的善性而变成不善。

为人子女，孝顺父母难道不是自然而然的事情吗？

与人相交，别人帮了我们，我们感谢别人，不是理所应当的吗？

为什么这些几乎可以说是一种自然反应的事情，在当下社会成了一种要求？一种写在墙上、大肆宣扬、鼓励大家，甚至需要表扬才能完成的事情？然而，结果不孝、不仁、不善反而成了理所应当。

对于这章我的感悟是：

1.任何事物都有对立面，对立双方都是相辅相成的。当你走入本源时，会发现原来世间没有绝对的对与错，没有"有"就没有"无"，没有根就没有枝叶花果。其中"相生、相成、相形、相倾、相和、相随"就是让我们去悟到：我们需要什么力量，就去整合自己需要的力量。

2."无为之治"不是什么都不做，而是做了能放下，不居功，把功劳归于社会、归于大家，逐步达到与身心和谐、与家庭和谐、与社会和谐的境界；反之，刻意地追求和占有，结果只能是失去。

3.天下所有的资源、所有的人都是来服务我们的；所有大师、上师只能成为那个指月的手指，成为我们向内探索的工具。生命中所有的发生，都要去面对。当我们越来越敢于面对现实时，越来越感恩和谐时，就离能解决问题不远了。

4.一个能被自己内心底层能量的恐惧、埋怨、妒忌、焦虑等捆绑的人，是无法真正活出自己的——不论修行多久，不论外表多完美，其本质都是在因果循环中打转。对于不知足的人来说，没有一把椅子是令他舒服的。

5.当上天把挑战扔在我们面前时，我们需要做的是坦然接受，敢于面对，勇于超越。我们必须面对、去解决，否则内在的力量永远释放不出来，内在的智慧也就永远没有办法被真正地激发。

6.修行不是看外在世界的对错，修行开悟是朝内走的。在修行的过程中，学会听进不同的意见、不同的声音，人生才会更智慧、更自在；我们才会真的触碰自己、看到自己，从而找到自己、绽放自己。

人生的每一道题，对于每个人而言，都是不一样的。所以我们也不可能从他人那里得到我们自己人生需要的答案。

所以，在任何时候我们都要保持独立思考，不要随波逐流、迷失自我。

师说：所谓无为，不是不作为，而是不妄为。无为，是要我们在正确的事情上持续努力。努力的姿势和方向对了，结果是必然的，无须关注，也无须焦虑。

精彩拓展

有无相生这个概念是道家哲学非常重要的核心理念之一，是指万事万物本性中的"有中生无，无中生有，有可以转化成无，无也可以转化成有"的"道"。

老子认为"有"与"无"并不矛盾，就如阴阳、静动一般，既相互对立统一又能相互依存转化。"有"与"无"同出于"道"，并兼有宇宙论和本体论的意义：一、"有"与"无"就像东方与西方那样相辅相成，而不是相互否定；二、由"有"而见"无"，由"无"而见"有"，"有"与"无"相互对照；三、任何事物在变化过程中都是从"无"到"有"，再从"有"到"无"，"有"与"无"相继替代与变动。

"有无相生"与佛家的"缘起性空"，有异曲同工之妙：有是缘起，无是性空，两者互相依托，互相转换；有生无，无生有，缘起既是性空；缘起和性空不是对立的，它们其实是同质，缘起的同时就是性空。老子的有无相生也一样，善恶是同时存在、不断转化的。同样一件事，在某些人看来是善，在另外一部分人看来，也许就是恶。有和无、缘起和性空皆是如此。"缘起"是各种条件，"有"就是各种条件汇集于一起。为什么说它同时又是空？因为它不是不变的，这么多条件一直在变化，它也就一直在变化，所以"有"就是"空"。

说到有无相生，我们就不得不提到另外一个与它息息相关的词语：阴阳。

庄子说："《易》以道阴阳。"阴阳是《周易》的核心理念。在《易经》中虽然没有明确使用阴阳的概念，但阴阳的流行与转化确实是《易经》最基本也是最核心的思想。

西周末年，伯阳父以阴阳解释地震，认为："夫天地之气，不失其序。若失其序，民乱之也。阴伏而不能出，阳迫而不能蒸，于是有地震。"（《国语·周语上》）

鲁僖公16年（前644年），宋国有陨石坠落，又有鸟倒退着飞过宋国都城，宋襄公问周内史叔兴是吉是凶，叔兴回答："是阴阳之事，非吉凶所生也，吉凶由人。"（《春秋左传》僖公十六年）

老子认为世间一切事物，都是由阴阳结合而成的，都是阴阳的合和体。

"万物负阴而抱阳，冲气以为和。"(《老子》第四十二章)

前几天，我们在讨论《道德经》的时候，讲到一个话题，今天也借"有无相生"这个主题，来解读一下其核心思想。

第一，我们永远不可以单一地去看待任何一件事情。任何事情都至少有两面。系统地看待问题，往往不会陷入在事件的犄角旮旯。人的胸怀与格局一旦宽广，那么人生的智慧自然就信手拈来，可以让我们更坦然地面对我们的人生困局和看待人生不如意的十之八九。

第二，其实，我们的社会就是由阴阳两种力量共同促进才能发展。我们小时候或许看过《倚天屠龙记》，张无忌从小失去双亲，被玄冥二老打伤坠入悬崖，从此开启他的开挂人生传奇，练就一身武功绝学……这个故事里面有三个非常重要的反作用力：

1.如果张无忌没有失去双亲，从小就在父母的呵护之下长大，张无忌练就一身绝学的可能性就要大打折扣；

2.如果没有成昆和陈友谅这两个反面角色的推波助澜，制造一个又一个的绝境，一身武功绝学归来的张无忌，也就没有用武之地；

3.如果没有所谓的正道人士推波助澜，一战成名的张无忌，也不可能坐上明教教主的位置，重写明教历史。

在我很小的时候就非常幸运地听到了这样一个故事：上帝要给的每一份大礼，都藏在一个巨大的困难或挫折背后。所以当困难和挫折来临的时候，如果你选择逃避，那么就等于将上帝给你的大礼拒之门外；如果你选择直面苦难，当你战胜挫折时，上帝的大礼就会随之而至。

人生在世最难寻的莫过于超越生死的爱侣。他（她）会给你生生不息的力量，陪你共同前进；而最可贵的莫过于旗鼓相当的对手，他（她）会给你向死而生的拼搏精神，让你不断跨出自己的舒适圈，帮助你突破人生的每一个瓶颈。

顺势而为，登高而呼，闻者众。站在更高的地方讲话，听到的人就多。这并不仅仅是因为其声音有多大，而是因为与更大的势能相应。借助大势，依道而行，故而成大事易。做正确的事，先难后易。开始艰难些，但是因为选择的是一条合乎天理的路，随后就会越来越容易。把雪球滚起来不容易，但它一旦开始翻滚，事情就变得轻松了。那些开始看起来简单的路，走到最后，其实可能是千难万险，因为你没有顺势而为。

第三章 圣人之治：虚心、实腹、弱志、强骨

不尚贤，使民不争。
不贵难得之货，使民不为盗。
不见可欲，使民心不乱。
是以圣人之治，虚其心，实其腹，弱其志，强其骨；
常使民无知、无欲，使夫智者不敢为也。为无为，则无不治。

传统译文

不推崇有才德的人，导致老百姓不互相争夺；不珍爱难得的财物，致使老百姓不去偷窃；不显耀足以引起贪心的事物，使得民心不被迷乱。因此，圣人的治理原则是：排空百姓的心机，填饱百姓的肚腹，减弱百姓的竞争意图，增强百姓的筋骨体魄，经常使老百姓没有智巧，没有欲望，致使那些有才智的人也不敢妄为造事。圣人按照"无为"的原则去做，办事顺应自然，那么，天下就不会不太平了。

经典对话

朱玲：不尚贤，不贵难得之货，不见可欲，这样做是为了让人不陷入只用好与坏、高与低来界定事物的二元分化的极端。

不尚贤，使民不争，目的不是为了不争，而是把精力放在自我提升上。

不贵难得之货，对珍宝、稀物的追捧，往往同时彰显其身份地位财富。当珍宝稀物以色示人的时候，它在人的概念里就是上等的、高级的，让人充满分别心。分别心遮蔽人的眼帘，蒙蔽人正常思考的能力，让人失去应有的判断力，就像很多人会受骗于看起来身份地位财富包装得很好的角色；同时让本来具有正常思考能力的人，为了获得宝贝，变得争先恐后、巧取豪夺、面目狰狞。至于自己是不是真的需要，真的有必要花费大量精力甚至生命去争夺，反而变得不重要了。

不见可欲，使民心不乱。当我们可以意识到凡事发展都有一个过程，想要的成就必须通过打造自身能力去实现时，我们的心就难以被很多表象与现象打乱。

是以圣人之治，虚其心，实其腹，弱其志，强其骨，常使民无知无欲，使夫智者不敢为也。为无为，则无不治。所以有道的人对自己管理或者对团队的管理，虚其心：专注结果，弱化成见；实其腹：打造实用的能力，拿到看得见的结果；弱其志：削弱对结果的执着，而是在因上努力，把注意力放在强其骨上；强其骨，就像《孙子兵法》中有一句话叫"立于不败"，想要立于不败就要检索自己的危堤在哪里，从而不断地夯实自己的基础地基；常使民无知无欲，应该把精力放在夯实地基的这个过程上，而不是一味地贪恋于结果；使夫智者不敢为，当整个大环境都在一种踏踏实实、务实的状态时，让有小心思的人也难以发挥。

张倩：不推崇所谓的圣贤，民众就不会生起争夺之心，民众为什么会去争夺圣贤呢？因为名、因为利，还有那些受人尊重满足自己高人一等的虚荣心……不以难得之货为贵，民众就不会生起盗心、去偷盗，这个很好理解。难得之货很贵重，如果能不付出任何成本就能得到，岂不是很美的一件事？这就引发了偷盗行为。

为什么民众会去争夺、去偷盗？大概就是因为这个社会上那些有影响力的公众阶层所显现的价值观——见可欲，也就是把那些激发人原始欲望的东西放大，激起了民众的欲望。因此要想使民心不乱，我们就应该不见可欲，也就是前文讲到的不尚贤、不贵难得之货。

一些圣君明主治理天下便会加强民众的心理建设，加强社会道德文化和价值观建设，引导民众走上一条正道。在此基础上，能够保障民众的生理需求的同时，圣明君主也常会削弱他们的主观意志。

我们所说的这些不是愚民政策，也不是引导大家完全摒弃自身的欲望，这是不可能的。我们应该怎么做呢？知悉人性，顺应人性。

问道感悟：

我想谈一谈对"欲望"的感悟。我们都喜欢被关注、被重视，喜欢那些美的东西，喜欢钱。因为钱会让我们生活得更好，拥有更多。阿德勒的个体心理学告诉我们，满足自己的人生目标让自己获得安全感是人类的本能和原始属性，这就是欲望。欲望是与生俱来的，欲望本身没有错。如果我们在不妨碍他人的情况下满足自己最基本的需求，这不仅能够利己还能够利他，这种"欲"我们是要支持的，比如理想、梦想……那夫子说的"欲"是什么呢？是私欲。为一己之私不顾大局，以他人利益为代价的中饱私囊，这种欲一般是和贪联系在一起，这种欲是负向的"欲"，会距离正道越来越远。我们应该提倡的是正向的"欲"而不是负向的"欲"。

心兰：不尚贤，使民不争。不贵难得之货，使民不为盗。不见可欲，使民心不乱。（中心思想）

是以圣人之治也，虚其心，实其腹，弱其志，强其骨。（实践指导）

常使民无知、无欲，使夫智者不敢为也。为无为，则无不治。（总结说明）

不尚贤，使民不争。不贵难得之货，使民不为盗。不见可欲，使民心不乱。这三句点明的是"名""利""欲"。这三者是人类祸乱之根、伐性之斧，乱心之罪魁祸首。人之所以会迷失，也多是此三者在作乱，引发世人争（逐名）、盗（逐利）、乱（欲望使然，民心乱，则社会秩序乱）。

老子提倡有道的管理：不尚贤、不贵难得之货、不见可欲，这是无为之治的基石。圣人用以修身治世之道，乃是"为腹"；满足人民自身自然的需要，而"不为目"。鄙弃目见心逐的名、利、欲，不离朴素，不失本性，不迷本真，不为情牵，不随物转，自如自在，则心中大道自然显现。

是以圣人之治也，虚其心，实其腹，弱其志，强其骨。虚心的人，内心没有对错，没有对错标准就不会有情绪，不受情绪所累就自然而然能实现自由；没有虚心就不会有自由，因为他觉得自己什么都知道，都知道意味着事事有标准，一旦外界出现不符合自己内心的标准，情绪便随之而生。老子说，要吃饱肚子，暗示我们做事要脚踏实地，不要浮夸，不要追求外在的浮华。不眼高手低，不好高骛远，各安天命，自然就快乐。人要坚定自己的原则和信念，常保空杯心态，脚踏实地做事，不好高骛远，贪大求洋。

常使民无知、无欲；使夫智者不敢为也；为无为，则无不治。世间人无论凡圣，名利欲三关尚且易破，唯知见一关，最难打破。自少至老，无不在知见上用心，亦无不为知见所惑，为知见所役；从迷转悟难，执悟成谜，病最难医。

所知障是一种状态，就像屋子里有十盏灯，若未开灯，屋子是暗的，这个暗是一种状态；假如开了一盏灯，那个暗就会因为那一盏灯的明而消失一部分，那个消失一部分暗有一部分明也是一种状态。

因此老子在"三不"之后，更有虚心弱志，进而要求第二步功夫：无知无欲，此乃釜底抽薪之法；在这里，"无"是动词。无去可欲之欲，无去妄知之知，自是复返于自然，复归于大道。

心兰歪解：

首先，要虚心，这是一个大命题。虚心才能客观公正地去对待这个世界包括自己在内的一切。

其次,"实其腹"的目的,就是管理者要建立一个安居乐业、丰衣足食的小康社会环境。

再次,"弱其志",每个人都有自己的意志,而这里的"志"指的是那些自己的意愿,或者说"一厢情愿"之志;现实中,一个人立志的同时往往给自己上了一把锁,然后使自己陷在自己的模式当中很难走出来。站在管理的角度来说,弱其志的目的就是把个人不成熟的意志磨掉,方能成其久远。

最后,"强其骨",就是要加强精神文明建设以及不断夯实文化实践的基石。表面上看,真正让一个人立起来的是骨头,实则是一个人的精气神。

精彩拓展

老子告诫君王"不与民争",强调"无为无不为"的价值观。无为而治,不是什么都不做,而是不过多地干预,以充分发挥万民的创造力。

春秋战国时期,五霸相争、七雄相斗,战火连绵不断,社会动荡不安。面对动荡的社会局面,老子提出无为而治的治世方针,对中国封建社会产生了深远影响。

什么是无为?老子说:"天下难事必作于易,天下大事必作于细。为之于未有,治之于未乱"。无为并非是无所作为,而是以无为为最终目的之有效而为。换句话说就是:管理方面,我们力争做一劳永逸的事。所谓一劳永逸,就是从根本上洞察本质,并寻找解决方案的原理。这才是真正的有效管理。

无为而治对于统治者而言,即清心洞察、知人善任,将合适的人才安排在合适的岗位上,即专业的事交给专业的人去做,该放权时放权,该善任时善任,大可不必事必躬亲,将自己的眼光与重心局限在具体的事务上。

无为而治用在企业管理上,要求企业管理者从琐事中摆脱出来,主要抓好企业发展战略和识人用人的工作,至于具体的研发、技术、生产、销售等工作,要充分培养各自的专业人才来具体执行——术业有专攻,各司其职。

无为而治用在教育领域,要求老师和家长一定要尊重孩子的天性,充分信赖孩子的能力且让其更好地发展潜力(即道家的自化能力),放手让孩子自己去试、去学习、去探索、去发现,甚至去破坏,哪怕他们会失败会犯错误也不要紧。因为他们会从这些失败和错误中学到很多东西，老师和家长要做的，就是给孩子尽可能创造必要的条件，并为他们做好必要的辅助工作。

上无为而下有为。这与庄子的"上必无为而用天下，下必有为为天下用"及黄老道家和法家主张的"君道无为，臣道有为"有异曲同工之妙。

无为就是无违，无为而治就是在不违背客观规律和自然天性的情况下，制定天下大治的治国方针和战略。

万物在宇宙中井然有序，就是因为万物严格按照其自然规则运转。国家如何才能够井然有序，就是圣人制定了一个顺应自然之理的规则，并严格按照它来执行，不假公济私，力求公正公平。圣人虽也不尽完美，但是用一个顺应自然之理的制度保证了国家的长治久安，这就是真正的大仁大义。

1998年，任正非在《由必然王国到自然王国》中提出无为而治。他在此文中写道：

华为第一次创业的特点是靠企业家行为。我们要淡化企业家个人色彩但强化职业化管理。只有当一个企业的内、外发展规律真正被认识清楚，管理者才能做到无为而治。

管理控制的最高境界就是不控制也能达到目标。这就是老子所说的"无为而无不为"的真正含义。在这种理念管理下的公司好像我们什么都没做，公司就前进了，这就是管理者的最高境界。这就犹如，谁也不会去管长江水，但它就是奔流不息。因此，公司管理的最高境界就是让公司运转也要像长江水一样，不需要老板成天疲于奔命，就有条不紊地奔向成功。当然，这需要一个过程。

回顾华为发展史不难发现，任正非是采取了五大措施才逐步走向"无为而治"的：

1. 他通过依靠团队解决了"谁来做"的问题；
2. 通过分享利益解决了团队"为什么做"的问题；
3. 通过制定规则解决了团队"怎么做"的问题；
4. 通过构建流程解决了团队"如何做得更快更好"的问题；
5. 通过授权、放权解决了"谁负责"的问题。

因此，华为的力量来自组织整体，这是华为持续发展的动力所在。

第四章
道之所用：解纷挫锐、和光同尘

道冲而用之，或不盈。
渊兮似万物之宗。
挫其锐，解其纷，和其光，同其尘，湛兮似或存。
吾不知谁之子，象帝之先。

传统译文

大"道"空虚无形，但它的作用又是无穷不尽，深远啊！它好像万物的祖宗。消磨它的锋锐，消除它的纷扰，调和它的光辉，混同于尘垢。隐没不见，又好像实际存在。我不知道它是谁的后代，似乎是天帝的祖先。

经典对话

朱玲：锋锐、纷争的存在本质是一种批判和对立；而当你真正身临其境的时候，它是一种"和其光、同其尘"的状态，物来则应，物去不留，发生该发生的，不多一丝无用的。这不仅是形容"道"的特质，也是人应该练习和修行所能达到的境界。

"湛兮似或存，吾不知谁之子，象帝之先。"有"道"的人做出来的事和选择，看似复杂、捉摸不清，实则是一种通透无比的境界，无法用世俗的眼光去定义其好坏。而"道"的发生一直在那里，无来无去，不因人的喜怒哀乐或其意志而转变。"象帝之先"，在有道者发现它（道）之前，"道"就一直存在，不增不减。

这一章让我仿佛看到了一条舒缓而恬静的因果之河在缓缓流淌，它恰似一位深远博大、令人敬畏但又无形的长者……使人不得不安静下来认真地思考自己的所言所行，此生的所生所灭与现实的关系……

张倩：首句点出了"道"的三个特性，力量巨大（冲）、持续不断（不盈）、深邃（渊兮）。

怎么理解"冲"这个字？我们想象一下河流冲击河床时候的样子，以及草木破土而出时候的样子。因此，"冲"就是想要表达"道"在发挥作用的时候力量巨大，且持续不断地进行。

它深邃，这个深邃怎么理解？就好像是万物的宗祖，万物都是由它诞生和孕育。它能够消融一切尖锐的东西、化解所有的纷乱、将自己融入最微小的介质中。它无所不在，就好像基因的延续。这感觉就像是我们现在身上流淌着的血液以及大地的脉络一样都源自"道",在每一细微处、每一博大处都能感受"道"的存在。我们看不见它,但它一直存在,一直在我们身边。是的,我们自己也是"道",那种若存若亡的清透,就好像不存在一样。我也不知道它来自哪里,可能在"有"(象帝)之前就已经存在了。

问道感悟:

这一章夫子极为精准的用词,让我们感受到"道"的强大。它无处不在、无时不有,足够强大,足够深远,极尽天下能够形容之词汇,可能也只是"名可名"而已。这到底是什么一种存在?这就是道啊!既然我们认识了它,就需要敬畏它。

心兰:道冲而用之,或不盈。(中心思想)

渊兮似万物之宗。(举例说明)

挫其锐,解其纷,和其光,同其尘。(实践指导)

湛兮似若存。(举例说明)

吾不知谁之子,象帝之先。(总结)

冲,描述太极转动的动态。其中"冫",代表阴阳;"中",代表阴阳相抱、相互冲和的状态。

世间万物万象,大到宇宙天体,小至人体细胞,无一物不处在这种太极场的动态中,也就是第一章"可道"的境界。"道冲"二字,描述从一种无极之至静中,产生的两仪对峙、四象流行的太极。

在太极状态中,阴阳周而复始地冲合转动,产生无穷的能量,生出世间万象,生生不息,"或不盈",好像怎么也用不尽。这股能量虽然不断在创造,却从来没有增加或缺失分毫。

本章描述的是道之本体与起用的状态,也具体描述了一个凡夫身处于红尘中,欲返本还原、回归于道的修行心法:挫其锐,解其纷,和其光,同其尘。

"锐":棱角、斗争;"挫其锐":不斗争,磨其锐气与锋芒,修圆满之功德。

一个真正厚德之人,"静"时朴实无华,被褐而怀玉;"动"时可以招招致命,针针见血。

"纷":纠缠、纠纷;"解其纷":不执着,心中忘却世间纷扰,不起攀缘。

我见过一个人最好的状态是"物来则应，物去不留"：任外界千军万马，我自岿然不动；任外界风声鹤唳，我自稳坐钓鱼台；有事，处之；无事，处自己。

记得老师说过一句话："时间管理的本质并非提高工作效率，而是压根就不开始、不关注、不浪费精力在无意义的人和事上。"

"光"：声色；"和其光"：不起分别心，见花花世界大千万象犹如空相。

老师从不张扬，因为她骨子里全是智慧；她从不盛气凌人，她说每个人都有过程，不能因为我们站在高处，就视别人的"低维"是无知；她从不恃强凌弱，她说参天大树也有萌芽期；她从不攀缘，因为她知道什么是适合自己的，也很清楚自己要什么，故而从不会在无谓的人事物上浪费精力；她从不炫耀，只是静默地积攒实力……

此生最大的运气，就是遇见老师，领略人生真正的旷世风景！

"尘"：社会，江湖；"同其尘"：不入断灭，心，游于世间却不染纤尘。这种"不染"并非心灰意冷的"看破红尘"，而是当离则离，当用即用，逍遥自在，圆融无碍。

"湛"：光明、通透，形容自性本来，能够做到挫锐、解纷、和光、同尘的关键就是在于守住本来，守住道。"湛兮，似或存"：光明通透，无相无形，看不见摸不着，只能说"似或存"——好像存在又不是存在。这是一种空性，须在一切事物中，觉知并守住那个本来，不要落端，从而和光同尘。

"帝"：上古有青帝、赤帝、白帝、黑帝、黄帝，是创造万物的神。

"吾不知谁之子"，我不知道这个"道"是从何处而生；"象帝之先"，好像在造物之帝未生以前，"道"就已经存在了。

这一章，让我感受到"道"的状态是：生生不息，循环不止，互生有无的状态。

一个人在他得道的状态下，智慧是生生不息，取之不尽用之不竭的。

第五章

道之境界：万物平等、阴阳无极、生生不息

天地不仁，以万物为刍狗。圣人不仁，以百姓为刍狗。天地之间，其犹橐龠乎？虚而不屈，动而愈出。多言数穷，不如守中。

传统译文

　　天地不仁，对待万物刍狗，任凭万物自然生长；圣人不仁，对待百姓也如同对待刍狗一样，任凭百姓自己发展。天和地之间，不就像一个风箱吗？虽然它中空但永无穷尽，越鼓动风量便越多，生生不息。政令名目繁多反而会加速国家的败亡，不如保持虚静。

经典对话

　　鑫尧：老子认为万物在天地之间应当要依照自身的自然规律变化发展，作为圣人——理想的统治者，应当是遵循自然规律，采取顺其自然的管理，任凭老百姓在其一定规则与规范内自作自息、繁衍生存，而不会采取过多的干预及实施过多的措施。

　　朱玲："道"的运作规律不存在世俗人眼中的喜恶好坏之分，不着痕迹地运动着。天地不仁，非孔子讲的"仁"，而是类似妇人之"仁"。因此，"道"的运作规律不能用世俗的眼光来审查和推断，就像我们经常会听到一句话说"好人命不长"。简单分析一下这句话，好人只是世俗人眼中定义的好人，其命长不长也取决于各方面因素，而和人好不好本质上并没有什么关系。因为这句话本身逻辑就已经存疑了，所以按此逻辑理解道的运作自然就是一种超凡脱俗的认知。

　　有道之人行的是符合规律的事，而不会在意其他人怎么想，怎么看——以百姓为刍狗——全部一视同仁。

　　"道"的运作就如抽动风箱一般，一个空空的风箱，其中什么也没有，但不代表其没有任何用处（虚而不屈）。只要运用得合理，符合其本质规律，那么任何事物都可以"动而愈出"。

　　守中，抓住其根本，在对的地方用力，进而获得本质上的进展。

　　不论人或事，本来应该一是一，二是二，一码归一码。但大多数人都喜欢把自己的观点或意见强加于他人，因而，事与愿违。所以我们需要时刻保持警惕与自省，自己是否对症下药，是过之还是不及。

张倩：在天地和圣人眼中是没有"仁"或"不仁"之分的。为什么会以"万物"和"百姓"为"刍狗"？不要太较真，此狗非彼狗。夫子用了最极端的表达是想说明天地对于万物，以及圣人对于百姓是没有分别的，一视同仁；回归本来面目，都有各自存在的价值和意义，不会偏爱也不会偏废。

道存于天地之间，像极了一个大的风箱，有无穷无尽的气蕴藏其中。不动的时候它静止在那儿，动起来的时候你的力量有多大，它反馈给你的力量就有多大，且在一推一拉之间，气流本身并无增减。

在刚开始尝试去理解这一句话的时候，有两点是让我比较费解的：

第一，前面说的天地不仁和圣人不仁，和后面的其犹橐迭乎？有什么关系？

第二，为什么是虚而不屈，而不是静而不屈？

理解后，我的感受是天地间的万物就仿佛是橐龠内里的存在一样，没有分别，你是光、是尘埃、是空气，都只是橐龠内里的一分子。对于橐龠来说，只是它里面的一种存在而已。那么于此也就更加印证了首句所想要表达的"一视同仁"和"无差别对待"。

结合后面的动而愈出，前面为什么不是静而不屈？感叹于夫子用词的高深。我的理解，虚是静的最高境界，就好像明是智慧的最高境界一样。夫子用这个"虚"字表达了天地的这份静默，这是最高境界的不言。

综上所述，多言无益，不如守中，这个"中"就像是把活塞放在风箱的中间的位置，静止不动，虚而不屈，不要有向外的推力，也不要有向内的拉力。因为无论你怎么动，力的作用都是相互的。你这边是在拉，气流减少了，对面就是在推，气流就会增加。此消彼长何苦多此一举呢，不如守中。也就是前面说到的：天地不仁，以万物为刍狗。圣人不仁，以百姓为刍狗，一视同仁、顺其自然。

问道感悟：

学了这一章，是不是意味着夫子教育我们就要完全清静无为不动作呢？我认为不是的。风箱本身也是动态的，是有自身使命和作用的。该它发挥作用的时候，还是需要动起来；去发挥它应有的作用。到了做饭时间，就该它动起来了，放在平时，就不要动了，静止在那就好了。所以我理解的守中，是该动则动，不该动则不动；说该说的话，不要说废话，该说的时候还是要说。

心兰： 天地不仁，以万物为刍狗。圣人不仁，以百姓为刍狗。（中心思想）

天地之间，其犹橐龠乎？虚而不屈，动而愈出。（举例说明）

多言数穷，不如守中。（实践指导）

这一章老子以天地喻道。道的境界没有仁义、善恶的分别，是一种道见。

仁义贵贱之心是人见，是世俗谛的境界，早已离道很远。因为远离了道，生出人见，于是有了仁义与否的分别之心。圣人即道者，处在道的境界，同于天地之道见，无人我二相，于世间万类不做分别。

以天地之间气机的动态来比喻道的德性。这动态是怎样的呢？"虚而不屈，动而愈出。"这一句与前章"道冲，而用之或不盈"一句相应，描述道从无极状态进入太极时，阴阳周而复始地冲合转动，就像拉风箱，如此运转不息，生出世间万象。

老子继而给出修行（见道）的方法：多言数穷，不若守中。多言数穷，这一句可以从两个层面来理解：

第一，道，无以言表不可名状，所有言语于道而言无非戏论，多言无益，亦是第一章"名可名，非常名"之意。

第二，人之言语知见，不过是妄心妄为，虚幻不实。人为的心理意识和语言，于道而言，是"穷"，是没有意义的，离道太远。

"不如守中"的意思是修行应当要从人为的、社会性的知见中跳脱出来，不仅是嘴上不说，心中亦要忘却一切纷扰杂念，守住先天的本性，方可入道。

第六章

道之根本：空性与明性

谷神不死,是谓玄牝。
玄牝之门,是谓天地根。
绵绵若存,用之不勤。

传统译文

生养天地万物的道（谷神）是永恒长存的，这叫做玄妙的母性。

玄妙母体的生育之产门，这就是天地的根本。

连绵不绝啊！它就是这样不断地永存，作用是无穷无尽的。

经典对话

朱玲： 道的运转规律带来万物的生长和运动，绵绵不绝视为"不死"。道，高深的德行（德行与世俗善恶无关），顺其自然地促成万物发展运作，宛如万物之母。

有的人不停地撞南墙，撞着撞着才发现原来出路（道）并不在这儿。也有的人穷尽一生也难以捕捉道之身影。不论"善者"还是"不善者"，都因为道而长盛，也因它而衰败。在道上的人和事用之不勤，就像《基业长青》中那些有道的企业，不论处在何种时期都可以保持"终日乾乾"的状态。警惕自己是否在"道"上，哪些差错需要立即警惕，才能"用之不勤"。

张倩： "谷神"形容一种空灵、神秘、幽远的境界。可以想象一下当你置身于幽深的山谷中时，静谧、空旷、溪流潺潺、原石安详，还有那丝丝惬意的微风，会让你体味到一种原始的力量。这种力量非常强大，你被它紧紧地包裹着。这好像是你还未出生的时候在母亲体内被紧紧包裹的感觉，是母亲（道）孕育了你（天地），你在她的体内源源不断地汲取养分。有母体（道）在的一天，你就可以无穷尽地汲取母体的营养。

问道心得：

这一章我的理解是告诉我们天地的由来，以及道和天地的关系。文中的"谷神"和"玄牝"实际上就是道的别称。为什么这样称呼呢？也许是想让我们能够从不同的描述去感受"道"的存在。这股力量过于强大，它孕育了天地。天地运转也是因为在源源不断地汲取这股力量（道）。

心兰： 谷神不死，是谓玄牝。（中心思想）

玄牝之门，是谓天地根参。（举例说明）

绵绵而若存，用之岂有勤。（总结）

"谷"，幽谷，具有空性；"神"，光明，具有明性。老子以"谷神"代表幽谷之空性与光明之明性，比喻道是一种空性的光明。这种光明是不生不灭、没有生死的，故说"不死"。

"玄"，无形无相而能生妙用；"牝"，母性，雌性的生殖功能。老子用"玄牝"形容"道"的本无生灭，却能生出世间万有的特性。

道之能量好像母性生生不息的能量生出天地，是天地万物的宗器与根本。

"绵绵"，永无穷尽，连绵不绝；"若存"，老子用"若"来形容"道"的存在，虽然能生无限妙用，却无法以色相见之，故只能说好像存在。因为"绵绵若存"，永无穷尽、连绵不断地供给，所以"用之不勤"，怎么用也用不完，无有边界。一切山河大地含藏其中，都由自性所生化出来。

问道心得：

1.大自然中是不存在死亡的，一个生命的结束其实是进入了另外一种状态。所以生命有结束，但没有死亡。这也是物质不灭定律、能量守恒定律。世间事总有个根源，根源就在天地，也在因果种子。所以要重视生命规律，生命是需要经营的，经营生命规律在于"遵道贵德"而行。

2.每个人都是程序，每个人都有自己独一无二的生命路线图。人不应该是被动的，每个人都应该是自己生命的主人。重视自己心中的大道宝藏，才能汲取大道的力量，且取之不尽、用之不竭。

3."谷"是大道精神，是虚怀若谷。"谷"是不管做出多大成绩依旧谦虚宽广，让人感受到阳光温暖踏实稳重。实践谷神品质的人具有灵动性、隐蔽性、永恒性、神奇性。

4.拥有"谷"的精神，可化解生活中许多不愉快的事情。人的心灵放空，胸怀坦荡，同时遵道贵德，厚德载物。虚怀若谷才能在濒临绝境时也依旧能起死回生。我们来到人间不是来奉献的，也不是来索取的，更不是来捡便宜或吃苦的，而是为了完善自己，修行自己，让自己成为一个更好的存在，活出自己想要的幸福和精彩。道是空的，它盛得下所有人的所有精彩。

第七章 天长地久：只有爱，才是基业长青之道

天长地久。

天地所以能长且久者,以其不自生,故能长生。

是以圣人后其身而身先,外其身而身存,非以其无私邪?故能成其私。

传统译文

天地是长长久久的啊！它们之所以长久，就是因为它们不自私，不只是为了自己的生存，所以才能长久啊！所有有智慧的领导都会把自己的利益放在最后，这样大家才会对他们推崇备至，愿意接受他们的领导。不贪恋身外之物，才会让自己更好地处在生存状态。天地和效法天地的圣人，是因为他们没有私心，所以才能更好地成就他们被尊敬、平安无事的"私心"。

经典对话

朱玲：每个人都希望当下的幸福和安宁能够长长久久，但我们也很清楚地明白，这一刻是无法被冻结的。天长地久是所思所行之道的结果呈现，而不是被追求出来的。

怎么做可以天长地久呢？"天地所以能长且久者，以其不自生、故能长生"，人的生命总归是有限的。然而，如果一个人若只为自己着想，就无法收获对更大未来的承载力。

人法地，地法天，天法道，道法自然。做人必须有格局、情怀、境界，效仿天地——以其不自生，故能长生。后其身而身先——如果只计较眼前自己这一点得失，目光短浅至此，就像我们都在学校学过立定跳远，想要跳得远，眼睛不能只看自己脚下，而是应看着更远的前方。

非以其无私邪，故能成其私。这句话就很妙，圣人并非世俗意义的大公无私，是"取之有道"，为了更好的未来，而不是只顾眼前的蝇头小利。

一个长远的、生生不息的、充满希望的未来是值得当下奋斗、付出、抉择的。当眼中有那个明确的未来的时候，你便不会过于关注当下的得失。

张倩：天长地久，天和地是极具代表性的存在，代表了"道"，人法地、地法天、天法道、道法自然，天地的运行是高度契合"道"的。从某种意义上来讲，天道就代表了道本身。所以夫子拿天地来点题，足以表明这一章所传递的智慧力量巨大。他告诉我们天和地之所以能够长久，是因为它们不是为了自己。怎么理解不是为了自己？我们都知道天地为万物所提供的空气、雨露、水土等，是最原始的能量，是我们生命赖以生存的基本所需，万物皆受此滋养。如果天或者地发生了变化，那可能这个星球就不复存在了。它们提供的价值、泽被的量级，决定了它们能亘古不变、长久存在。

圣人之所以成为圣人，就是因为他们悟到了这一点。所以，如果你想要获得长久（这里的长久一方面指现世有限的生命，另一方面也指后世流传；本质上历史功劳是不会旁落的，最终还是回到当事人身上），就要学会将自己的利益放在他人的后面，也要能够将自己的利益置之度外，来成全他人。这样他人才能够记得你的好。正是因为你的无私，让大家都记住了你，同时也成全了你想要长久的"私"，是为故能成其私。

问道感悟：

这一章整体来讲是比较好理解的，教会了我们一个很朴素的道理，（真正的利己，是利他，是长久主义，是成人达己）所以我们就明白，真正的爱自己，为自己着想，那么就要懂得舍弃，懂得让渡自己的利益。只有这样别人才会记你的好，帮助你，不加害于你。这难道不是真正的利己吗？反观那些凡事都只为自己着想的人，实际上在暗地里为自己埋下了祸根，最终损人不利己。

心兰： 天地之所以长久，是因为它们并非单纯按其轨道而运转，而是同时还能融于整个天体甚至是整个宇宙中。（中心思想）

天地所以能长且久者，以其不自生，故能长生。是以圣人后其身而身先，外其身而身存。（举例说明）

非以其无私，故能成其私。（实践指导）

问道心得：

1. 天地有七大特征：第一好生，第二无私，第三不争，第四处下，第五无为，第六谷神不死，第七平衡。

2. 天长地久的奥秘是什么？是无私。无私成其大，自私者实则害私。自然法如此，生命法同样如此。成就别人就是成就我们自己。

3. 大自然和天地都是生命体，研究天长地久的目的是什么？是长生，是教人学习天地的性格和生活方式，而让人活得更长久、更幸福，让我们的生命更有价值，更有意义。

4. 我们是自己命运的创造者，是自己行为的主人和执行者，同时也是自己行为的第一责任人。要有天地般的心量才能在人生这趟苦海之旅中享受独一无二的精彩过程。因为只有器量大，才能承载福德大。

5.用感恩的心取代埋怨的声。我们的身、心、意都会随之发生改变，生命将为新的宇宙光辉所照耀，我们的命运将因此而升华。

6.天地间最强大的力量是心之力。发自内心地成就他人，成人之美，就有无限接纳自己全然爱自己的力量。发自内心地帮助他人，就是帮助了我们自己内在伟大的力量。

7.向内求，向上生长。我们向外看这个世界，如果所有的人、事、物都让我们不舒服，只说明我们自己修行还不够，结果只能导致自己上火生病、心情烦躁。如果我们能够经常内观自己，接纳自己的不完美，持续不断地精进自己的智慧，才会慢慢关上地狱之门，让自己能够在安静的内在世界中提升自己的生命质量。

8.生命就是关系。处理好当下的每段关系，未来才会和你有关系。

师说：肉眼可见心兰的蜕变和成长。本章就是在讲"爱"这个大主题。

只有爱，才能永恒；只有爱，才能天长地久；只有爱，才是基业长青之本。

精彩拓展

中华民族有五千年的文明史，文化底蕴源远流长。因此，国人做人、做事都追求天长地久，追求圆圆满满。这既是一个美好愿望，也是一种脚踏实地的追求。比如对老人祝福一般都会说"祝长命百岁、福如东海、寿比南山"，期盼的是天长地久；对结婚的新人，也都盼望着白头到老、幸福永远，也是希望天长地久；而做企业的老板，时刻在奋力拼搏、兢兢业业，在追求利益的同时，也希望自己的企业成为百年企业、千年企业，这也是天长地久的追求。人们最关心的幸福天长地久、企业天长地久、国家天长地久……在《道德经》第七章中就隐藏着关于天长地久的宇宙规律。

老子说："天长地久。天地所以能长且久者，以其不自生，故能长生。是以圣人后其身而身先，外其身而身存。非以其无私耶？故能成其私。"

万物生生灭灭，为何天地能长久呢？这是因为天地大公无私，它们长期滋养万物，没有自私之心；天地为万物而存在，万物依天地而生，天地就是为万物而服务的，所以它们能天长地久。圣人呢？圣人后其身、外其身，结果反而身先、身存，为什么会这样呢？这就是因为圣人有为人民服务，把自己放在人后，达到无我的境界了。因为他们的无私，结果也成就了他们的大公。

天长地久。天地所以能长久者，以其不自生，故能长生。老子说，天地之所以为天地，不是因为它们希望自己当天地，如果有了这个念头，它们就不是天地了。天地无私，没有好恶之情，它们不是为自己要做而做，而是它们本来就是这个样子。

而现代人的思想，急功近利、为物质奴役、为权力驱使，躁动不安无知无明，仿佛世界都应该围绕自己而转。所以，人类对环境过度开发和污染带来了气候异常。而我们赖以生存的地球，正在因为人类的过度贪婪而超负荷运转。

老子提出天长地久，说的是不管人类文明如何变更，宇宙规律都是不变的；也就是不管少了谁，太阳都照样从东方升起，天还是那片青天，地也还是那片大地。

所谓"不自生"就是顺其自然而生；也就是顺应自然规律，该来则来，该去则去；以万物为刍狗，一视同仁，不偏不倚。正因为天地无私，所以长久；而人类则因其有私，所以一生短暂。

圣人永远把自己放在最后，但他却被人类历史所铭记。他们从不刻意关注身体，却生命长久。这个生命，不单包括他的肉体生命，还包括他的智慧生命。圣人的无私，往往成就了圣人之私。这个"私"是相对的，是一个人心愿，比如一个人想利众，那利众就是他的私心；想利己，那利己就是他的私心。

圣人之心，就是大心和大愿。正因为他们无私，他们的愿望反而能实现。真正的大公无私，是对喜欢的和不喜欢的都能兼容并蓄，就像天地那样，承载万物，衣养万物。

非以其无私邪？故能成其私。有我就有执，有执就有私，有私就有局限；无我就无私，无私那么整个世界都是你的舞台。无私、无畏、为公、利他，才能真正地成就自己。深悟此道的人，就会通过升华自己的能力来成就自己心中的伟业。

老子提倡的天人合一，是作用于心灵和精神层面的。他老人家把人类的精神维度升华到了世界的高度、宇宙的高度以及生命的最高境界。正是因为有了这种超越生命的文化底蕴，中华文明才升华到了能与世界顶级文化对话的高度。

天地有七大特征：第一好生，第二无私，第三不争，第四处下，第五包容，第六无为，第七平衡。

天长地久的奥秘：是无私，无私成就大私，自私实则害私。自然法则如此，生命法则同样如此。成就别人，就是成就我们自己；若自生性强，自灭性也强。

我们绝大多数人的一生是平凡的，我们没有那么多事迹和思想流传于世，但这不代表我们就没有自己的天长地久。我们每个人都有自己的成就和功绩，就像我们总喜欢说起自己的一些成功的故事和案例。这些就是我们自己心中的"长久"。

老子告诉我们要"无私才能成其私"，要秉持"后其身而身先，外其身而身存"这种"利他"的精神。我们生命中的每一次利他，我觉得都是属于我们自己的小小的"长久"。因为这些故事会让我们感动，会让我们激励自己。当这些小小的"长久"数量越来越多，就会使量变产生质变，我们的人生才会走向真正的天长地久。

当我们心中有敬畏的时候，当我们无私利他的时候，当我们不被外物羁绊和限制的时候，我们才能感受到超然物外的知足与平安。我们今天的生活，已经是命运最好的安排。在人生的旅程中，知足才能长乐，平安才是长久。

第八章 上善若水：谦柔处下成江海之器，虚怀若谷容乾坤之量

上善若水，水善利万物而不争。
处众人之所恶，故几于道。
居善地，心善渊，与善仁，言善信，正善治，事善能，动善时。
夫唯不争，故无尤。

传统译文

最高级的德行是如水一般的品质。水善利万物而不争,水处在大家都不愿去的地方,这是它最接近道的品性。水总是处在行善的地方,人心也要像它那样静水流深,宁静致远,善于沉淀。与人相处,与人方便和恩惠他人时,要像水那样怀有一颗平等仁爱之心。说话时也要像潮水那样有潮信,讲信用。清明的政治也要像水一样清正廉明。办事的时候也要像水一样虽有多种变化的本事却能做事专一,奔流到海。处世的智慧也要像水那样,懂得寻找时机,动静适宜,又知进退。因此,拥有像水一样的善利而又不争的品性,在这世上也就什么烦恼都没有了。

经典对话

朱玲: 我常常想一个人要怎么做才能学习到像水一样去滋养万物?有一段时间觉得很难,这也太难了……后来想明白了一些,水善利万物,但不代表它拼命去"利"万物,而是水在力所能及地做其能力所能及之事。

水利万物而不争,在很多情况下人往往是自己有点成就大肆宣传,生怕别人不知道自己的贡献。而水在付出和贡献后从不邀功,你好了我也好,大家一起成长变好才是好的本质。有了功劳自居,那么功劳也就没有了,变成了一场唏嘘。

处众人之所恶,世俗意义上的恶就是不上"台面"的,所以众人"恶"之。而这个众人之"恶",人们条件反射似的嫌弃的东西,在老子眼中"故几于道"。

水总流向最低处。

居善地,有句话叫君子不立危墙之下,还有一句话叫垃圾只是放错了位置的资源宝藏,因此说,怀才不遇最大的可能就是自己待错了位置,或者是怀的才,月份还不够,肚子不显怀。

心善渊,有心量才有承载力,有承载力才能收获更多的资源(人、物、事）。

与善仁，与人相交，应该与和自己磁场相近的人相交往，圈子不同非要强融，就是不自知，不自知就不知止。知止才能不辱。

言善信，存好心说好话，在别人的场合就不要砸人家的牌子，看看自己有哪些可以助力的，做力所能及的帮助也是很好的。政善治，不论是修身齐家治国平天下，不论哪一层管理，善治的前提是心正。管理之所以修心为要，心不正，意跑偏，行起来其余的也就是差之毫厘，谬以千里了。

事善能，专业的事，让专业的人来做，自己哪方面行，就在哪方面运作，不要处处都想高人一头，这不科学也不实际。

动善时，时，时机、顺势而为、借东风。要知道什么时候有东风，要顺势而为，没到时候宁可不做。否则，很容易自取其辱。

夫唯不争，故无尤。自己做了力所能及的事，学了力所能及的知识，问心无愧，有所尽力、为而不恃功、有功劳而不自居。做一个负责任的人，对事负责任，存好心、说好话、做好事，也是生而为人的理所应当，便也不存在争与不争。

什么是上善若水天下莫柔弱于水？天底下再没有比"水"更谦卑、更柔弱的存在了。它润泽万物，善利万物，天地万物无一会拒绝水的滋养和灌溉，脏了，用水来洗；有灰尘，用水来冲……无论何时何地，水带来的都是美好。（善利万物）

而攻坚强者莫之能胜，就算最坚硬的一切，在水面前都拿水没办法。火烧它，它会雾化为空气，依旧润泽万物。冷空气冻它，它幻化为冰，继续为天地储蓄能量。（君子不器）

以其无以易之也。以此，为天地带来无可取代的地位，赢得所有物种的尊重。（实其腹，脚踏实地，自重）

弱之胜强，柔之胜刚，天下莫不知，莫能行。水用一己柔弱之躯，不折不挠，万年如一日地告诉大家柔弱胜刚强的道理，然而天下莫能从之。

问道心得：

水，这个世界上最柔弱的最卑微的存在，尚且能够取得万物的尊重和不卑不亢，只是亘古不变地做着自己力所能及的事，并赢得天地的尊重，何况万物之灵的人乎？

上善若水，并非要求我们要做到如此"圣人"境界。恰恰相反，老子想传递的善之深意是卑微如水，尚且不抛弃，不放弃。我们有什么理由遇到一点点挫折就放弃，就否定，就自暴自弃？

如果你对上善若水都理解偏了，就很难理解老子的"善"与"深意"，而在第七十八章，就是对"上善若水"的总结和升华。

张倩：我们平日总是在说要做一个善良的人，多做善事。但其实我们似乎没怎么深究过这个"善"，以及如何正确地行善。

第八章开篇直指核心，最高级的善就像水一样为万物而生，利于万物没有私心，处在那些大家都不喜欢、不太想去的位置。但也正因为如此，它最为接近道。为了更好地理解上文，我们来详细解读一下：什么是"善利万物而不争，处众人之所恶"？

我们都知道，无论是江海湖泊，还是雨雪冰霜，万物需要它出现在哪儿，它就会以相应的形式出现在哪儿。当我们的肚子有需要，它又会成为饮水被我们喝进肚子。一句话，哪里需要它，它就在哪里，不会挑地方。所以，什么是善地，就是别人最需要的地方。

对于水来讲，该深则深，该浅则浅，这取决于装盛它的容器。如果装盛它的是一个河床，那么它就是河流；如果装盛它的是一片洼地，它就有可能是一片湖泊；如果装盛它的是无比大的洼地，它就有可能就是一片海洋。所以，善渊就是懂得变通。

水刚柔并济。当万物各行其道时，它是天下至柔之物。但当大自然出现不道时，自然遭到破坏，导致暴雨频发、风暴潮骤起，则会引发洪灾，威力巨大，致使生灵涂炭。而每当我们感叹水火无情的时候，是否需要问问我们自己，有没有做什么不道的行为。什么是善仁？它就是己所不欲勿施于人。

当月球和太阳之间的引力形成周期，作用于海水，就会形成潮汐。这种潮汐的周期与规律就如老子《道德经》中所讲的"言善信"，当我们对它有诚信的时候，它会同样以诚信相还。所以说"言善信"，就是如果我们想让别人对我们诚信，就需要自己先成为一个言而有信的人。

由此我们得出一个结论，最高境界的善是没有私心的，这就是"上善"。当然，所谓"上善"也不是说做事之前完全不考虑自己的利益，而是需要你"君子爱财，取之有道"，做什么事情都要因时制宜，适可而止。而这就是"上善若水"，就像水一样，为你提供帮助又不会让你感受到，帮助完就回归它自己本来的样子，静静地做着自己，这就是"不争"啊！

第八章 上善若水：谦柔处下成江海之器，虚怀若谷容乾坤之量

"夫唯不争，故无尤"，这就是水能够无敌的根本原因。

精彩拓展

"上善若水"。

这是老子的价值观。老子认为人最大的善就和水一样，是修行到最高境界时自然流露出的品行。

老子又说："水善利万物而不争"。这句话非常好理解，在地球上万事万物都离不开水。换言之，水对所有的动植物都有其不可替代的作用，而且水从不向任何群体邀功。水善于孕育与滋养万物，她承载万物、造福万物、泽被万物而不争名利，谦卑虚静，此即柔，而人性往往是固执的，往往缺少水的这种"谦卑虚静"。

因此我们生活与工作中，如果一味地昂着头生活，就会给人趾高气扬、不可一世的感觉，让人觉得你傲慢无礼、目中无人，从而人们就会慢慢对你敬而远之。然而一味地低着头，也会给人一种懦弱、无能、胆小怕事的感觉，别人会趁机欺负与打压你；久而久之，会让人们看不起你，或别人视你为另类。因此说，适时的低头是智慧，更是豁达的胸怀和境界。如果在生活中懂得适时的低头，我们生命里就会多一分韧性、一分张力和一分成熟。就像总会有一些人，他们不会在意外界的看法，不会被世俗的标准所左右，他们更重视自己的内心感受。无论是工作还是感情，他们都可以顺其自然，物来则应，物去不留；他们干净、利落、洒脱、自如，让岁月在悠悠然的钟声中消失，将人生中的一切幻化成空气中的那份宁静与淡然。

我们为什么没有这样的力量？为什么我们难以做到足够好呢？为什么看起来我们遇到的困难总是特别多、特别大？这些问题都要从我们内心去寻找更深层、最根本的原因。

一颗柔韧心，刚柔并济，顺其自然，你就能游刃有余。因为能做到顺其自然，我们就能遵循事物的规律与本质，进而能够助推自己成功的脚步。"上善若水"，告诫我们在懂得刚柔并济，顺其自然同时，还要懂这个世界的不完美是客观存在的，就好比自然界有美丽的孔雀，也有毒蛇和豺狼，因而我们就要做一个有容乃大有格局的人。

北宋著名文学家苏辙《老子解》中对老子所讲的"上善若水"之"水"所具备的"七善"进行了精准诠释：

1. 居善地——"避高趋下，未尝有所逆，善地也"。这就是说水能避开高的地方，自然向低的地方流。水之避高趋下是一种善于择地的表现，这是告诫我们，应当善于谦卑，而不是只知汲汲于高处。

2. 心善渊——"空虚寂寞，深不可测，善渊也。"水的表面看起来是很平静的，但它的内部是有着极为丰富而深邃的内涵，能包容万物。这句话说明的是，一个"心善渊"的人，一定是达到了很好修养的人。

3. 与善仁——"利泽万物，施而不求报，善仁也。"水泽润万物，它施与了那么多，却从来不主动索取回报，这就是"与善仁"。一个人进行了施与，如果他的意图是为求得对方的回报，这就有买卖交易之嫌了，就不是真正的"与善仁"了。而真正的"与善仁"一定是从仁爱出发的，是不考虑利益得失的。我们之所以热烈地赞美母爱，就是因为母爱是无私的。

4. 言善信——"圆必旋，方必折，塞必止，决必流，善信也。"水进入圆形的地方就会旋转，进入方形的地方就会转折，堵塞住它就会停下来，而疏通它，它又会流下去。水之如此特性就和我们说话一样，如果讲话总追求圆滑，那么就需要我们消耗很多不必要的精力去周旋；如果讲话过于刚正，则必然会引起别人的不满，引起别人的误会；如果讲话吞吞吐吐，人家就无法也不敢对你敞开心扉……所以沟通最好的方式就是"言善信"。所谓"善信"，就好比水，水有水流，有水的本性。因此我们要想最大程度地用好水，就要尊重水的本性，实事求是。同理，我们与人沟通与交往做到"言善信"才能取信于人，才能更通达。

5. 正善治——"洗涤群秽，平准高下，善治也。"水可以清洗一切脏的东西，而且它又是很公平的。水在一个容器之中，它的表面一定是平和的，即使容器偏了，水面也依然是平和的。同理，我们消除脏乱和公平行事、公正治世，才是善政善教的根本所在。

6. 事善能——"遇物赋形，而不留于一，善能也"。任何东西在水面上都会显示出自身的形状，水自身并不要求某种特别的形象，而是什么形象都能接受。真正会做事的人就这样，他一定不是一味地去做自己想做的事，或做一些容易的事，而是因时制宜，去做当下最应该做的，以结果为导向，将每一丝精力都用在关键的事情上。

第八章　上善若水：谦柔处下成江海之器，虚怀若谷容乾坤之量

7. 动善时——"冬凝春冰，涸溢不失节，善时也。"水在适当的时候会凝结成冰，在适当的时候会干涸和涨溢，总是能够适合天时与节气。同理，农夫耕种要顺应天时，做相应的事情，就是善时。做事也一样，任何事都讲究天时地利人和，在关键的时刻，做相应关键的事情，比什么都重要。

比如一家创业初期的企业，第一要务就是如何活下去。只有首先活下去了，企业才能去考虑如何活得更好……很多人本末倒置，坚信"细节决定成败"，因此创业初期，事事计较，事事精雕细琢，结果公司很快就倒闭了……这就是"不善时"的表现。

跟大家分享一个故事：

一位年轻的商人被搭档出卖，人财两空，痛不欲生，想跳湖自尽。他在湖边碰上了一位观水静坐的智者，智者微笑着将他带回家中，令其从地窖里搬出一块偌大的坚冰。

商人虽然百思不得其解，但还是照做了。冰块搬出来后，智者吩咐："用力砍开它！"商人找来斧头便砍，不料猛烈的重击，只能在冰面上划下一道细微的痕迹。商人又抡起斧头，全力劈凿。一会儿，对着掉落的冰屑，他气喘吁吁地摇头叹息："这冰实在太硬了！"智者不语，将冰块放在铁锅中煮。随着温度的升高，冰块慢慢融化。智者问："你从中有所领悟没有？"商人说："有些领悟了。我对付冰块的方法不对，不该用斧头劈，得用火烧。"智者摇头。商人面露难色，鞠躬请教。智者语重心长地说："我想让你看到的，是人生的七种境界：

1. 冰虽为水，却比水强硬百倍。越在寒冷恶劣的环境下，它越能体现出坚如钢铁的特性——百折不挠；

2. 水化成气，气看无形，若气在一定的范围内聚集在一起形成聚力，便会威力无比——聚气生财；

3. 水净化万物，无论世间万物多脏，它都能敞开胸怀无怨无悔地接纳，然后慢慢净化自己——包容接纳；

4. 虽然水从高处流下遇到阻挡之物时，瞬间就显得那样温柔无力，但是水凭其滴水穿石的耐力与韧性，能将阻挡它的棱角磐石滴穿——以柔克刚；

5. 水能上能下，上化为云雾，下化作雨露，也能汇涓涓细流成河。因此说，水既能蒸腾升高为云，又能低入江河湖海——能屈能伸；

6.水虽为寒物,却有着一颗善良的心;它从不参与争斗,虽滋养了世间万物,但不向万物索取——周济天下;

7.雾似飘渺,却有着最为自由的本身,聚云可结雨,化为有形之水;散可无影无踪,飘忽于天地之内——功成身退。"

第九章

物极必反：留白才有天地宽

持而盈之，不如其已；
揣而锐之，不可长保；
金玉满堂，莫之能守；
富贵而骄，自遗其咎。
功遂身退，天之道。

传统译文

既想求得盈满,又想把持不放,还不如适可而止、恰到好处。把锥子打磨得太锋利了,却不能长久保持。积攒的金玉满堂也没办法长久守住。炫耀富贵且骄慢放纵,会给自己埋下无尽的祸根。功成而懂得不居功自傲、懂得身退,才是真正的天道。

经典对话

朱玲:盈,理解为做事说话乃至自己的欲望,都很满、无穷尽的状态。而这样的状态,是无法真正被满足的,更非长久之计。

揣而锐之,不可长保,磨刀不误砍柴工确实有道理。但是有的人为了让刀锋利,就在追求刀锋利的路上固执向前;为了锋利而锋利,却忘了他为什么要磨刀。更何况刀本身越磨越薄,磨刀过度容易使刀在用力使用时断裂,如砍树时刀刃会断裂,反而不耐用。这样的欲求是需要适时而止的。

金玉满堂,莫之能守。钱确实可以解决人生 99% 的问题,钱确实很重要。但如果把敛财当成了人生追求的唯一目标,在欲望驱使之下,钱就会被同样的思维方式散尽。

富贵而骄,自遗其咎。从不骄到骄,这是需要一个过程的。有了些小成绩就骄傲,看谁都不入眼,看谁都好像已经被自己看得很"通透",其结果就是自食恶果,咎由自取。

功遂身退,天之道。做完该做的事就可以了,让它了无痕,知足不辱,知止不殆。功成名就或功高盖世,还不知道适时而退,那么随之来的就是"飞鸟尽,良弓藏"——等待自己的是危险。历史上被杀的元老级重臣那么多就是前车之鉴。

张倩:这一章夫子教会我们一个关于过犹不及的朴素的人生道理,凡事都要有"度":盛(拿)东西太满了,就会溢出来。

身边很多人平时喜欢说满话,做绝事,从不给自己留余地。这个时候但凡出现一点差池，轻则打脸，重则有灾殃。

将一件物品打磨得过于尖锐，反而容易折断。

财货过多，一则内蚀，二则外觊，一旦这种现象发生，失去它也只是时日问题。富贵本没有问题，但因富贵而骄横，仗势欺人、为非作歹，这些行为则无疑是为自己日后埋下了祸患。

综上所述，"盈""锐""金玉""富贵"这些是人间美好的代表，无疑是很多人穷尽一生在追求的。无论是所处的状态，或者真金白银和地位，追求它们没有问题，追求到了也没有问题，问题在于得到之后怎么处理。

这就好比平日里老司机和新手一样在路上跑，并没有什么区别。但如果出现突发情况，老司机的反应可能会救命，而新手的慌乱可能会因此丧命。夫子告诉我们，当我们已经得到上面所说的这些后，如果我们不加以停手，就会出现"不如其已""不可长保""莫之能守"以及"自遗其咎"的后果，那这个时候怎么办呢？

功遂身退。真正的高手会在得到之后，不执着、不留恋，这是正道。

心兰：持而盈之，不如其已；揣而锐之，不可长保。

金玉满堂，莫之能守；富贵而骄，自遗其咎。（举例说明）

功遂身退，天之道。（中心思想，点题总结，实践指导）

一般人喜欢占有、主宰，越不知"道"的人，往往越有恃无恐、悖道离德。其实抓得越紧，最后得到的越少；反之，放下控制、不去占有，最后却得到的越多。当人心被恐惧和焦虑控制时，就会缺少安全感，才会什么都想抓住。

如果能静下心来，在做事中、在担当中、在为人中去顺道而行，实证大道，那么实证越多，人就越能平静下来，慢慢就能真正感受到自在了。

要修炼自己的心，不要太看重外在的人、事、物，才能在世俗中活得自在。修身最重要的是修自己的心，不要太在乎外在得失，才能在世俗中活得自在。做人永远不要太满，不要让自己登上顶点、走上极端；要和光同尘，要懂得稍作休息，要懂得留白——留白才有天地宽；要允许别人不完美，要善于发现别人的好，然后用别人的好来对照自己的不足。这样，人生的路会越走越自在。因此说，修道是一种生命方式，成就也是一种生命方式。《道德经》就是这种方式背后的程序。

一个人的生命成就与活好走好的自在人生，除了坚持不懈地精进成长自己，没有任何捷径可走。任何时候都不要傲慢，不要觉得自己了不起。在教育上也一样，教育孩子做一个不卑不亢、谦虚勤奋的人，就是正道。父母只要把根基给孩子扶正了，那将来孩子成为什么样的人才，靠他自己努力就可以了。

像天道衍化万物，却始终默默无闻，从不居功，所以天道往复，经久不衰。人由道而生，也只有顺应天道、功成身退，才能自在长久。

问道心得：

1.凡事要持之有度，任何事物超过了度，就会对事物的和谐平衡造成破坏而使其走向反面，有时真理向前一步就成为谬论。所以时刻对任何事、任何人都要抱有一颗敬畏之心、恭敬之心，真的很重要。

2.人生最大的财富就是健康、快乐、幸福。有时金钱多了，不只是累赘，更是败乱的起点。爱是人生最重要的品德，贪婪是自掘坟墓、害人害己的利刃。

3.凡事物极必反。说话做事让人舒服是一种智慧与软实力。做人不求虚名，做事懂进退，才能收获真正的自在与逍遥。

4.名利不是不好，而是功成名就了，要内观谦卑，要拿得起，也要放得下。张扬往往就要付出代价；谦卑反而被人敬重。

第十章

道之玄妙：万物有道，道道相通；明德为玄，微妙玄通

载营魄抱一，能无离乎？
专气致柔，能如婴儿乎？
涤除玄鉴，能无疵乎？
爱民治国，能无为乎？
天门开阖，能为雌乎？
明白四达，能无知乎？
生之、畜之，生而不有，为而不恃，长而不宰，是谓玄德。

传统译文

　　精神和形体合一，可以不分离吗？我们积聚精气，变得柔顺，还能不能像出生的婴儿那样纯粹呢？我们像镜子照心一样清除杂念扪心自问，我们的心灵是否尚存瑕疵呢？爱民治国能不能遵循自然无为的规律呢？我们的认知和外界的对立变化相接触，能不能守住温柔宁静呢？我们什么都知道，能不能不使用心机呢？天地间万物生长繁衍，从而又产生万物、滋养万物却又不据为己有，又不主宰它们，这就是所谓的"玄德"。

经典对话

　　张倩：本章夫子通过六个反问句，将我们的整个生命状态描述得淋漓尽致。

　　从心神合一到呼吸至柔、涤除玄览静心、爱国治民无为、开合天门为雌，再到最后的明白四达，回归于"无"。

　　这不仅给了我们行动指南，同时还给了我们标准：

　　1.心神合一的标准是无离；

　　2.呼吸至柔的标准是如婴儿；

　　3.涤除玄览的标准是无疵，没有任何一点瑕疵；

　　4.爱国治民的标准是无为；

　　5.开合天门的标准是能为雌；

　　6.最后抵达真正的通透——明白四达，而明白四达的标准是无知。

　　以下是对每一句的理解：

　　营魄即魂魄，古人认为魂是阳气，构成人的思维才智；魄是阴气，构成人的感觉形体。魂魄（阴阳）协调则人体健康，通俗点讲就是灵魂和身体之间，是需要合一的。如果不合一会是什么样子呢？行尸走肉，说明一个人徒具形骸，缺乏生气。

　　气息轻柔，当过父母的人可能会好领悟一些。

涤除玄鉴，能无疵乎，是说我们的内心就像一面镜子。我们能否像洗干净的镜子一样，洗掉私心杂念，让我们的内心时刻回归清静透彻的状态？

爱国治民能不能做到无为。前文我们说过，无为不是什么事情都不做，而是要按照规律、掌握时机，顺应大势来做事。真正的爱国治民能做到这样吗？很多大乱之世，不就是因为没有做到无为吗？

能力巨大到可以开合天门之人，能不能做到厚德载物，孕育万物而不想占有与主宰呢？

明白四达，能无知乎，真正知晓明了世间一切道理的人，可能他的呈现就好像什么都不知道一样吧。

朱玲：我们在前面一章了解到，持而盈之、揣而锐之、金玉满堂、富贵而骄，几种状态都在向外索取，欲望的膨胀与扩张，不知满足、没有尽头。由此人生慢慢跑岔路了，变成在有问题的道上奔跑追逐，最后只能自遗其咎。

载营魄抱一，能无离乎？我们是否可以守住自己的初心与赤子之心呢？慎终如始、从一而终地去选择、去体验、去经历呢？举个例子，有的人找对象，本来是看中他（她）的长相，结果相处下来，又开始嫌弃或要求对方的学历、工作……这样的人生，想要的"快乐和幸福"按照这样的标准寻下去，得追逐到什么时候呢？

专气致柔，能如婴儿乎？赤子的状态，专一纯净，又柔和不伤。我们修炼自己，就是修炼这颗赤子之心，保护的也是这颗赤子之心。既能够时刻充分体验和感受当下，又能保持对未知和未来充满好奇和信心。

涤除玄鉴，抛弃内心那些没用的、对发展没有帮助的东西。明知忠言逆耳利于行，就把强词夺理放下；因为紧抓住面子不放，反而把丑陋呈于台面。当我们心底的镜子可以越擦（修）越干净，回归赤子状态（没有"活在别人眼中的自己"，只有"我眼中的世界"）时，那将是多么光明坦荡的人生？

爱国治民，能无为乎？"为"与"不为"是与时间和机遇分不开的，该为的时候"为"、不该"为"的时候不要动作，就是"无为"。不论管理自己个人、管理企业、管理国家，都是这个道理。只为当为之事——当不当为取决于自己追求的究竟是什么，符不符合"道理"。

天门开阖，能无雌乎？雌，这里我理解为信口雌黄的雌，当我们的六识接触这个世间外物时，是否可以真实地接受与表达，而不是"雌"。自己添油加醋地扩大恐惧或是欢愉——外物的发生与否，只是按照它原有的轨迹在运作发展，实在不应过度牵动我们，让我们变得恍恍惚惚、魂牵梦萦。

心兰： 载营魄抱一，能无离乎？专气致柔，能如婴儿乎？涤除玄鉴，能无疵乎？爱国治民，能无为乎？天门开阖，能无雌乎？明白四达，能无知乎？（举例说明）

生之、畜之，生而不有，为而不恃，长而不宰，是谓玄德。（实践指导）

本章连续六问，从道学的角度来论述治国之道和养生之道的一致性。其中"能无离""能婴儿""能无疵""能无为""能无雌""能无知"的疑问，看似否定，实属肯定，用来说明是需要的。

治国理政，需要政令和行动一致，不可以颁布一套政令，暗里却是潜规则运行，必然不得人心，政令不一，民心不稳。明医学家张景岳说："魄之为用，能动能作，痛痒由之而觉也。"《左传》也说："附形之灵为魄，附气之神为魂。附形之灵者，谓初生之时，耳目心识，手足运动，啼呼为声，此则魄之灵也附气之神者，谓精神性识渐有所知，此则附气之神也。"由此可见，所谓魄，就是人的基本活动或意识，本能感觉和动作，它属于人天生的本领或本能。《灵枢·本神》说："并精而出入者，谓之魄。"精为阴，魄为阳，阴阳互为促进，二者一起演化，互为作用而成身体之营卫体系。精多则魄强，精少则魄弱。魄强则体壮，魄弱则体弱。

可见本章是讲魄与精相守，互为拥抱，正常营运，为人体的一种天然行为，是人体的一种正常状态。所以精魄不能分离，否则体质羸弱。所以休养生息，需要我们做"无愧于心"的选择，更需要有"坦荡磊落，不悖于内心价值观"的为人处世原则，才可能从本质上拥有一个强大的营卫和健康的体魄。

专气致柔，是说专气需要柔和，应该与精血、津液等阴精相协调，才能发挥正常功能，五脏六腑也才能发挥正常的神志功能。

一些人和事之所以玄妙，是因为虽然肉眼看不见，它却是客观存在的，能觉察外界事物的变化。"群众的眼睛是雪亮的""玄鉴"实际上是人神的表现。人神纯洁、干净，"应无所住"时，人就不会受外界任何杂念干扰。

能无疵乎，我们能不能保持它上面没有任何瑕疵？此是强调自我修养，有意且努力地使自己达到心灵美；而道学强调的是顺其自然，在顺其自然中

第十章　道之玄妙：万物有道，道道相通；明德为玄，微妙玄通

完善自己，也就是一个人要本能地完成或顺应自然地形成这种境界，才符合道学思想。我们在日常生活中自然形成的心灵真善美，才是真正的美，对人、对群体健康、对社会有益。

若是强制性、靠外力推动的人心改变，就有可能出现虚假现象，就像镜子上蒙受灰尘一样，不容易看出真面目。由此可见，道学非常重视和看重在治国和管理上的无为而治。

真正的爱民也是一样，只有顺应民心，顺从民意，体察民情，尊重民权，以民意为天，才能真正推动社会的进步。爱民是治国的基础，二者道理相通，没有爱民就谈不上治国。同理，没有真正为社会创造价值的企业，就没有其存在的意义，更没有企业立足的根本。

病从口入，祸从口出。要做好管理，首先是要管好口德，要管好身体，首先是要管好口欲。如果一个人被自己的"所知""所经历""所标准""所执""所着""所迷信"的东西捆绑，就无法看见其真相。

世事洞明皆学问，人情练达即文章。一个通晓人情世故，明白四达的人（应是指学富五车、博学多闻、经历丰富的人），能不能时刻清空自己内心的标准去看这个世界，用"无知"的标准去衡量身边的每件事每个人，用"平等心"以及不起"分别心"，又"不着相"的客观理智有逻辑地分析"每个当下"呢？这才是真正的谦卑、虚怀若谷。

内心装满标准，眼里全是我执，思维全是外相，则必然无法与这个社会和谐相处。

万事万物自有其发展规律，春夏秋冬、生长收藏、生老病死，都有它既定的发展阶段，道学的思想就是顺其自然。所有动植物的生长规律都不一样，所以其"德"性也不一样。它们既有让人很难明白的奥妙，又不可能让人将其规划统一。因此称这种"德"为"玄德"，即玄妙的德性。

生之畜之，生而不有。这就是告诫我们，无论是管理自己、管理别人，还是管理外物，都不要人为地（主观地）打乱这种"德"性，阻断其发展规律；应任其生长发育，不要以个人的意愿而想要强行改变规律，不要以个人的想法去强制它，而要以"无为"的思想去看待它，并且长期如此。总之，不要胡乱作为，要重视每个人、事、物的"德"性——尊重规律。

第十一章

无我自在：空无，是修行的最高境界

三十辐共一毂，当其无，有车之用。
埏埴以为器，当其无，有器之用。
凿户牖以为室，当其无，有室之用。
故有之以为利，无之以为用。

传统译文

三十根辐条插到一根毂中的孔当中，有了这个孔，才能有车的作用。把揉和的陶土做成器皿，有了器具有了空间，才有它的作用；开凿门窗建造房屋，有了门户和四壁的空间，才有了房屋的作用。所以，"有"是给人便利，"无"是发挥了它的作用。

经典对话

朱玲：轮子若不是中空，就无法使用；器皿如果是填满的，则无法使用；房子如果没有空间，也无法住人。有和无，是两面一体的产物。有形的有，很明显，很好认，但它并不完整。就像有的人第一次相亲或第一次和别人见面，通过对方的一些表现，就给人下了定义，这局限了自己和对方之间更大的发展空间。无形的那个"有"，也就是无，它不太明显。"人心隔肚皮"，但我们仍然可以通过方方面面去组织信息，构成一个大体的系统，感受和用逻辑推断那个"无"到底是什么。我们才有能力看到更大的一片作为天地。

这一章，横看竖看目前自己只能看到一个点，那就是：不论任何人、任何事，都有其独到和有价值的多面性。如果这个人或者这物自己用不了、看不懂、挖不出、扶不起其内在价值，那真的不是对方的问题，而是自己眼光、格局、综合能力的问题。

除了意识到这点，还有另外一点让我警惕，那就是这个世界还有自己不知道、看不到的那一面甚至是多面，它不会因为你看不到而不存在，就像三季人。所以很多事的发生其实有千丝万缕的联系，不是自己单方面的眼光看到便能够想象和明白的。在自己异想天开的基础上去做辅助，很可能会变成补刀。所以，保持正确的思考，是我们每个人应该有的自觉。

张倩：
主题：无之以为用

第十一章 无我自在：空无，是修行的最高境界

毂：车轮中心的圆木，周围与车辐的一端相接，中有圆孔，可以插轴；埏埴：和泥制作陶器；牖：窗户。

善于观察和思考的老子发现，在生活中，三十根辐条拱卫一个毂，因为有中间空的部分，就可以做成车轮使用；和泥制作陶器，因为中间是空的，就可以当作容器使用；凿窗户做成房子，正因为有了当中的空间，就可以成为住人的房子，为人们遮风挡雨。老子观察自然、观察生活，早在2500多年前就发现"无"的妙用。因为看不见的空间呈现出无限的妙用，这也是很多设计师大佬们恪守的法则。真正好的设计不是堆砌，不是塞满，而是简化，借助"空"和"无"打造出来的无限的遐想和妙用。所以，最后他说，已经存在的"有"可以为你带来确定和好处，但那些看不见的"无"因为涵盖无限的可能，才能发挥其真正的妙用。

问道心得：

简化和放空自己的头脑、内心和生活，就像一个容器一样，不要被填得满满的。

在与人交往中，不管是再亲近的人，也要给彼此留出独处的空间与时间。

在管理中，不是所有动作都做了就有效果，反而是你没做的，和没说的话，可能才是发挥最大效用的。所以知人心，懂人性，知人善任，因势利导才是一个管理者、一个领导最应该去思考的。

心兰：三十辐共一毂，当其无，有车之用。埏埴以为器，当其无，有器之用。凿户牖以为室，当其无，有室之用。（举例说明）

故有之以为利，无之以为用。（核心思想）

心腾空了才能接收更多的能量。老子用车轮来比喻"有"和"无"的关系：车条是"有"，车轴中间的空间是"无"；正是因为有了"无"，车轮才能转起来。

有无相对，就像手中的沙子，攥得越紧，流失得越快；若松一点儿，为其留出一点空间，反而不会流失那么多。世人太在意"有"，总想去占有、去拥有、去作为，而忘记了"无"的作用。本质上讲，这是失去了人生真正的大义，结果也必然会失衡，走偏……失衡，必然不能长久。

要衡量自己有没有进步，可以反思自己是不是做到了"无"。比如问问自己心里有没有执着、偏见、杂念、负能量，如果有，就及时清理、不断清理……只有把心里的"有"慢慢扫掉，化为"无"时，心中才会有足够的空

间,去迎接一种伟大的存在;才有足够的力量,使自己的心变得强大起来。

一个人要想拥有大海的力量,首先就要变成大海,容纳形态万千的人与物,不要区分这个干净,那个混浊……要让所有与我们相遇的东西,都成为生命的一部分,因此我们慢慢地就会变得越来越好;切忌逞一己之能,逞匹夫之勇,从而拒绝团队合作。真正可以成就大业的人,通常是能胸怀万物、胸怀世界、胸怀宇宙的。

"无"的修行,是让自己心中的"无"越来越大,格局也会随之越大。反之,如果我们的内心任由越来越多的"有"充斥其中,那么前方的路就会越走越窄,到最后,人生基本就没有回旋的可能了……因此,我们心中的"无"越大,胸怀与格局也越大。一座房子有围墙、有门窗,这些都是看得见的,可我们真要住进去时,用的却是房子里的空间。

有,是看得见的东西,这是"利";无,是看不见的空间,这是"用"。普通人看到"利"禁不住诱惑,就拼命追索。只有智者,才知道自己要"用"的是什么,需要多少。这是人生最重要的智慧——知止。很多人为了逐利,拼命干一辈子,最后把自己的健康也搭进去了,挣来的钱全部用来治病,这实在是得不偿失。与其这样,还不如根据自己的实际情况,按自己生命的节奏,按部就班来做事。其实只要方向对了,就算速度慢点,也并不会影响你最终的收获。

心中必须留有足够的空间,能力才能发挥真正的作用。"有"是看得见的物质世界,"无"是无边无际的宇宙整体与起源。无和有相互依存、相互依赖、缺一不可。当我们成为自己无形的环境时,我们就是道。只有虚怀若谷,才可以如海纳百川般地获得成长。

空无是人生的最高境界。空无的杯子才可以装水;空无的房子才可以住人;只有让自己的心达到"无"的境界,才能有空间容人容物,才能造就大成就、大圆满的人生。执着必然带来痛苦,放下是良方;人要学会舍得、放下,无我境界才能拥有更多的机遇和空间。生命的自在圆满不是把自己凌驾于万物和别人之上,而是放空心灵,与世间万物相沟通,与大众相交融,这是天长地久的奥秘。

我们与每个人的关系都反映出我们与自己的关系,我们遭遇到的所有问题就是我们内在要解决的问题。每一个人都必须为自己的生命负起全部责任。因为只有自己才是自己命运的主宰者。

第十二章
为腹去目：守住生命的内核

五色令人目盲，五音令人耳聋，五味令人口爽，驰骋畋猎，令人心发狂，难得之货，令人行妨。是以圣人，为腹不为目，故去彼取此。

传统译文

在缤纷的色彩，光怪陆离的社会里待久了，各种诱惑就会使人眼花缭乱，看不见真相；美妙的音调听多了，花言巧语听多了，耳朵就听不进真话了；丰盛的食物吃多了，使人舌不知味；纵情狩猎，使人情绪放荡发狂；稀有贵重的物品多了，使人行为不轨，欲壑难填……因此，明智的人但求吃饱肚子而不追逐声色之娱，摒弃物欲的诱惑而保持安定知足的生活方式。

经典对话

朱玲：人之所以总是感觉无法真正的快乐，有太多攀比、情绪、不满足感……很大的原因，来自过度沉迷于享受。

虽然大量占有物质和无度的追求，不至于立刻要了人的命，但那就如钝刀割肉，阉割的是一个人大量的时间和精力，而我们能自由拥有的最宝贵的东西也正是这两样。

老子说："自知者明。"真正明白自己需要什么，才不会使自己在物欲横流的世间中被淹没，只取自己需要的那一部分。东西再贵再稀有，不是当下需要的，如果还要拿着前进，只会把自己拖垮。

当我们在盲目追逐物质与名利的时候，实际上是离自己需要去完成的目标越来越远了。一个人的精力有限，身外之物与精神，犹如硬币的两面，如果想两面兼得难免就会此消彼长。一个内心不丰盈、志向不笃定的人，才会陷入在外界物欲中不能自拔，被物欲的得失牵动着自己的情绪和判断力。而我们应该做的是"为腹"，充盈自己的内在、丰富自己的生命、拔高自己的精神境界、提升自己的实践能力。以长远的眼光看待当下，才不会使外界的一切不能为自己所使用，才不会使自己身陷于其中。故，去彼取此。

经过自己亲手雕刻过的人生，才是一件值得珍藏的作品。

张倩：少则得，多则惑。

五色：青红黄白黑；五音：宫商角徵羽；五味：酸苦甘辛咸。它们均代表纷繁复杂的外部世界。世界原本就是多姿多彩的,这没有错,但为什么会令我们"盲、聋、爽",是因为我们被干扰了。为什么我们会被干扰,是因为我们心不定、不够静。风动还是幡动,都不是,是心动。王阳明也说,你未看此花时,此花与你的心同归于寂;你来看此花时,则此花颜色一时明亮起来。出现这种情况,归根结底也是我们的心被干扰了,没有活在当下,导致原本有的颜色我们却看不见,原本有的声音我们却听不见,原本有味道我们却尝不出。

问道心得:

嗜欲深者其天机浅。

记得之前有一句话是这么说的:"我们需要的不多,只是想要的太多。"给我们的生命做减法,回到生命的本质,去经历、去体验。外在的诱惑如果你心不动,你就不会被欲望掌控。当你凝望深渊的时候,也同时被深渊凝望着。保持内心的安定,我们就能看见、听见和尝到。

心兰:五色令人目盲,五音令人耳聋,五味令人口爽,驰骋畋猎令人心发狂,难得之货令人行妨。(举例说明)

是以圣人为腹不为目,故去彼取此。(实践指导)

问道心得:

保持节俭、精进、谦卑、谨慎与感恩,否则很容易误入歧途,从而亵渎自己伟大的生命。

经得起诱惑,耐得住寂寞,方能守得住繁华、守得住生命的天长地久。

生命最贵重的财富是我们的慈悲心——忘掉是非恩怨,忘掉身份地位,忘掉利害得失,抱持一颗金刚心、无我心,才能在世俗这个大染缸里赢得大自在、大平安。这样的生命,能承载更大的财富,更多的名利,更多的结果。

第十三章

超然物外：行到水穷处，坐看云起时

宠辱若惊，贵大患若身。
何谓宠辱若惊？宠为上，辱为下，得之若惊，失之若惊，是谓宠辱若惊。
何谓贵大患若身？吾所以有大患者，为吾有身，及吾无身，吾有何患。
故贵以身为天下，若可寄天下；
爱以身为天下，若可托天下。

传统译文

受到宠爱和受到侮辱都好像受到惊恐，把荣辱这样的大患看得与自身生命一样珍贵。什么叫做得宠和受辱都感到惊慌失措？得宠是卑下的，得到宠爱感到格外惊喜，失去宠爱则令人惊惶不安。这就叫做得宠和受辱都感到惊恐。什么叫做重视大患像重视自身生命一样？我之所以有大患，是因为我有身体；如果我没有身体，我还会有什么祸患呢？所以，珍爱自己的身体是为了治理天下，天下就可以托付他；爱惜自己的身体是为了治理天下，天下就可以依靠他了。

经典对话

心兰：宠辱若惊，贵大患若身。（核心思想）

何谓宠辱若惊？宠为上，辱为下；得之若惊，失之若惊，是谓宠辱若惊。（举例，实践）

何谓贵大患若身？吾所以有大患者，为吾有身，及吾无身，吾有何患？（举例说明）

故贵以身为天下，若可寄天下。爱以身为天下，若可托天下。（总结说明）

人，总是喜欢炫耀自己取得的功绩与荣誉。老子说："宠为辱根。"所有我们炫耀的、引以为豪的东西，恰好证实了这些是我们在意的东西。我们越在意什么，什么就会给我们种下祸根，是耻辱的来源。比如说一个人，他总是想得到别人的认可和赞同。当别人认可他的时候，他就开心；一旦别人不认可他的时候，他的情绪就随之而来。

老子告诉我们，根治情绪的办法，就是"贵大患若身"。比如说当别人不认可我们的时候，当别人做事没有达到我们要求的时候，当别人不尊重我们甚至辱骂我们的时候，我们会不会有情绪？我们需要觉察自己情绪的来源并重视，清晰地认识到是什么成为我们情绪的按钮，才有可能管理好情绪，而非沦为情绪的奴隶。

做到宠辱若惊的结果是能够宠辱不惊,过程是得之若惊,失之若惊。如果我们因为得到而快乐,一定要及时觉察,为什么我会因为得到这个而快乐?(得之若惊)同样的,如果因为失去而难过,也一定要及时反思,为什么我会因为失去这个而难过?(失之若惊)

我们之所以会有情绪,是因为牵扯到自身的利益。如果与自身无关的事情,我们很难感同身受,情绪就更无从谈起。

一个人有多看重自己,就可寄多少的希望在自己身上;有多爱自己,就可以托付多少的责任在自己身上。老子强调"贵身"的思想,论述了宠辱对人身的危害。老子认为:一个理想的统治者,首要在于"贵身",不胡作妄为。只有珍重自身生命的人,才能珍重天下人的生命,也就可使人们放心地把天下的重责委任于他,让他担当治理天下的使命。

在上一章里,老子说道"为腹不为目",能够"不以宠辱荣患损易其身",才可以担负天下重任。此章接着说"宠辱若惊"。在他看来,得宠者以得宠为殊荣,为了不致失去殊荣,便在赐宠者面前诚惶诚恐,曲意逢迎。他认为,"宠"和"辱"对于人的尊严之挫伤,并没有两样。受辱固然损伤了自尊,受宠何尝不损害自身的人格与尊严呢?得宠者总觉得受宠是一份殊荣,便担心失去,人格尊严无形地受到损害。凡能够真正做到"为腹不为目",不为外界荣辱乱心分神者,才有可能担负治理天下的重任。

问道心得:

荣辱都是一时虚名,时过境迁之后便成过眼云烟。人不能远离荣辱,但也不能任由自己沦为荣辱的奴隶。只有看淡荣辱、超然自守的人,才能把握自己的人生方向,成为自己的主人。

在现实生活中,我们大多数人对于身外的荣辱得失十分看重,甚至许多人重视身外的宠辱远远超过自身的生命;以荣宠和功名利禄为人生最高理想,目的就是为享荣华富贵、福佑子孙……总之,人活着就是为了寿、名、利、货等身外之物。从"贵身"的角度出发,老子认为,一个能够视自己的生命远远贵于名利荣宠,做到清静寡欲,一切声色货利之事,皆无动于衷的人,可以受天下之重寄。

耻辱和荣誉,于我们这个"身"而言,本质没有不同。如果正确对待,耻辱就会成为荣宠的垫脚石;如果不善于对待,荣宠就会变成耻辱的根源。

正确对待荣辱，就能豁达处世，不至于为荣辱所羁绊。

张倩： 要理解宠辱若惊，我觉得要先理解宠辱不惊，理解了宠辱不惊就理解了宠辱若惊。那什么是宠辱不惊呢？就是无论是当你备受重视、备受宠爱以及备受羞辱的时候，内心都没有变化。简言之，宠辱不惊就是不管遇到什么事情心不会动，天塌下来，处变不惊，该喝茶喝茶、该谈天谈天；获得了至高的荣誉，该吃饭吃饭，该散步散步，初心不改，外界发生什么与我何故？我只是我，我该怎样还怎样，天塌下来该走就走，塌不下来日子照常过。

但我们为什么会有患得患失的感觉呢？为吾有身。是因为我们有这副皮囊。为什么说有了这副皮囊就会宠辱若惊呢？因为时间久了我们就会误以为我们寄居的这个身体就是我们自己，我们会以为这个让我们可以通过有眼耳鼻舌去感知的这副皮囊，就是我们自己。而这个真实的自己，我想应该更加自由，不由身体所限制的我们自己更加自由与洒脱的精神与思维吧。比如做梦的时候就比较明显，那种情景的跳脱，就好像真实的一样。我想这也是为什么庄周梦蝶的缘故，也不知道谁在谁的梦里。

总之，我就是想表达，因为我们被我们这副皮囊束缚，被眼耳鼻舌束缚，有了对于"我"的虚假的定义。我们以为我们演的这个角色就是我们自己，所以就很在乎这个角色所要追求的财富、名誉、地位等。因此老子又说："及吾无身，吾有何患？"如果我们能够感知到这一点，忽视这副皮囊以及这个身份所带给我们的限定，我们又怎么会患得患失呢？如果我们原本就是自由的，就是丰盛的，有什么可患得患失的呢？

因此，那些以身为贵者（追求显贵、尊容的人）相当于是把自己寄付给了天下（有为天下所累之意）；那些以身为爱者（贪恋声色之人）其实是相当于把自己托付给了天下（有外界、众人之意），意思为他人而活。这是万万不可取的。

综上所述，回答老师前面的问题，到底是要"无身，无患"，还是要"贵身，寄天下"，我的答案是"无身，无患"。

朱玲： 宠和辱，可以理解为自己的得失心。自己因为得到而欣喜开怀（宠），因为失去而怅然若失，甚至痛苦万分（辱）。自己有这种随着得失而反复起落的心情，这是有很大问题的（大患）。为什么这会是人之大患？

如果我们把身外之物（包括身体）看得太重要，超过了它应该存在或失去的意义本身。把大患（得失）当作了真实、真相、最重要的东西的时候，那么所有的东西都开始来扰乱自己了。

一个能正确思考问题的人，在得到时，会明白和总结自己哪些地方做的是正确的（自己给了正确的因），收获正确的果是自然而然的事，同时仍然会为我们的下一步"未雨绸缪"，接下来要如何做；在失去时，亦会花时间精力总结和复盘，从失败中获得（甚至是比成功更重要的）结果。这样的人不受得失的影响，他的眼里更多的是下一步应该怎么做。

何谓贵大患若身？太过于重视身体和身外之物的得失带给我们的感觉。佛家有句话"五蕴皆空"，五蕴是在我们接触和感知这个世界后带来的感受和情绪，大部分人把这个身体的感受和情绪看作是最终的结果。然而身体和身外之物本身是随着时间不断流逝的，无法真正"被拥有"，把追求放在这种"五蕴"上，就是"自寻烦恼"。

吾所以有大患者，为吾有身。把身体和身外之物看成最重要的结果，反而拖垮了精神的自由。所有身外之物包括这身皮囊，都应该是为己所用——体验、追求、实现自我的工具。就像有的人买了一辆车，在使用过程中拼命保护、爱护，不小心擦破了皮就气得跳出来骂人……以至于忘记了买车到底是来干什么的，自己的关注点全被这个"贵身"引开了。

及吾无身，吾有何患？不以物喜、不以己悲，通透了"物品"的本质，吾还有何患？当身外一切（包括这具身体）能够合理使用它们，而不是被它们所驾驭、牵动自己的情绪与感受，我们便拥有更多的空间让自己能够更自由自在地驰骋在这个红尘世间。（后其身而身先，外其身而身存——唯道是从）

故贵以身为天下，若可寄天下；爱以身为天下，若可托天下。这里的贵身和前面的贵身不是一个概念。这里的贵身是一种懂得爱自己以后所呈现的结果，指的是已经通透了的一个人，他可以更好地支配、保护、维护那些可以承载他的东西。一个不被情绪所牵绊的人，就不容易受情绪牵动自己的判断和认知。因为他很清楚什么该做、什么不该做，照顾好自己这具肉身，活出自己；照顾自己的身体、不断地储备能量。这样一个懂得真正爱自己的人。是真正有逻辑的人，他能做到推己及人、能管理好自己、管理好家庭、管理好天下，是一个值得他人托付的人。

师说：你的理解很不错，但还需要语言精练，逻辑严谨。@朱玲。

精彩拓展

解读本章之关键在于要精准解读"身""惊""患"三字。

"身"在本章前后出现六次,第一、二次:"贵大患若身",何谓"贵大患若身";第三、四次……"为吾有身,及吾无身"……;第五、六次:"贵以身为天下……爱以身为天下"……"身"字要旨,关键在于第一句点题讲"贵大患若身"。在解读何谓"贵大患若身"时,说"及吾无身,吾有何患?",此为其一;其二,在解读"及吾无身,吾有何患"时,又说"贵以身,爱以身"。

先说结果,第一、二、五、六次的"身"是一个意思,就是要"贵身",而且要像"贵大患"一样的"贵身";第三和四次的"身"是一个意思,是要撇开的"身",像撇开"大患"一样地撇开这个"身"。

由此及彼,我们如何甄别哪些人是真正爱自己的人呢?我相信大家心里都有一些模糊的身影,张某、王某、李某、赵某等。我们深挖一下,他们有什么共同的特质呢?懂养生、会健身、广交良师益友,把自己的身体照顾得很好……再深挖一点,这些人在性格或思维上有什么共同或相似处呢?他们心态好、爱学习、有理想、有抱负、有格局,还是开明阳光……

通常情况下,有理想有抱负有大格局的人,往往很会保养自己的身体,因为他们很清楚"身体是革命的本钱"。反之,那些天天抱着一己之私、斤斤计较的人,往往是鸡毛蒜皮没小事……斤斤计较的结果就是使自己鼠目寸光、顾此失彼、算来算去最后把身边最亲近的人都算计进去……

因此,老子说的"贵大患若身",意思是要我们像普通人患得患失"身外物"与"荣辱"一样来重视来"贵"我们的身体。因为往往是那些不把一己之利益、荣辱、身外物看得太重的人,他们总是看得开,放得下,心胸宽广,心态平和,情绪平稳,不被外界纷扰……

"惊":老子对其定义为"君子终日乾乾"的那种心理状态。普通人"得宠",可能会沾沾自喜,"受辱",则可能暗自神伤。老子告诫:"得之若惊,失之若惊"。如果"得",问问自己为什么"得",自己做对了什么,是否应"得",是"德不配位",还是"得之坦然"。这是"得"成功时的复盘,是君子如履薄冰的状态。如果"失",问问自己为什么"失",自己做错了什么,哪里出现了问题,哪里没有做好。这是对"失"的总结,是"君子终日乾乾"的状态。为什么用"惊"这个字，我想老子想表达的是不要把"得""失"看得理所当然，要时刻警觉自己的言行举止，多问问自己为什么，而不是把一切结果都视为理所应当。我们如果可以事事、时时、处处拥有这样的心态，天下何人不是师，何事不是修行，何愁不成学？

"患"：就是心上那一连串的堆积如山的事情，即你终日挂心的事、忧心的事，成为"心腹大患"的事。心兰解读的是"情绪"，用情绪也非常好。因为情绪本就能解读和代表很多事情，包括所有"心腹大患"的事。对应到情绪，就是"忧（患）"。因为有荣辱，才有喜怒哀乐与忧患，所以我们能正视荣辱：得之若惊，失之若惊，又何愁荣辱能成大"患"呢？

第十四章 不皦不昧：『不着相、不我执、不落两端』的实修

视之不见，名曰夷。
听之不闻，名曰希。
搏之不得，名曰微。
此三者不可致诘，故混而为一。
其上不皦，其下不昧，绳绳兮不可名，复归于无物。
是谓无状之状，无物之象，是谓惚恍。迎之不见其首，随之不见其后。
执古之道，以御今之有。
能知古始，是谓道纪。

传统译文

看它看不见，把它叫做"夷"；听它听不到，把它叫做"希"；摸它摸不到，把它叫做"微"。这三者的形状无从追究，它们原本就浑然一体的。它的上面既不显得光明亮堂；它的下面也不显得阴暗晦涩，无头无绪、延绵不绝却又不可称名，一切运动都又回复到无形无象的状态。这就是没有形状的形状，不见物体的形象，这就是"惚恍"。迎着它，看不见它的前头，跟着它，也看不见它的后头。把握着早已存在的"道"，来驾驭现实存在的具体事物。能认识、了解宇宙的初始，这就叫做认识"道"的规律。

经典对话

朱玲： 老子一直以来所说的道，既不能靠人的视觉分辨它，具体地看到一个什么东西；也无法靠人的听觉，听到某种声音去分辨；或是想靠触觉，来感知它。它超越了世间我们对普通物质的认知，也无法用评判现实物质的标准去感触到它。

道的运作不在一个平面里，而是一个立体的、复杂的系统。我们对它的认知，不应拘泥于其"具体"的某个形态体现。

由于环境的不断变动，促成的因素也在不断地变化和调整，其中的道道，也在快速地变化和发展中。它绵绵不绝，似有若无，因各物质的本性引发的聚散，而发生着聚散作用。虽说道既不可为人所见、闻、传，是无状之状，无物之象，但仍然可以被觉察到和学习到它的运作规律。

执古之道，以御今之有。有句古话：以铜为镜，可正衣冠；以史为鉴，可知兴替；以人为镜，可明得失。由此可以感受到道的有规律、有迹可循。俗话说：三岁看大，七岁看老。说明我们是可以从他人的行为轨迹中、从历史的车轮中，甚至从日常生活习惯中，感受到它的运作规律（必然性）。我们可以以史为鉴，总结一朝的兴衰荣辱发生的必然性，总结自己经历过的成功或失败其中的必然性（知古始），可以从当下起规范自己懂得思考和行动，时时反思和"终日乾乾"，感受规律的端倪，是谓道纪。

张倩：起始点题，就说这个道，有三个特点：曰夷曰希曰微，无色无声无状。看不见摸不着也听不见，我们不知道它如何运作，却推动日月星辰有序运行，花草树木生发枯落。这三个词其实是在描述同一种存在，那就是道，因此不能分开来说。为什么说它（道）夷、希、微呢？因为我发现：其上不皦，其下不昧，在光明之上，在暗昧之下，它能超越时空。道是超越这一切的存在，我们无法用任何有形物质来给它命名，需要超越这一切有形的存在重新去认识它。它的呈现没有性状、没有具象，所以也被称为惚恍。

以上现象所呈现出来的结果就是：迎之不见其首，随之不见其后。迎上去，找不到头；跟随它，也不知其后在哪儿；更不知它从何开始，也不知它在哪儿结束；看似杂乱无章，实则秩序井然。我们从已发生的事物中寻出少许规律用来指导今天的言行，能够做到借古喻今，那是道的规律在起作用。

问道心得：

整篇读下来，对道的认知又深了很多，有一种"鲲之大不知其几千里"的感觉；更有甚，非常有力量，生发出对于道的敬畏，我们要尊重、敬畏和秉道而行。

师说：逻辑这东西，先吃透作者的意图，这很重要。融会贯通只是过程，只有融会贯通了，才会有一气呵成的结果。有意识地去关注就是很好的开始，这个修行可以用在生活、工作、与人相处的方方面面。

朱玲：原来如此。所以和别人交流也是这样，给予足够的时间和交流不断了解对方。我就是比较容易先入为主，然后就没然后了。

师说：嗯，这是你的毛病。

心兰：视之不见，名曰夷。听之不闻，名曰希。搏之不得，名曰微。此三者不可致诘，故混而为一。（核心思想）

其上不皦，其下不昧。绳绳兮不可名，复归于无物。是谓无状之状，无物之象，是谓惚恍。迎之不见其首，随之不见其后。（举例说明）

宇宙的本源是道，具有三个特征：夷、希、微。这也是老子称呼道的另一个名字。夷，指宇宙中看不到却真实存在的世界；希，指人耳听不到的大音希声；微，指我们触摸不着的无形领域。"夷希微"三者，既无法穷尽、亦无法绝对割裂，所以说"混而为一"。

修道，就是锻炼自己在任何环境中的定力。修一心不乱，修视之不见、听之不闻、搏之不得……不为名利所动，不为美色所惑，不为外界所乱所扰……在滚滚红尘中、在为人处世时，让一颗心始终保持着静定的"夷希微"状态。道是有与无的浑然天成，形而上的道，对形而下的指导及妙用却是无限。把握形而上的道，遇到任何形而下的事，都能生出妙用。

"其上不皦，其下不昧"的意思是虽在九天之上，也不受激烈光明的特色所染；即使在九地之下，也不受晦昧不明的现象所污。证道者必然是灵动的，不是死板的。所谓"无状之状，无物之象"，正是代表了道的灵动性——他可以无限地显现，可以超越一切相，甚至完全破除相。即使有相，证道者也不会被一时的相所局限。

简而言之，证道者不会一叶障目、不见泰山，亦不会为相所惑，而不见夷希微。大道支配万物，又存在于冥冥不可视的无形世界之中，无迹可寻；同时它又是多变的，不易为人所掌握的。它没有前进和后退，没有运动和静止，没有光明和黑暗，所以它是永恒的，是生生不息、绵延不绝的。当我们感觉到它的存在时，它又回到无迹可寻的状态中去……恍惚缥缈，若有若无，若明若暗，令人捉摸不定。

证道者修的是形而上的规律、品质和精神，他不可能是形而下的对功利与物质地追捧者。证道不是一加一等于二那样清晰地得到什么，而是在随时随地的发展，逐一破除所有名相和功利。当超越了二元对立后，自然会进入这种浑然一体但能生起妙用的境界。道无高下，一点点做，就一点点变好。

以史为镜，可明朝代更迭；以自然为镜，可以让我们用好规律，这就是"道纪"。遵从道纪，才是修道。若一直抱持着分别心与我执不撒手，执着于是非善恶的对立概念，那我们无论如何修道，还是会离道甚远。得道是一种终极解脱，那不是中转站之类的解脱。也就是说，那不是往生。证道者彻底消除了无明、永不迷惑堕落、只遵循终极规律的状态。得道者，最终获得的是圆满究竟的终极智慧。

我们这个看得见的世界是由看不见的道衍生衍化出来的。道是始，亦是终，懂得其中规律的人，就可以博古通今。每个人都自带本性，如果能拨开欲望和妄念的遮掩，人就可以明心见性。在心性上与宇宙相通、天人合一，那他自然就可以洞察万物的循环往复了。

大道是无相、无声、无形的。当我们在做人做事中，能够去相、去声、去形时，才会真正地接近道，从而借道之力为自己所用——顺势而为。道具有至高性、神秘性，只有遵循道的规律为人处世，才会在现实生活中感觉到大道的力量所在。若只选择听得见及看得见的有形世界，最终必然无法探索到宇宙和生命的真相。

问道心得：

1. 道，是为沉静而生长的。善于管理好自己的情绪，让自己处于宁静的状态，周围自然和谐。内心的躁动是生命最致命的杀手。

2. 觉醒的过程，任何外来的力量和权威都无法帮助我们真正的成长。我们必须自己去实证一切，面对一切，从而真正地战胜自己。

3. 人生是一场修行，修的就是一颗无形无相的创造之心、广大之心、平衡之心。心柔弱了，一切都完整了。人在"无"中，才能无穷无尽，才能聚精会神，才能宁静致远。

4. 命运是可以改变的，我们要改变自己的命运，完全取决于我们当下的念、思、言、行。对不知道的事情常持敬畏之心，有什么样的思维方式，就会有什么样的生命形态，每个人都要为自己人生负起责任。

师说： 这一章的关键，就两点：

1. 说这个道，是"夷希微"，是"其上不皦，其下不昧"，是"迎之不见其首，随之不见其尾"的存在；

2. 是对第一章"微妙玄通"的深度解读，说这个道"不可说，亦不可名状"，只能在"不着相，不我执，不落两端"的实修里，慢慢地去找到属于自己的小确幸——道是确定的，是可以复制的。

第十五章

不盈新成：成为心的主人，成就生命的王者

古之善为士者，微妙玄通，深不可识。
夫唯不可识，故强为之容。
豫兮若冬涉川；犹兮若畏四邻；俨兮其若容；涣兮若凌释；敦兮其若朴；旷兮其若谷；混兮其若浊；澹兮其若海；飂兮若无止。
孰能浊以，静之徐清；孰能安以，动之徐生。
保此道者不欲盈。
夫唯不盈，故能蔽而新成。

传统译文

古时候善于行道的人,微妙通达,深刻玄远,不是一般人可以理解的。正因为不能认识他,所以只能勉强地形容他。他小心谨慎啊,好像冬天踩着冰水过河;他警觉戒备啊,好像时刻得防备着邻国的进攻;他拘谨谦恭啊,好像要去赴宴做客;他行动洒脱啊,好像冰块缓缓消融;他淳朴厚道啊,好像没有经过加工的原料;他旷远豁达啊,好像深远空旷的山谷;他浑厚宽容,好像滔滔奔涌的浑浊江河一样。谁能使浑浊安静下来,慢慢澄清?谁能使安静变动起来,慢慢显出生机?能保持这种"道"的人就不会自满。正因为他们从不自满,所以能够吐故纳新。

经典对话

张倩: 那些上古修行得道之人(士),呈现出微妙玄通的样子,深不可测,他人无法看懂,实在是因为他们深不可测。我来勉强形容一下他们微妙玄通的样子吧:

对道的秉持,就像在冬天结冰的河面上行走,要尽可能谨慎小心,全神贯注;

对于那些影响自己行道的人或者环境,就像是"犹"这种动物对于周遭的警惕,以免自己受到干扰;

对道的敬重,就好像是在别人家里做客;

对道的通达,就像是冰在融化,活得随缘自在,平易近人;所呈现出来的朴实,不会让人感觉他高人一等,容易相处;

空旷辽远,就好像是山谷一样,处低,不争,多为宁静状态;

胸怀宽广,兼容并包,可以接纳一切,上一章解读过知常容,因为对于无常、规律的洞悉,让我们多了很多悲悯、包容和理解;

恬静、安然,处变不惊的样子,就像大海一样;

对道永无止境地追求,就像风一样,有一句话讲,树欲静而风不止,大自然的风，是一种常态，飂兮若无止，指的则是行道之人对于道的追求永不停歇的样子。

综上所述，我们从"善为士者"这里可以得出一个结论：如果你现在生活得很糟糕（浊）很不如意，怎么办？让自己静下来——一杯泥水，只需要静置它，自然就澄清了。如果你现在处于一种漂泊不安定，没有安全感的状态，就行动起来，去改变，不要等待，行动是解决一切忧患、焦虑的良药。如果你一直处于这种状态，那么一定是你行动得还不够。

记住，静能清浊，动能生安；但同时，我们要知道做任何事情都要适可而止，不要过度，不要去追求完美（不欲盈）。这样加之前面所说的，豫兮、犹兮、俨兮、涣兮、敦兮、旷兮、混兮、澹兮、飂兮才能够推陈出新，不断有新的成就。

问道心得：

1.明确自己此生要行的道，知道自己要什么，明确而聚焦，一直不停地用行动坚守自己的目标，在这期间摒弃无谓的干扰，专注在自己的道上；

2.知道了那些得道之人的状态，是怎么样的，那种通达、朴实，那种"旷兮其若谷"的不争，那种"知常容"的混兮；

3.静能清浊、动能生安，处静可以澄清你的浊况，行动是治愈焦虑的良药；

4.最后，任何事情把握住度，适可而止。

朱玲：善为士者，我想了很多名词想把这个"士"说明白，但发现很难直达其义。在我看来，一个可以称为"士"的人，有自己崇高的信仰，有不断完善的原则，是有追求、有勇气、有智慧、有方向的人。这种人往往"微妙玄通，深不可识"。我们应该如何才能培养与提高我们"为士者或行道者"的必备素质？

1.豫兮，若冬涉川——宛如大象穿过冰川的谨慎态度，任何时候保持慎重，绝不草率，做任何事懂得预留出余量和调整空间（而一般人总是冒冒失失、想啥说啥，于是总是收获狼狈，毫无格局可言）；

2.犹兮，若畏四邻——如猴子般警惕，做人做事，也要保持如临深渊、如履薄冰的态度（一般人总是认为自己"艺高"，于是"胆大"，结果怎么死的都不知道）；

3.俨兮，其若容——宛如出门在外的客人般严谨、随时觉察自己的行

为,用苏轼的话说"无所不敬,未尝惰也",对待任何人与物都保持着尊重和恭敬,不标榜、不自以为是,能就事论事;

4. 涣兮,若冰之将释——看清事态,顺势而动,润物无声,绝不做一名莽夫;

5. 敦兮,其若朴——质朴、淳朴,保持纯净的心灵,不断洗涤与除去了那些后天的、人为扭曲的外加"知识",回归到"天真的力量";

6. 旷兮,其若谷——拥有虚怀若谷、容人的能力,因此经过努力进入白宫当管家的那位黑人,无论是哪届总统来了,总统的习惯千变万化,可这位黑人都可以飞快地调整和学习,才能使他不因总统的变化而稳当他的白宫管家;

7. 混兮,其若浊——和其光,同其尘,尽管在白宫当管家,但他仍然明白自己是谁、从何而来、为何而奋斗,不忘本,方能以最优雅的姿态融入高层社会,也能放下身段与家人和黑人朋友相处。

以上这些"为士必备"的"慎重、戒惕、威仪、融和、敦厚、豁达、浑朴"的素质,才让这位黑人最终保全自己、收获成就的同时,"顺道"成就了他人。

在这样一个高压环境、生存岌岌可危、备受歧视的年代,既能"浊"——不清高、不自视,不畏缩,身入红尘"境"中,才能找到自我生存之道;也能"久动徐生"——带着清晰的目的和方向"入境",不断打磨,以不迷失自己,获得久生的能力。

我曾经很不理解为什么有的人,总是要不断地给自己设置目标且抬高目标,让自己不断地在路上奔驰着。然而现在我认为这样的勇士,正是通过如此反复地训练和随时让自己有"在路上"的状态,"保此道者,不欲盈",不断通过一件件事和目标打磨自己、完善自己、保持着不断精进的状态,于是创造出一个又一个令人惊叹的奇迹——故能蔽而新成。

心兰: 古之善为士者,微妙玄通,深不可识。(核心思想)

夫唯不可识,故强为之容。豫兮,若冬涉川;犹兮,若畏四邻;俨兮,其若客;涣兮,其若凌释;敦兮,其若朴;旷兮,其若谷;混兮,其若浊。(举例说明)

孰能浊以静之徐清?孰能安以动之徐生?保此道者,不欲盈。(实践指导)

夫唯不盈，故能蔽而新成。（点题总结）

世俗之人，形气秽浊，利欲熏心，所以庄子说："嗜欲深者天机浅。"体道之士，则微妙深奥，"深不可识"。这样的人，我们想用眼、耳、鼻、舌、身从表面上或用意识从思辨上去观察，是看不清，也不可能看清他的境界的。所以若从一个凡夫的角度，想用我们的眼睛去看清楚一个道者，你看到的极可能还是一个凡夫。

老子从"豫兮，若冬涉川"，到"混兮，其若浊"这七句，形容了修道者的状态与心境：慎重、戒惕、威仪、融和、敦厚、豁达、浑朴、沉静……告诉我们"道"，无所不包。

一个道者在世间可以有很多种相貌，这里只是举例：有道者看起来也有犹豫的时候，就像在结冰的河上行走一样小心翼翼；也像四面临敌那样思虑谨慎。他们有时胆小，有时端严，有时涣散，有时淳朴，有时旷达，也有时浑浊……

老子说，有道者是端正庄严的人，无论独处还是群居，始终注意分寸，敬畏他人，尊重世间所有规则；经商就尊重经商的规则，当官就尊重官场的法则和政治伦理。他的内证功德一散发出来，有一种让自己都不敢懈怠的气质。他不会像俗人那样，一见面就勾肩搭背、口无遮拦，把谁都当作酒肉朋友一样，大呼小叫。

有道者行为严谨，内心柔软随和，就像冰雪融化一样自然。因为他知道自己这辈子就是为做事而来的。他们看起来很敦厚，似乎并不聪明，甚至还有一种愚钝的意味，但实则是大智若愚。有道者在人群中，看起来并不杰出，但他们的心和光同尘、韬光养晦，根本无须将自己的智慧卖弄于人前。

有道者没有小心机，他们的胸怀像山谷一样豁达宽广，他们心中从来没有鸡零狗碎、是是非非；他们的心虽非常圆融，但不是圆滑，也不是世故，就是一颗平常心罢了。但他们遇到光明就融入光明，遇到灰尘也能融入灰尘，他们永远能和这个世界浑然一体。

悟道的表现之一就是从不妄动或冒险，且时刻具有忧患意识和极高的敏感度，高度警觉；知道自己在做什么，知道自己的行为与心念符不符合规律。只要一个人不丢掉警觉，能在日常生活中时刻关注自己的心，那么他就将成为自己心的主人，成为生命的王者。

本来浑浊的东西，只要静下来，浑浊也可以慢慢变得澄清。当心安定下来，安静到极点时，就会反弹，开始生动、鲜活起来。人能静，浊可以清；心能安，动才能生。

老子说，这些表现就是一个平凡人的样子。真正有道的人并没有那些看起来夺人耳目、让人惊叹的特征。那些真正厉害的人都懂得韬光养晦，从外表上根本看不出来。因为只有真正不凡的人，才能守住平凡。不凡与平凡，是相辅相成的一对平衡，守得住平衡，才是有道之人。

老子说，只有自己谦虚，保持虚空的状态，才能不断吐故纳新。这就是"保此道者不欲盈。夫唯不盈，故能蔽而新成"的意思。

一个道者的内心处在道境，所以他一切都很自然，就像婴儿一样，该哭就哭，该笑就笑，该喊就喊。我们所看见的只是表象，觉得哭了就是悲伤，实际上婴儿只是哭，他并不悲伤，就是如此的自然，仅此而已。无论什么事物，只要它衰败了，就必然会出现一种新事物来取代它。所以，当别人赞美有道者时，他们懂得及时打碎自己。因为不自满，才能去芜存菁、去伪存真，与时俱进。

成为自己，他就是有道者；不自满，就是对自己最好的善待。如果自满太甚的话，地基打不牢，所有的努力都将会落空。

问道心得：

1. 不充盈、不自满是大智慧。因为盈后是亏，盛极必衰，事物发展到顶峰一定会走下坡路。所以留有余地，给人方便，其实就是给自己留有发展空间。一路走来，许多人都是因追求"盈"而走不上天长地久的大道。

2. 通感生命的奥秘需要有"谨慎心、敬畏心、恭敬心、庄严心、朴实心、广大心、豁达心"这七颗心的药方，有几分修炼就有几分回报。

3. 接纳浑浊，能让浑浊澄清，这是大胸怀、大格局、大气魄，这才是真功夫。

4. 宁静蓄势之后的爆发，是强劲而有力的。外在世界所有的发生，都是我们时时要内观自己的镜子。

5. 所有的成功都来自准确的选择，所有的结果皆来自知道和做到，所有的力量全掌控在自己手中。

6. 一个人成熟的标志就是：明白每天发生在自己身上90%的事情，对于别人而言根本毫无意义，也毫无关系。因为所有的发生都是自己创造的。

第十六章

致虚守静：常识是最高的真理，没有什么比常识更高

致虚极，守静笃。

万物并作，吾以观复。夫物芸芸，各复归其根。

归根曰静，是谓复命；复命曰常，知常曰明。

不知常，妄作凶。

知常容，容乃公，公乃全，全乃天，天乃道，道乃久，没身不殆。

传统译文

尽力使心灵的虚寂达到极点,使生活清静坚守不变。万物都一齐蓬勃生长,我从而考察其往复的道理。那万物纷纷芸芸,各自返回它的本根。返回到它的本根就叫做清静,清静就叫做复归于生命。复归于生命就叫自然,认识了自然规律就叫做聪明,不认识自然规律的轻妄举止,往往会出乱子和灾凶。认识自然规律的人是无所不包的,无所不包就会坦然公正,公正就能周全,周全才能符合自然的道,符合自然的道才能长久,终生不会遭遇危险。

经典对话

张倩:致虚极守静笃,我理解的是一种禅定的状态,进入一种空虚的境界,稳稳地守住自己的静气。通过这种禅定我发现,万物的发展周而复始、循环往复。万物纷纭,不管怎么生长、发展,最后都会归其根本。

这个根本是什么呢?就是静,也叫做复命,其实就是归返天命(大曰逝,逝曰远,远曰反。),复命,也叫做常,常就是规律,万物发展的规律。知晓了万物的规律(常)就能够做到明。这是一个极为高级的字眼,代表顶级智慧所到达的最高境界,能够参透万物。那如果不知晓万物的规律,恣意妄为的话,凶,就会很危险。

知晓和参透了万物的常(规律),对于一些事情的发生就不会大惊小怪,也不会觉得不可思议。比如如果你参透了人性,就会对人性中的恶多一些理解和包容,看到那些伤天害理之人反而会有一种悲悯。

你做到了容,就会有公心,为公之心,非私心。有公心之人可以为王,王是顶天立地的人世主宰,为什么王可以掌管天下呢?就是因为公心啊,他悲悯苍生,心系天下。而天道是贵生的,王在做的只是在替天行道,王所执行的就是天命。什么是天命,天命便是道,天法道,道法自然,只有合道才能够长久,没有危险。

问道心得：

问道、知道、行道……是多么重要的事情啊！如果处于人世不知"道"的话，就犹如盲人走夜路，瞎走；而有了"道"之后，我们就顺着"道"走下去，一定是坦途。

师说： 斟酌措辞，语言是有能量的，你选择什么样的字、什么样的组合，虽然表达一样的意思，所传达的能量却是不同的。

朱玲： 一个人如果可以跳出自己的小小精神世界，跳出那些"我以为、我感觉"，睁大眼睛看看这个世界正在发生什么，怎么发生的，思考自己应该如何更好地参与其中，才算是开始真正面对这个世界，并且开始真正地学习。

让自己有能力做到"万物并作，吾以观复"，所有事情的生长、发展、活动的运作规律，我可以观察到其中的逻辑性与必然性。因为我"致虚极"——足够清空自己那些先入为主的观点、战胜自己的纷飞杂念，并且"守静笃"——抛开琐碎的杂念，专注且脚踏实地地践行和收获。

夫物芸芸，各复归其根。这是万事万物的一个本真写照，不论一棵植物、一个人、一件事，哪怕是一个小小的细胞活动，都按照它本身的规则与规律，有其来去，形成一场生命的体验与闭环。

致虚极，守静笃。学会清空自己的主观臆想，感受这个环境的组成要素有哪些，以脚踏实地的践行为基础，才能在做事的过程中，把所有不断接触到的新元素，充实到自己的认知体系当中。不断地"知常"，知常曰明——越来越看得清，也越来越明白该如何选择与如何行动。

当训练自己收获一个自我循环更迭的认知体系框架时，我们才有从"对抗"到"吸收"，从"看这个世界哪都不顺眼"到"三人行必有我师"。曾经认为的那些"不顺眼"，逐渐可以用全新的认知模式和理解，去解读和吸收以使其成为自己的养分。不断打磨出来的巨大兼容能力是一个人必备的"生存常识"，让我们可以"知常容，容乃公，公乃王，王乃天，天乃道，道乃久，没身不殆"。

师说： @朱玲不错，都是自己切身感受，也能开始从自己的角度出发去阐述，这很重要；对这章的理解也比较到位。大家有没有思考过，我们要修的是"应无所住而生其心"，要做的是"从自己出发去看待问题"。

心兰： 本章讲"致虚守静"。致虚即"涤除玄鉴"的结果，把内心修炼到没有一点污垢和成见的地步，亦是"应无所住而生其心"。一个人枉用心机会蔽塞明澈的心灵，固执与成见会妨碍明心见性开悟智慧。所谓致虚，就是要消解心灵的蔽障和厘清混乱的心智模式，即"从自己出发去看待问题"。

致虚必守静，透过静的功夫才能深巷厚养，储藏能量，储备厚德，悟得正道。少年人若静笃，志向高远心志坚，能敢作敢为；成年人若静笃，稳健行事心宽厚，能厚德载物；老年人若静笃，睿智慈祥心气和，能延年益寿。守静笃，是知识与实践、认知与行动的双合一，这才是真正地知道、行道。做到行道才是力量。

本章还讲"归根""复命"。"归根"就是要回归到一切存在的根源。根源之处，便是"守静笃"的状态。而一切存在的本性，即虚静的状态，回到虚静的本性，就是"复命"的终极目标。

第十七章

功成身退：管理的最高境界

太上，下知有之。
其次，亲而誉之。
其次，畏之。其次，侮之。
信不足焉，有不信焉。
悠兮其贵言，功成事遂，百姓皆谓：我自然。

传统译文

最好的统治者，人民并不知道他的存在；其次的统治者，人民亲近他并且称赞他；再次的统治者，人民畏惧他；更次的统治者，人民轻蔑他。统治者的诚信不足，人民才不相信他，最好的统治者是多么悠闲。他很少发号施令，事情却办成功了，老百姓说："我们本来就是这样的。"

经典对话

张倩： 老子在这一章教我们怎么去做一个领导者，讲了作为领导者的四个层次，以及这四个层次所带来的后果。也有人说，我又不做领导，那这一章对我是不是没用。不是的，抛开领导力不说，这一章也给我们讲了一个人如何去为人处世，以及为人处世的四个层次，和其给大家所带来的影响，同时也点出领导力和为人处世的核心——信。

处于太上的人，以及高明的方式，带给大家一种"不知有之"的领导内核：不知道有这个人存在，也感受不到这种方式所带来的任何不适。试问，鱼儿在水里能感受到水的存在吗？我们每时每刻呼吸着空气，如果不是刻意觉察，你会感受到空气的存在吗？不会。因为它提供的价值已经与你的生命融为一体，它存在的时候我们似乎感受不到，而一旦离开，就会感受其非常明显。

较之太上次之的，大家的表现是什么样的呢？亲而誉之，很好理解，亲近且赞誉它。

最后一个层次，大家所呈现出来的是一种厌恶的状态。比如有些人不靠谱，不信守承诺，欺行霸市、欺上瞒下等。出现这四个层次最主要的原因是什么呢？是"信"。信，就是我们作为领导者，或者作为一个普通人，都应该秉承的为人处世之准则。说信言，做信事，说负责任的话、靠谱的话，做一个负责任的人，做靠谱的事情，打造信的文化，塑造自己信的品格和影响力。

综上所述，如果我们做到了"信"，会是一种什么样的状态呢？悠兮贵言，悠悠然，很少讲话，领导者不慌不忙，处理事情游刃有余，并且极少需要他发号施令。为什么？因为有了信的基础和文化，大家会进入自运行的极佳状态。如果事情成功了，大家就会说"原本就应该是这样啊"，这种状态多棒啊！

师说： @张倩，现在读你的文字，有一种"隔靴挠痒"的感觉，能感受到基本上抓住根本了，就是表达不到点上。我认为是措辞不够严谨，而措辞不严谨，本质上是因为逻辑的严谨性也稍欠，对概念理解不够充分。

朱玲： 管理的最高境界，是无为而治。下面的人不清楚他做了什么，甚至感受不到这个管理者的存在，没有高压、没有强制、没有领导者的标榜，甚至没有人感受到被领导、被管理。管理者顺道而行的无为之治，让万物自然生长、无所不为。

如果需要下面的人"必须听我的"，本质是因为"信"不足。比如没有自己的真材实料、自己没有认定的信心和决心，自我内心深处不够强大且缺乏对这件事自我逻辑的自洽，空有"当领导的欲望"。于是开始有"必须"，下面的人必须怎么样，这件事才做得成——成了"有不信焉"的种子。

次等的境界，是"很有为"的管理层。大家感受到他的牵头、他的奉献、他的努力，光辉灿烂，功绩累累，宛如一个榜样，下面的人也深受他感染，因而都愿意赞扬他、歌颂他。然而这同样会带来危害：一个是榜样的绑架，一个是让大家知道"榜样"是什么样，于是开始有了对照。大家知道"真善美"是什么样了，同样也就看得见更多所谓的"假丑恶"。下面的人有了分别心，外表看似情况还不错，但两极分化会越演越烈，也无法长久。

再次等的管理者，刷存在感非常强烈，甚至需要高压政策来强行领导："你们这些下面的人懂什么？必须听我的！我是领导我做主！"到这个地步已经非常不"自然"了。必须高压，一言堂，意味着已经存在太多怀疑、否定、拒绝，自己的问题太多，才需要对外进行高压管制——信不足，有不信。有和无的相生的状态。

最次等，下面的人都不拿管理者当回事，管理者被下面辱之，威信被践踏，下面的人甚至已经对其无所畏惧，继而毫无章法，整个组织也就散了。

"信不足焉，有不信焉"是对前面这几种管理现象的一个总结。管理者太过于事无巨细地要求、高压，反而是因为管理者自己的能力、实力、信心不足：识不足则多虑，威不足则多怒，信不足则多言。管理者需要一遍一遍刷自己的存在感来维护短暂的威信，而越刷管理者的存在感来维持威信，越是突出了管理者确实没有能力管理。

悠兮其贵言，就像之前老师带我们认识的"四千万"一样：千万不要讲道理、千万不要求认可、千万不要证明、千万不要解释。开口解释，就是"信不足"。因为自己威信不足，才需要给别人一个解释。而正确做法应该是：如果威信不足，要看看自己是什么导致丧失了威信，反求诸己，而不是求于他人。

功成事遂，百姓皆谓"我自然"。有道的管理者，存在感是很低的。自然而然做自己该做的事，让一切自然而然地发生。

师说： @朱玲，"分别心"和"着相"这两条实践，还有很长的路要修。看内容还是一知半解，还是理解得不够透彻。不过，在这一章思考的痕迹很明显，有自己的观点和思考力度呈现，不错！逻辑还需要再抓一抓，没有"因为"，是不能"所以"的——平白无故的结论，是不可取的；任何时候都要"言有宗，事有君"。

师说： 第十七章讲的是真正的管理。

太上，不知有之。其次，亲而誉之。其次，畏之。其次，侮之。（举例说明）

信不足焉，有不信。悠兮其贵言！（核心思想）

功成事遂，百姓皆谓：我自然。（总结）

这一章是"极高明而道中庸"的一章，亦是极度有能量的一章。关于"管理"，关于"治世"，关于"无为而治"，老子都花了大量的篇幅去着重描写。而这一章，是对"管理""治世"，包括"无为而治"的总结篇。

管理，就离不开一个词——人性。对于人性的剖析，也是整部《道德经》真正的核心。

第十八章

仁义孝慈：这个社会越强调的，其实是因为失去了

大道废有仁义；
慧智出有大伪；
六亲不和有孝慈；
国家昏乱有忠臣。

传统译文

大道被废弃了,才有提倡仁义的需要;聪明、智巧的现象出现了,伪诈才盛行一时;父子、兄弟、夫妇不和睦,出现了纠纷,才能显示出孝与慈;国家政治昏暗、陷于混乱,才知道谁是忠臣。

经典对话

张倩:这一章是老子通过一些社会现象发现规律,同时从这一章我们不难看出,老子强大的逆向思维,更准确地说是对道的参悟。

他发现当大家开始说一些仁义之词,提倡仁义的时候,往往就是大道已经被时代抛诸脑后。因为道是没有仁义的概念的,道是天地之母。它不会说什么是仁的什么是义的,它就是天,就是地,就是如如不动,就是本来。

当出现了一些所谓大智慧的人,那一定是出现了一些狡诈之徒,智慧和狡诈是相对的两股力量。智慧出,一定是因为有狡诈的存在,如果没有了狡诈,也就没有了所谓的智慧;同样的当出现了一些六亲不和的现象,这个时候就会有孝慈的说法。换而言之,如果被提倡民众要孝、要慈,那一定是因为现状是不孝、不慈者众多,也就是说,六亲不和者众多。同理,所谓的忠诚和忠臣在什么时候出现得最多时,那个时代一定是乱世。因为只有混乱才会成就忠诚,国家一片祥和,百姓安居乐业,需要所谓的忠臣吗?不需要。因为人人都很忠诚,都是忠臣,大家对忠是没有概念的,就好像鱼活在水里一样,它是感受不到水的存在的。同时,这一章也说明了道的力量的此消彼长,没有无缘无故的存在。一方存在,与之对应相反的一方必然存在,这就是道。

心兰:在一个运作良好的、有道的社会环境或组织机构中,仁义礼智信忠孝是人与人之间发展与联系的桥梁与纽带,也是人类所处环境能够良性发展、拥有更长远未来的必要因素。在这个正道得以"大行其道"的环境当中,仁义礼智信忠孝是一件自然而然、应该秉持的事。一个是自然的、应该

第十八章 仁义孝慈：这个社会越强调的，其实是因为失去了

如此的行为，被拎出来大描特写、标榜成圣人，这才是一桩怪事。

当正道因人们欲望的膨胀而被破坏、所处的环境便失去了正道以及遍地充斥着"巧言令色"的巧智的时候，大家方能发现正道品质的可贵。于是大家开始大声呼吁仁义、忠孝、礼节、标榜圣人和大贤。

一个环境当中的正道被践踏了，才会开始呼吁仁义——大道废，有仁义；巧智的出现，意味着伪装和欺瞒的普遍存在——智慧出，有大伪；亲人之间总是纷争，失去了应有的和睦，才会呼吁孝慈——六亲不和，有孝慈；一个国家、一个组织上下都浑浑噩噩了，忠臣才被显现出来——国家昏乱，有忠臣。

精彩拓展

本章承接上一章，描述"太上"以下的有违法行为便会出现的社会现象。

"太上"，是一种"有道"的现象。但当人们远离道（"大道废"）时，就有了人为的善恶分别，有了私心。进入有为，才会开始讲仁义。其本质上是因为大家都已经失去了仁义，才需要提倡仁义，所以"智慧出"，才会"有大伪"。

六亲不和，才提出"孝慈"；争斗不止，人心惶惶，国家昏乱，这才需要忠臣。一出现"有为"，人们往往就不自然，十分做作，因为学仁义、学孝慈，出现忠臣，而后才标榜忠臣。

当这个社会越强调什么时，其实是因为越失去或缺少了什么。因为人们一味地向往崇高往往会使自己变得平凡，而甘愿像大海那样保持低位、虚怀若谷，反而能使自己像大海一样变得海纳百川。

第十九章

见素抱朴：见素则识定，抱朴则神全

绝圣弃智，民利百倍；
绝仁弃义，民复孝慈；
绝巧弃利，盗贼无有；
此三者以为文不足，
故令有所属；见素抱朴，少私寡欲；绝学无忧。

传统译文

抛弃聪明智巧，人民可以得到百倍的好处；抛弃仁义，人民可以恢复孝慈的天性；抛弃巧诈和货利，盗贼也就没有了。圣智、仁义、巧利这三者全是巧饰，作为治理社会病态的法则是不够的，所以要使人们的思想认识有所归属，保持纯洁朴实的本性，减少私欲杂念，抛弃圣智礼法的浮文，才能免于忧患。

经典对话

张倩： 接上一章，老子给出了上文中现象的答案，如何能够真正地使民众获益，如何使民众恢复孝慈，如何使得治下没有盗贼（社会治安），根据对道的"绝学"根治这些社会乱象，基于道的力量的此消彼长，统治阶层到底应该怎么做。答案就是弃智、弃义、弃利，就是让统治阶层放弃对巧智的追求和使用。什么是巧智？就是那些利用人心人性而设计的场景，其目的是自己从中获利，放弃对民众义的教化。

什么是义？义的繁体字是義。義的构义原是指两只公羊为争夺领导权和交配权而展开搏斗，本义指仪式，含有对等施加的意义；后引申为人与人之间的对等施加行为，比如义气。

仁又是什么？前面我们说过，仁是心欣然，是中，是平常心，是没有上下高低贵贱之别的心。如此一对比，高下即显。如果没有了仁心，去要求大家做到义的行为，这是对人道德的绑架。兄弟被人打了，如果不为兄弟两肋插刀打回去，就是不义吗？如果大家定义这就是义，这种义害人不浅，还是不要的好。

我们真正所追求的应该是仁心，这也就是老子所讲"绝仁弃义，民复孝慈"。没有对义举的刻意追求，大家都能够从心而发，去孝敬自己的长辈，关爱自己的子女。这原本就是我们应该要有的啊，为什么要以义的行为去要求呢？不是反其道而行之了吗？

第三章讲到：不贵难得之货，使民不为盗。统治阶层不去崇尚什么难得之货，不去收集采买什么难得之货（这些都是执和贪的外显），民众又怎么会偷盗呢？为什么要偷盗？因为自己也想要这些所谓的难得之货啊！没有能力买，那就会引发人性的恶，去作恶，去偷，去抢，归根结底是统治阶层让民众意识到难得之货，以及难得之货的好处。如果理解了这一段，就很好理解绝巧弃利，盗贼无有。如果统治阶层不去追逐利益（难得之货），没有了这样的行为教育，那民众去偷去抢什么呢？抢来了之后又能怎么样呢？

实际上，以上说的这三点，"绝圣弃智、绝仁弃义、绝巧弃利"也只是我们在现实生活中发现的一些浅显的规律罢了，是不足以真正实现大治的。那要怎么做呢？令民众有所归属，归属什么？归属道，怎么理解道，就是见素抱朴少私寡欲。素和朴就是道，是生命的本来面貌。回归生命的本来面貌，减少和降低自己的欲望。

朱玲： 当主流声音不再标榜圣人、树立美德标杆时，人民得以回归理性、继而能够看清正道的时候，民生自然蒸蒸日上，大步往前。当"仁义道德"不再挂在嘴边、不再是一种要求，也不需挂在墙上的时候，正是人民已经将它融入行动中，成为自己的日常。当一个环境中，巧言令色无处施展（人民回归理性、看清正道）、利益至上的观点和诱惑盛行不动的时候，欺骗和伪诈也随之绝迹。

第二章讲："天下皆知善之为善，斯不善矣"，当我们把一种或几种符合正道的行为宣扬为绝对正确的时候，那么那些看起来与这些标准似乎不符合的行为，就成了错的。一旦开始拥有了一套行为标准，就会衍生出更多的标准，以规范那些看起来不达标的存在——久而久之，习惯了活在标准当中的人们几乎忘记自己为什么要做这件事。

老子开篇讲："道可道，非常道"，尽管正道是可以描述的，但这些描述道的字眼，并不代表绝对真理与法则。如果只看到标准和规则的描述，以为这些描述就是最终要达到的效果，就很容易走入误区；而对比到那些不符合这种标准的行为，又一刀切地给予否定。自此，混乱和伪诈便开始了，正道也逐渐被忽视和放弃。

孟子有句话说："言不必行，行不必果，惟义所在。"这句话也从另一个角度告诉我们如何立体地看待事物，君子不会为了彰显自己、标榜自己或是维护面子，而不顾大道理。

老子提出的三点并不能概括所有的问题，但透过这三个例子，我们可以明白其背后的道理。明白了之后，更重要的是自己应该如何做。"见素抱朴、少私寡欲、绝学无忧"——回归现实，回归理性，回归朴实的道理，把自己希冀和想要的未来，落实到一言一行当中，用实际行动去推动、去改变，去实现。

第二十章

愚人之心：像大海一样辽阔，像风一样自由

绝学无忧，唯之与阿，相去几何？
善之与恶，相去若何？人之所畏，不可不畏。
荒兮其，未央哉！
众人熙熙，如享太牢，如春登台。
我独泊兮，其未兆，法法兮如婴儿之未孩；儡儡兮若无所归。
众人皆有馀，而我独若遗。
我愚人之心也哉！沌沌兮。
俗人昭昭，我独昏昏；俗人察察，我独闷闷。
众人皆有以，而我独顽且鄙。
我独异于人，而贵食母。

传统译文

应诺和呵斥，相距有多远？美好和丑恶，又相差多少？人们所畏惧的，不能不畏惧。这风气从远古以来就是如此，好像没有尽头的样子。众人都熙熙攘攘、兴高采烈，如同去参加盛大的宴席，如同春天里登台眺望美景。而我却独自淡泊宁静，无动于衷。混混沌沌啊，如同婴儿还不会发出嬉笑声。疲倦闲散啊，好像浪子还没有归宿。众人都有所剩余，而我却像什么也不足。我真是只有一颗愚人的心啊！众人光辉自炫，唯独我迷迷糊糊；众人都那么严厉苛刻，唯独我这样淳厚宽宏。恍惚啊，像大海汹涌；恍惚啊，像漂泊无处停留。世人都精明灵巧有本领，唯独我愚昧而笨拙。我唯独与人不同的，关键在于得到了道。

经典对话

朱玲：第十九章讲到有为之治的管理，会导致适得其反，增加忧虑和纷扰。绝学无忧，绝的便是"有为法"，绝的是所谓的"标准""评判"——放下有色眼镜，才更容易看到正道的路径。

一个母亲想要教会自己正在成长的孩子懂得天冷加衣，最坏的办法是母亲每天及时给孩子添衣减衣，并且无时无刻不在插手和关心，孩子的自理能力就这样被削减掉了；而最好的办法是让孩子亲自去感受一次什么是严寒，为什么要添衣，让他用行动体会道理，从此学会观察环境，懂得自己增减衣服。前者看起来像一个称职的母亲，而后者看起来像虐待孩子的后妈。尽管后者更符合逻辑，然而有几个老母亲能做到呢？就算可以做到，家里还有四位老人，他们又能忍得了你这么对待孩子吗？

"唯之与阿，相去几何？善之与恶，相去若何？"表象上看起来是应诺还是呵斥，是充满善意还是恶意，不应该是追究的对象，而是应该找到其背后的出发点是什么。然而世人又有几个能辨析明朗？

"人之迷其日固久"，这些正理拿出来，常常是"一说就错"，鲜有能体会到其中原委的人，更多的是诞生杠精大军……

"众人熙熙，如享太牢，如春登台；我独泊兮其未兆，如婴儿之未孩。傫傫兮若无所归！众人皆有余，而我独若遗。我愚人之心也哉，沌沌兮！俗人昭昭，我独昏昏。俗人察察，我独闷闷"。盲目的熙熙攘攘的世人状态，和老子的清醒形成了鲜明的对比。

"众人皆有以，而我独顽且鄙。我独异于人，而贵食母"。我曾经问师父："你们这样的高手，站在山顶会不会觉得很孤独？一个能打的都没有。"

师父说："山顶有山顶的乐趣所在。"

我想，一个闻道勤而行之的人，一个唯道是从的人，德不孤，必有邻。悟道、行道所带来的丰裕和富足，是熙熙攘攘的世人所无法体会的——我独异于人，而贵食母。

张倩： 第一句是此章的点题。学是一个行为，学的目的是可以让我们具备看到事物本质的能力，接近本质也就接近了道。可以说，学的过程就是在求道的过程。既然要学，我们就要清楚什么是上乘之学，也就是绝学。如果我们习得了绝学，这个时候的状态就是无忧。因为通透，你已经掌握了宇宙的终极秘诀，所以不会为现世的纷扰而心动（忧）。你是自由的，是彻底的自由，这才是真正的高手。

唯诺和轻怠有什么不同？看似一个恭敬，一个慢待，然而我们仔细思考这背后的原因，实际上是一样的，就是这个人的分别心。因为你有了对这世间的评判，有了高低贵贱之分，才会对一些人格外恭敬；与之对应的，你也会对另一些人格外轻怠。那么，善举和恶行的距离又有多远呢？

从生到死有多远，呼吸之间；从迷到悟有多远，一念之间。其实善和恶，就一念之间。如果你让他人感到害怕，那么你自然也会害怕一些人，因为你内心有所恐惧。有了你会用外在的行为语言和语气来强大自己，以欺压弱小来让自己感受到虚假的强大，以此战胜自己内心的恐惧，找到些许内心的平衡。但这是不持久的，反而说明自己内心不够强大，真正强大的人是没有恐惧的。比如婴儿，面对凶神恶煞、面对豺狼虎豹，他们一副天真模样，想笑就笑，想哭就哭。因为他们没有分别心，没有恐惧，这些东西也自然不会伤害他们，所以造就了婴儿的无敌。

然而世人就是这样啊，在分别心与恐惧中越走越远，去追求所谓的真善美，成功和富有等。大家在追求这些的时候，都很快乐，好像是在享受盛宴，也好像是赏春（内心的激动）。然而面对这些，唯独我显得很平静，脸上没有表情，好像是婴儿还没有长成为孩子，很颓丧，感觉无家可归。

大家在物质上都很富余，唯独我好像很匮乏，在众人眼里就像个没有开窍的傻子一样；大家都那么明白事理，我却糊里糊涂；大家都那么明察秋毫，我却不知道该说些什么；大家都有各自的用处，而唯独我愚笨粗鄙，看似毫无用处。为什么我和大家不一样呢？是因为我在汲取道的养分。

此章首尾对应，最后一段的内容就是对第一句的详细解读。最后一段不就是"无忧"的状态吗？

问道心得：

1.通过观察现象，去思考现象背后的原因，有些看似相悖的，实际上可能是一回事，因为底层的逻辑和思维方式是一样的。

2.真正的高手是平淡的、是朴素的，那些看着不起眼的，糊里糊涂的、不言甚至少言的，可能才是真正的高人；他们让人如沐春风，轻松自在，让接近他们的人感到自由，无拘无束。

师说： 绝学无忧这个核心思想是想表达为什么要绝学，因为可以无忧。"唯之与阿，相去几何？善之与恶，相去若何？人之所畏，不可不畏。"举例是要说明为什么要"绝学"？有什么好处？"绝学"到极致可以有什么结果？

"荒兮其未央哉！众人熙熙如享太牢、如春登台。我独泊兮其未兆，如婴儿之未孩；儽儽兮若无所归。众人皆有馀，而我独若遗。我愚人之心也哉！沌沌兮。俗人昭昭，我独昏昏；俗人察察，我独闷闷"，这一段就是区别拥有绝学的格物致知者和俗人之间的差距，有哪些。绝学，代表一种"知其然，更知其所以然"的究竟状态；绝学无忧是"上士闻道勤而行之"的结果；绝学就是要追溯到第一因，探究到根源。@张倩，再悟悟。

张倩： 收到。绝学原来是这个绝学。再悟二十章：

绝学无忧。（中心思想）

唯之与阿，相去几何？善之与恶，相去若何？人之所畏，不可不畏。（举例说明）

荒兮其未央哉！众人熙熙如享太牢、如春登台。我独泊兮其未兆，如婴儿之未孩；儽儽兮若无所归。众人皆有馀，而我独若遗。我愚人之心也哉！沌沌兮。俗人昭昭，我独昏昏；俗人察察，我独闷闷。（举例说明）

众人皆有以，而我独顽且鄙。我独异於人，而贵食母。（总结，实践指导）

绝学就是追溯第一因，探究到根源，代表一种"知其然，更知其所以然"的状态；无忧是"上士闻道勤而行之"的结果，透过繁杂看清这世间的本质，通透、超脱，故无忧。绝学无忧是一种什么样的状态，举例来说明一下，世人都喜欢唯诺和善举，本能地会讨厌被轻怠和恶行，为什么？因为你把自己带入了。之前看过这样一句话：别人对我的尊重，原以为是因为我的优秀，最后发现实际上是别人优秀。一个人的行为代表了这个人的价值观、思想和素养，是这个人的真实写照，和你应该被恭维是两码事。恭维你是他的事，而你当真了，就是你的问题了。而如果你真的在乎了，实际上是因为自己有了分别心。喜欢那些看起来好的，拒绝那些让自己不舒服的。

然而，这些又有什么重要呢，本质不也是因为你被外界裹挟了吗？如果此心不动，又有什么善，又有什么恶呢？没有了善，那自然也就不会有恶。看透了这一点，我们发现修行实际上从始至终都只是一个人的事，和外界根本没有关系，世界也只是你内心的倒影。想通了这一点，我想很多事情应该也就释怀了吧。哪有那么多纠结呢？这都是和自己过不去罢了。

再举个例子，大家自行体味一下绝学之人和世俗之人有着怎样的不同。世俗之人因为参不透本质的因，才会被世俗拖拽，追求表面的成功、财富、真、善、美。在追求这些的时候，人们都很快乐，好像是在享受盛宴，也好像是赏春（内心的激动）。然而面对这些，唯独我显得很平静，脸上没有表情，就好像是婴儿还没有长成的孩子，很颓丧，感觉无家可归。大家在物质上都很富余，唯独我好像很匮乏，在众人眼里就像个没有开窍的傻子一样；大家都那么明白事理，我却糊里糊涂，大家都那么明察秋毫，我却不知道该说些什么。真正的道者，在世俗的眼光看来显得愚笨粗鄙，毫无用处，为什么呢？是因为有道者一直在汲取道的养分啊！一个真正道者的行为是通透、超脱自由的状态。这种快乐就好像是让世俗去追求他们的名利，而我只想拥有识道的快乐，这个快乐你们不懂。

问道心得：

人生从始至终都是一场独角戏。这世界你看到的也只有自己，你修行的也只有自己去照见，去修行吧！

师说： 唯之与阿，相去几何？善之与恶，相去若何？这段话是说那些没有悟道的人，没有参悟绝学的人，会出现哪些极端？

唯命是从和阿谀奉承从表象上看可能没什么区别，然而心态上，却是截然不同的。善与恶也是无法从表象上去做严格区分的。比如慈母的结果，大多是败儿；严父的结果，通常是孝子……我们很难从现象去区分什么是真正的善与恶。

所以，绝学的意义，是为了让善有智慧，而不是盲目地向或学善；让心有能力去识别真与假，而不是被别人制造的幻象牵着走。

人类畏惧的、敬畏的，我们不可以不畏惧、不可以不敬畏。

这句是对前两句的总结，意思是说：无法区分善恶、无法区分真假、无法区分高低的、没有绝学的颠倒众生，他们所看见的，即使是假象，是昭昭，是察察……我们都要对之有敬畏之心，要抱有平等之心，而非用分别心去批判，去审判，去要求。

心兰： 人言可畏，也是畏惧别人的否定，畏惧在意之人的不认可，畏惧被权威鄙视……人们敬畏的有相，有形式，有名，有鬼神、有能量，玄……

师说： 没错！畏惧和敬畏，也是一个心智模式的两端，分别对应唯之与阿，善之与恶。

第二十一章

恍惚窈冥：惟（唯）道是从，坚定自己的信念

孔德之容，惟（唯）道是从。
道之为物，惟（唯）恍惟（唯）惚。
惚兮恍兮，其中有象。
恍兮惚兮，其中有物。
窈兮冥兮，其中有精。
其精甚真。其中有信。
自古及今，其名不去，以阅众甫。
吾何以知众甫之状哉？以此。

传统译文

大德的形态，是由道所决定的。道这个东西，没有清楚的固定实体。它是那样的恍恍惚惚啊，其中却有形象。它是那样的恍恍惚惚啊，其中却有实物。它是那样的深远暗昧啊，其中却有精髓。这精髓是最真实的，是可以信验的。从当今上溯到古代，它的名字永远不能被废除，根据它才能观察万物的初始。我怎么才能知道万事万物开始的情况呢？是从"道"认识的。

经典对话

张倩： 首句的意思是大"德"的变化，一定是随着"道"而变化的。前面我们说过道是一切万物的源头，是宇宙乃至超宇宙之外的运行规律；而德是秉道而行的具体呈现，可以理解为道在世间的体现，是距离道最近的行为。因此理解了这个逻辑就比较好理解这一章的首句，德是惟（唯）道是从的。进一步解释，道在生万物的过程中是惟（唯）恍惟（唯）惚。据查，这里的恍惚和我们日常所理解的恍惚不是一个概念。

恍：从心从光，说明是心里感觉到有种光，心中一亮，比如恍然大悟；惚：从心从忽，忽为古代的计量单位，十忽为一丝，十丝为一毫，因为很小很轻，容易飘忽不定，所以有时间很短的意思，比如忽然。因此，这里说的恍惚我理解是想说明道在造物时候的精密程度。有一句话是这么讲的：其大无外，其小无内。我想这应该就是道的手笔。我们通过什么去窥探道呢？就是通过这些恍惚之间的象所形成的万物，以及那些幽远微小中的"精"。

那什么是精呢？《庄子·秋水》：夫精，小之微者，气凝聚为精，精，气之华也。换言之，在无形和深远之中，有所孕育便是精。精虽然玄妙深不可测，但有具体性状，这一性状是真实存在，是可以验证信的。

从古至今，道是一直存在的。虽然我们还不能真正地认识大道，但是可以真切地感知到它的存在。比如说日夜更替、太阳东升西落、潮涨潮落、生老病死等，一旦我们在生活中发现到了这些，就能够从中感知到道的存在，以及它所带给我们的影响。

问道心得：

我理解这一章给我们讲的就是格物，通过现象去探究事物的本质，去发现和接近道。《大学》第一章中就说"古之欲明明德于天下者，先治其国；欲治其国者，先齐其家；欲齐其家者，先修其身；欲修其身者，先正其心；欲治其心者，先诚其意；欲诚其意者，先致其知；致知在格物。"格物就是去探究道、发现道，之后恪守道。

朱玲： 孔德之容，不一定是世人崇拜敬仰的"高僧大德"。一位遵道而行的人以事情做好为目的，专注点不在邀功上，故能"功成身退天之道"，是"太上，不知有之"的存在。若不用心留意观察究竟发生了什么，以及如何发生的，很难发现这样的人存在过的蛛丝马迹。

然而问题在于大部分人在还未能开始尊道而行时，就打了退堂鼓。在做正确的事这条道路上可能出现各种阻力，如果你承受不住不被理解的孤独，或者被一点小成功就阻断了后路，这就等于是你被自己的满足或所遭遇到的困难或别人的不理解而抹杀。因为道之为物，惟（唯）恍惟（唯）惚。

唯有在杂乱的声音中保持自我，在质疑当中坚信自己，在失败或成功时保持清醒，不断地精进、修正、不断地向前，才能在看似混沌一片中形成属于自己的一股势能——恍兮惚兮，其中有物；窈兮冥兮，其中有精。

那些真正可以走出当下，创造了一片天地，拿到属于自己结果的人，便是那些不断修正、不断精进，属于那些经得住时间考验的人——其精甚真，其中有信。

古今虽异，其道未变。尽管现代科技文明飞速发展，很多东西看似变得唾手可得，可是要想真正做成一件事，成就自己的人生的道理却从未变过。自古及今，那些失败了的，成功了的……无一不是可以从中为自己照一面镜子，让我们得以不断修正自己的言行，不断勤而行之。

心兰： 孔德之容，惟（唯）道是从。（中心思想）

道之为物，惟（唯）恍惟（唯）惚。惚兮恍兮，其中有象。恍兮惚兮，其中有物。窈兮冥兮，其中有精。其精甚真，其中有信。（举例说明）

自古及今，其名不去，以阅众甫。何以知众甫之状哉？以此。（实践指导）

"孔德之容，惟（唯）道是从。"老子说，德必须以道为载体，人和道是彼此连接的。"孔德"就是大德,最伟大的德行是与道合二为一。如果定不住自己心中的道,不能时时使自己清静、觉悟自己,不证道、不悟道、不得道,就不是真正的大德。每个人的行为就是自己名片,做事就是向世界介绍自己。所有人都是用自己的行为在告诉世界:我是个什么样的人。而一个人内心拥有怎样的道,就会呈现出相应的德(德行)。这个时代需要什么?需要不言之教的无为智慧,需要回归文化的本源,需要承载大道的和谐以及与时俱进的行为来服务这个社会。

道是怎么衍化万物的?惟(唯)恍惟(唯)惚。恍惚就是在有中觉察无,在无中觉知有,有无合二为一就是有无相生的中道。然而,发现而不执着,才是光明的秘密妙用。道生万物,看似无序实则井然。这个变化规律的关键点是"象、物、精、信"四个字。比如电是宇宙中的"物";今天家里使用的各种电器,是"象";因为人的需求,以及人的智慧,才有这些东西的发明和延伸及使用,是为"精";当我们从发现电开始,到电为我们所用的这个过程中,我们慢慢一步一步了解了电,熟悉了电,并掌握和运用了电,此为"信"。宇宙是一个整体信息场,"道"展示着这个信息场的信息。

得道者与普通人的差距中间就隔着一个自我。自我也可以理解为"我执"或"着相"。有自我,就无法洞悉道的真相。舍去自我,人就能与道合二为一。得道之后,他就是和光同尘的人,就像一滴水能融入大海一样,进入道所在的任何世界。

"自古及今,其名不去,以阅众甫。吾何以知众甫之状哉?以此。"老子说,道生一,万物从"一"而来,经过生长、繁荣、衰退、消亡,最后又九九归一,回到"一"那里去。所以,"一"是开始,也是结束;是起点,亦是终点。老子把这个过程,称为"以阅众甫"。"众甫"乃万物起源之意。道是宇宙衍化的本源,也是万物回归的根基。

一个人能定得住自己,常常清静,不抗拒孤独,自然会有所觉悟。参道的意义在于认识世界、顺应世界、温暖世界(其实最后的结果是温暖自己),而不是战胜世界。

张倩: 我看了心兰的解读有所启发,但还是不太透彻。然后我自己也冥思苦想了,没琢磨出新内容。

道生万物,看似无序实则井然。这个变化规律的关键点是"象、物、精、信"四个字。心兰的这句话对我启发很大,看似无序,实则井然,一语

第二十一章　恍惚窈冥：惟（唯）道是从，坚定自己的信念

中的，然后四个关键点也提炼出来了。

师说： 为什么"惟（唯）道是从"是"孔德之容"？这是本章想表达的核心思想。这句话有点题之意，亦是点睛之笔。"上士闻道勤而行之"就是一种"惟（唯）道是从"。有道之士一定会坚定自己内心所选，矢志不渝——此谓"孔德之容"。

要理解这一章，关键点在四个字：恍惚窈冥。恍惚，心兰解读了，还不错，我补充一下，窈与冥。恍惚对应窈冥；恍惚对应光明高远；窈冥对应精深幽暗。窈：深远、昏暗；冥：愚昧，冥顽（一个人顽固到极致）。本章依旧在讲这个一阴一阳"二元对立"的"道"，只是出发点是心态：从心态这个出发点来解读。什么是心态？"上士闻道，中士闻道，下士闻道"就是不同的心态所呈现的结果。思维决定行为，认知决定高度。而思维和认知，取决于心态。道的心态是什么？是恍，是惚，是窈，是冥。呈现的结果是什么？是物，是象，是精，是信。

我们见过太多没有原则的人，他们注定是忙忙碌碌竹篮打水一场空。我们见过太多墙头草，左右摇摆……他们注定庸碌此生。只有坚定自己的道，终有一天如星星之火可以燎原——所有的点滴光芒汇聚而来。

朱玲： 可不可以这样理解：顽固到极致是冥；冥是信，就像一个人笃信一条路走到黑，即便旁人觉得她有遗憾，但是对我们每个人来说，那就是冥，是一个人选择的道。

师说： 什么是正确的道？遇见更高维的，果断放弃一己之见，是道；看见更好的方案，果断放弃更差的方案，是道；看见更优秀的做法，果断去学习更优秀的做法，是道……这才是我们应该秉承的道。

朱玲： 一个人对自己信念的笃信与践行，是不是可以理解为她心中的冥与信即便旁边总有乌合之众的声音干扰，她也可以明确自己的冥与信？

师说： 这是信的一方面。

朱玲： 每个人应该清空自己，去听自己内心的声音，而不是周围的人告诉你怎样做，是吗？

师说： 那"三人行，必有我师"呢？以人为镜，可以明得失。你的问题恰恰是从心里走出来，听听旁边的声音在说什么，而不是一直沉浸在自己的思维里。别人说的也许正是你看不见和需要的。看自己有没有识别正道的能力。一个人固执又不听劝，她所求是短暂的灿烂。那是她的道，没有对错。

师说： 道没有对错，你的选择决定你的人生结果，仅此而已。你怎么知道是公司阻止，而不是她自己的选择？

朱玲： 表达有误，应该说公司是说了另一个维度的话，而每个人都有选择的权利。所以每一个人应该很明确自己属于哪里，然后坚定地往下走下去，积累跬步，以最终灿烂。如果没有这种笃信，没有人能在黑暗中看到光。也许每个人都应该"自个儿成全自个儿"，自己的光由自己看到。

心兰： 坚定心中所选，不断遇见更优秀的自己。老师，感恩遇见您！

朱玲： 心中有光的人，才能看到光。

师说： 追求完全幸福，也是一种至善，这并不可取。纵观我们的人生，很多人面临的最大问题是，明明有更好的选择，可是他们习惯了，或者他们认命了，又或者说他们没有能力去选择了……这是一件很可悲的事。

第二十二章

圣人抱一：求知若渴，抱朴守拙

曲则全，枉则直，洼则盈，敝则新，少则得，多则惑。

是以圣人抱一为天下式。

不自见，故明；不自是，故彰；不自伐，故有功；不自矜，故长；

夫唯不争，故天下莫能与之争。

古之所谓：曲则全者，岂虚言哉！诚全而归之。

传统译文

　　委曲便会保全，屈枉便会直伸；低洼便会充盈，陈旧便会更新；少取便会获得，贪多便会迷惑。所以有道的人坚守这一原则作为天下事理的范式，不自我表扬，反能显明；不自以为是，反能是非彰明；不自我夸耀，反能赢得功劳；不自我矜持，所以才能长久。正因为不与人争，所以遍天下没有人能与他争。古时所谓"委曲便会保全"的话，怎么会是空话呢？它实实在在能够达到。

经典对话

　　张倩： 首先，曲和全、枉和直、洼和盈、敝和新、少和得、多和惑，既对立又统一，既是"一"——整体，又是"二"——阴阳。一生二，原本就是一回事，因此老子又说，得道之人（圣人）时时刻刻抱守"一"的理念去做事。

　　我们看起来相反的呈现，可能本质上来讲是一样的。这句话也可以这么理解：全则曲、直则枉、盈则洼、新则敝、得则少，就看我们想要什么。如果我们想要全、直、盈、新、得，就要保持曲、枉、洼、敝、少。

　　曲则全——我们都听过一个成语叫做委曲求全，就是这个意思。有的时候我们为了更大的目标，在某些方面是会受些委屈的。

　　枉则直——前段时间流行过一句话：别低头，皇冠会掉。但其实我想说的是那些真正会做管理的，那些管理大师、那些圣人，都是会低头的。

　　洼则盈——很好理解，谦虚使人进步，骄傲使人落后，只有让自己永远处在低处和空的状态，你才会真正的丰盈。永远保持饥渴才能吸收更多的东西和内容，来充盈自己的人生。

　　敝则新——有一句话常讲，旧的不去新的不来。我们怎么看待这些"旧"呢？直接扔掉就好了吗，显然不是。我们要尊重这些"旧"，"旧"可能代表我们旧有的认知、一些故旧、一些旧物，我们怎么看待他们呢？要正视它们的存在，如果只是扔掉，相当于逃避，逃避不是解决问题的办法。我们需要正视之后进行迭代，对旧有观念上的迭代才会有新的认知和观念，才会有新朋友。否则我们只是在不断地换对象而已，没有解决掉本质的问题。

少则得，多则惑——这句也很好理解，有一句俗话是这么讲的，贪多嚼不烂。很多人很焦虑很迷惑，实际上是因为想要的太多了，欲望跑在了能力和行动之前，这个时候怎么办呢？减少自己的欲望，回归正常，有多大锅煮多少饭。另外，我们很多人活得很累，主要是心累。你要揣摩上司的想法，还要顾及别人的感受，还要操心八卦……所以很累。给自己的思想减负，简单、纯粹，在少了很多烦恼的同时还能收获到更多（意料之外的）。

不自见故明；不自是故彰；不自伐故有功；不自矜故长——与后文第二十四章里面的：自见者不明……自矜者不长，是同一个意思。总结一下就是正因为我们不去争名夺利。为什么不去争呢？我想是因为通透、释然了，所谓武功的最高境界就是无招胜有招，不争就是无招，我都没有招式，你拿什么破解呢？

因此，古人说的这些"曲则全"的道理，怎么可能是虚言呢？它是实实在在可以做到的啊！而"曲责全"就是"抱一"，就是"不争"。

问道心得：

1. 那些日常我们看不上的，不想去做的，可能才是正确的打开方式。受点委屈不算什么，低个头、弯个腰也不算什么。

2. 少则得，多则惑，给自己的思想和生活减重，明确目标，降低外界的干扰，让自己回归简单和纯粹。

3. 不争，我想，是实力允许自己不争，这个实力更多的是自己的意识和认知以及心境的提升，对于外界一些干扰项的释然，能够回归本心。

若兰： 有多大锅煮多少饭，这句简单的话竟有种大道至简，圣人抱一为天下式的感觉！

人生是一场自我的修行，争是针对外界的。如果我们能清楚地明白第一点，那有什么好争的。与其使劲去争，不如花心思精进（去修行修习自己）。

师说： "如果我们带着争心，那便是万物皆可争，争和不争都是手段，就已经不重要了。"这句话应该是，"如果我们带着争心，那便是万物皆可争，争与不争的行为本身，已经不重要了。"

争与不争是形式，是行为。情绪也是一种行为。当内心有能力管理好自己的情绪的时候，情绪就可以为自己所用。心不得要领，情绪一大堆，就沦为了情绪的奴隶；心若得要领，那么什么行为都不重要。因为行为因目的而伟大，行事以结果为导向。

第二十三章

证道德行：将智慧融入生命

希言自然。
故飘风不终朝，骤雨不终日，孰为此者？天地。
天地尚不能久，而况於人乎？
故从事於道者，同於道。
德者同於德，失者同於失。
同於道者，道亦乐得之；
同於德者，德亦乐得之；
同於失者，失亦乐得之。
信不足焉，有不信焉。

传统译文

不言政令不扰民是合乎于自然的。狂风刮不了一个早晨,暴雨下不了一整天。谁使它这样的呢?天地。天地的狂暴尚且不能长久,更何况是人呢?所以,从事于道的就同于道,从事于德的就同于德,从事于失的人就同于失。同于道的人,道也乐于得到他;同于德的人,德也乐于得到他;同于失的人,失也乐于得到他。统治者的诚信不足,就会有人不信任。

经典对话

张倩: 自然,前文提过是一种回归、一种规律,是道本身的体现。这种体现的状态就是自也,然也。所以自然是一种状态。这种状态是希言的,从不为自己说话、辩解,或争取什么,就是默默无声地去做。

大风刮不了一天,暴雨也下不了一天。天地的力量和能量是巨大的。然而就连天地都不能一直保持这种狂风骤雨的状态,更何况是人啊!

你选择用道来指导自己做事(比如说行不言之教,夫唯不争、故天下莫能与之争),自然就会与道、与道者同行。你选择用德来指导自己做事,自然就会与德、与德者同行(比如说仁爱)。如果你选择"失"也就是失道失德,自然就会与这类人为伍,同时失败也会常伴你左右。爱出者爱返,福往者福来。你以什么方式来做事情,就会得到什么样的结果。如果你秉道而行,道就会成就你;尊德而行,德就会成就你。如果你不遵道守德,那么你的行为最后也会去"成就"你,让你得到自己应有的结果。如果你这个人说出来的话总是无法兑现(信不足),那么别人怎么会相信你呢?

问道心得:

1. 做人做事不可违背自然规律。你以什么样的方式做事,最后就会收获对应的结果,反者道之动。如果你是诚意正心地做人做事,你会收获一件事情好的结果以及一群诚意正心的朋友。同理,如果你是以投机取巧的方式做人做事,事情的最后一定以失败告终,并且你的身边也会是这一类人。所以我们总说，你要看这个人怎么样，去看他身边最亲近的几个朋友，就知道这个人是什么样了。所谓物以类聚、人以群分可能说的就是这个道理吧！

2.希言。做管理的人不要总是对人指手画脚，指教别人、教育别人，而是要做到少说、多听多问、不要下达过多的指令和政令，去干预和控制大家，而是要希言。任凭大家去做，我们只需要在这期间因势利导、借力打力。

朱玲： 短暂的暴风骤雨从来不会摧垮那些生来便生机盎然的存在，而真正令这个世界越来越美好的也是那些生来自然的存在。

希言自然。希言，少批判；自然：多"入境"。只有入境了，才有改境、造境的可能，让"境界"自然发生。举个例子，看看高手是如何"入境""改境"和"造境"的。

人往往容易习惯性地看到缺陷和问题，认为批判和剔除这些膈应人的存在，一切就会变得更好。然而，问题从来都是此一时彼一时地出现，与其盯着、批判、挑剔问题，不如专注于扶持那些可以促成事情往更好方向发展的存在和条件。

专注发现问题，问题就越来越多；专注发现和扶持有利条件，事情往往越来越好。同于道者，道亦乐得之；同于德者，德亦乐得之；同于失者，失亦乐得之。

事事都有两面性，透过这个朴素的道理，我们应该学习到的是专注用好有利的那一面。当自己不相信事情有更有利的一面，带着"验证"问题的心态去找问题时，必然能把问题坐实。信不足焉，有不信焉。

第二十四章

有道不处：放下自我，才能开启明心见性的实修

企者不立；跨者不行。
自见者不明；自是者不彰。
自伐者无功；自矜者不长。其在道也曰：馀食赘形。
物或恶之，故有道者不处。

传统译文

踮起脚跟想要站得高，反而站立不稳；迈起大步想要前进得快，反而不能远行。自逞己见的反而得不到彰明；自以为是的反而得不到显昭；自我夸耀的立不起功勋；自高自大的不能做众人之长。从道的角度看，以上这些急躁炫耀的行为，只能说是剩饭赘瘤。因为它们是令人厌恶的东西，所以有道的人决不这样做。

经典对话

张倩："企"是指脚跟离地，踮脚的状态。"跨"是指跨大步，大步流星的状态。纵观这两种现象或者说状态，都有一个共同的特点，那就是不够扎实、不够稳重，底子没打好、根没扎好，就想要站立，就想要往前走，自然是立不久也行不远的。这样的例子有很多，很多人自己没有实力和能力，天天想要得到更高的职位和薪资，刚成立一家公司就天天想着上市圈钱。下文的"自见""自是""自伐""自矜"就是"企"和"跨"的表现。

我们前文讲过自知者明，而这里说自见者不明，就说明自见实际上就是不自知，不知道自己有什么缺点和不足。

"自是者不彰"那些自以为是，只能接受自己的观点、无法容纳和听取别人不同意见的人，原本的目的和想法就是彰显自己，但因为过于彰显自己，便成为自是者，反而无法彰显自己。

"自伐者无功"做出一点功劳就揽功的人反而是最没有功劳的（因为大家都很讨厌这样的人）。

"自矜者不长"过于端着、爱惜自己的面子反而不能长久。

以上这些行为，实际上在道看来都是多余且累赘的，言外之意就是完全没必要，大家都讨厌这些行为，所以有道之士是不会这样做的。

问道心得：

1.慢就是快，遇事要沉着冷静，不要被短期结果或者利益蒙蔽与诱惑，欲速则不达，做长期且有价值的事情，坚持下来结果就一定差不了。

2.先扎根后生长，努力修习，去打磨自己，能够沉下来，把一方面能力钻石（吃）透，在一个领域便成为专家了。

心兰："择高处立，就平处坐，向宽处行"和第二十四章很应景啊！

朱玲：这一章用来时时审视自己是否出现了相同的问题，以更好地修正自己的思想，走在更符合实际的路径上。因为拿到任何超出自己能力范围以外的收获，会更容易增加一个人的盲目性。

一个清醒的、独立思考的人，更能看清楚事情发生的必然性，从而去脚踏实地创造必要条件。而不是依靠想象、碰运气、人云亦云，依赖那些除了实际价值以外的膨胀带来的结果——其在道也，曰：余食赘行……

物或恶之，故有道者不处。

第二十五章

道法自然：通晓天地规律，故能随顺天地、顺势而为

有物混成先天地生。

寂兮寥兮独立不改，周行而不殆，可以为天下母。

吾不知其名，强字之曰道。

强为之名曰大。大曰逝，逝曰远，远曰反。

故道大、天大、地大、人亦大。

域中有四大，而人居其一焉。

人法地，地法天，天法道，道法自然。

传统译文

有一个东西浑然而成，在天地形成以前就已经存在。听不到它的声音也看不见它的形体，寂静而空虚，不依靠任何外力而独立长存永不停息，循环运行而永不衰竭，可以作为万物的根本。我不知道它的名字，所以勉强把它叫做"道"，再勉强给它起个名字叫做"大"。它广大无边而运行不息，运行不息而伸展遥远，伸展遥远而又返回本源。所以说道大、天大、地大、人也大。宇宙间有四大，而人居其中之一。人取法地，地取法天，天取法"道"，而道纯任自然。

经典对话

朱玲： 宇宙万物自然运作的规律（自然之道）像一个无形的、从未被破解密码的精密仪器，推动着世间万物的发展和运作。不论我们承认与否、发现与否，它都于一呼一吸之间，孕育万物生长与转化，是万物的根本，世界的本源。

道无所来无所去，它拥有法则性、有序性、必然性，是依靠人类自己观察和体悟万物周而复始的运作规律，给予总结和归纳，感受其因果关系。老子说："道大，天大，地大，人亦大。而域中四大，人可居其一。"这一段给予我极大的鼓舞。

世间的植物、动物是受自然法则的支配。相较世间万物，同样渺小的人可以与自然的最高法则相提并论。我想主要原因是人可以对自然因果关系进行归纳、总结、发扬，不断给予新的链接和创造，从而拥有生命更多的可能性。

人法地，地法天，天法道，道法自然。往小了说，一个人生存在一个小集体当中。比如一个家庭，它来源一个家族，家族的文化、习惯起源于地域环境，决定地域环境的是天时地利，而天时地利又来自自然规律的运作而产生。

我们敬重一个家族的传承，尊师重道、敬重老辈的思想，不仅是敬重家族与长辈，更敬重的是世代人们对于发展规律的敬畏和沿袭。人心有觉，而

第二十五章　道法自然：通晓天地规律，故能随顺天地、顺势而为

道体无为，孔子说："人能弘道，非道弘人。"《中庸》里提到："道也者，须臾不可离也，可离非道也。"

道本身没有意志，而人类有天然的学习性、主观能动性，引领我们自己不断地见道、悟道、修身、行道，将正道践行和发扬，从而超越这个肉人本身，成就更好的自己，传递更有意义的价值，创造更好的未来。

张倩： 有一种东西在混沌中形成，先于天地而生，寥远空旷，独立存在，从来不曾更改过，往复运行，从来没有停止过，可以称为天地之母。我不知道它叫什么名字，勉强起个名字叫做"道"，勉强只能用"大"来形容它。大也叫逝、逝也叫远、远也叫反，反是循环往复，是生生不息。从道到大、到逝、到远、到反（回到道），是自然规律，是生命周期。天地万物于道而生，无不是在这规律之下运作。从无到有，再到无，尘归尘、土归土，再从无到有，再回归，这才是生命的真相，是道的真相。

上文我们说到道生天地，但天地之间可不仅仅有人的存在。然而人却是立于天地之间，吸收与汲取天地的精华和灵气，感天应地，是天地的灵长。从某种角度和意义上来讲，人是和天地同样地存在，生生不息，周而复始，不断地进化、消亡……老子在本章指出了人在天地之间的重要性。

作为人的我们要怎么活呢？老子说，最应该要效法大地，承载万物，大地是效法天的，强健不息，天效法道，循环往复，生生不息，道效法自然，回归自己。又回到本章首句：大曰逝，逝曰远，远曰反。突然感觉到这是多么庞大的系统啊！这个系统里有大循环、有小循环，有各自的运行，彼此虽看似互不相交，但实则彼此间又能相融在一起。读完本章之后我感受到一股强大的力量。

问道心得：

1.重新审视作为人的存在，活的意义，以及对于"大曰逝，逝曰远，远曰反"的领悟。虽然说这一切都会回归自然，但这过程依然有意义。花儿虽然会凋谢，但它的绽放，依然有意义，是这时空当中某一刹那永恒的存在。人活着就去经历、去体验、去用力地绽放。

2.道法自然，我理解有两层含义：

（1）回归，也就是前文说到的反，反者道之动，就是效法了一圈还是要照见自我，自性空明可了然。

（2）规律，就是我们平常所说的自然而然，该干嘛干嘛，能干嘛干嘛，

129

生老病死就是生命的规律。可是我们有些凡夫竟妄想要长生，有些女性拒绝衰老，这就是不自然。自然意味着懂得之后接受，是一种坦然。

而在这里，我觉得还有一点，那就是为什么不是道法道，而是道法自然。我的理解是自然是道很高的特性也是行为准则，一个能做到自然的人，她的道行一定很高。

心兰：通篇接下来，第二十五章所传达的核心思想和第四章好像呀！

有物混成，先天地生。（中心思想）

寂兮寥兮，独立而不改，周行而不殆，可以为天地母。吾不知其名，强字之曰道，强为之名曰大。大曰逝，逝曰远，远曰反。（举例说明）

故道大，天大，地大，王亦大。域中有四大，而王居其一焉。人法地，地法天，天法道，道法自然。（实践指导）

开篇老子说"有物"。此处的"物"与哲学唯物主义的"物"，是两个概念。唯物论的"物"，指的是具体的物质；而老子所说的"物"，是泛指，表达一种存在。"有物混成，先天地生"：有一种存在，天地还没有之前，它就在了。这个"物"有什么特点呢？

"寂兮寥兮"，很静，很空；"独立而不改，周行而不殆"，"独立""周行"描述它有自己的本体性功能，同时其本体"不改""不殆"，而且从未有改变或消减过。换而言之，即"不生不灭、不垢不净、不增不减""无所从来，亦无所去""如来""善逝"实际上都是描述本体从未改变、永恒持久的状态和特征。而且这个存在"可以为天地母"，连天地都是它生出来的。道其本体性功能的运作，是有周期性的，是一种类似圆周的运动，远去了又回来形成一圈叫"反"，就是"周行"的意思。而且这个远去可以很远，大到无边，小到无内。在这样一种本体性功能的作用下，天地万物都是按照这个方式在运动，古人就画了一幅太极图，来揭示这个根本规律。

道、天、地、人，四大之间的关系是"人法地，地法天，天法道，道法自然"。"法"，不是效法，而是被命令、被主宰的意思。我的理解主宰是依据它固有的法则在运转的，且是脱离不掉的。

"人法地"，不是说人要效法大地承载万物、大公无私的意思，而是说人是被地所主宰的，地完全控制人。本来就是这样，由不得你效法不效法，不需要听从人的意见。这是一种自然的规律，顺之则昌，逆之则亡。这是天地间人类最应该掌握的因果法则：我们生活在一个地方，就要入乡，更要随俗。因为每个地方的风俗都是当地的真实环境所累积出来，最适合当地人生存的民俗。顺之则身体安泰，逆之则水土不服。

"地法天"，地是被（天）日月星辰主宰的。我认为这里的天是能量场、磁场，是由无形的环境所决定的。比如盆地多物产丰富，平原多干燥且四季分明，山地多湿气等。

"天法道"，日月星辰（环境）又是被道主宰的。一个地方环境的形成，是由于道按照宇宙法则"独立不改、周行不息"千千万万年所形成的，是不以人类意志所转移的存在。

"道法自然"，道是一种无形的能量，是一种场，或者说是势能。没有什么来主宰它，它是按照宇宙最初的样子来运动，叫"自然"。

在这四大关系中，人虽然是排在最末的，但是人可以修行，成为王，达到天、地、人三者贯穿。通天、通地、通人，通晓天地人一切的规律。《阴符经》里有一句话叫做"观天之道，执天之行"，大概也是这个意思。通晓了天地的规律，道的运转，故能随顺天地，这是真修行。所以悟道之人会顺时顺势而为；不得道之人才会妄为甚至胡作非为。

师说： 道是一种无形的能量，是一种场，或者说是势能。这句话你再斟酌一下：是"道是无形的能量，是势能"，还是"修道之人，悟道高低所呈现出来的结果，才是能量，才是势能"。

心兰： 是"修道之人，悟道高低所呈现出来的结果，才是能量，才是势能"。

师说： 整体不错。"道固委蛇，大成若缺。如莲在泥，入垢出洁"。所谓征者，胆略韬腹；成者，功德至也；真者，精诚至极；诚者，情动于人。一个人知道自己为什么而活，就能忍受任何一种生活。

第二十六章

圣人持重：沉静清明、镇定自若

重为轻根,静为躁君。
是以君子终日行不离轻重。
虽有荣观燕处超然。
奈何万乘之主而以身轻天下。
轻则失根,躁则失君。

传统译文

厚重是轻率的根本，静定是躁动的主宰。因此君子终日行走，不离开装载行李的车辆，虽然有美食胜景吸引着他，却能安然处之。为什么大国的君主，还要轻率躁动以治天下呢？轻率就会失去根本；急躁就会丧失主导。

经典对话

朱玲： 当我们没有一个足够厚重的自我使命和目标作为生命的"定海神针"，那么面对这些具体的事、具体的人、具体的情境时，我们就很容易左右为难、轻易动摇或者是反应过度。

凡事轻不能载重，小无法镇大。一个人的格局需要主动地把它撑大、扩大，才能稳住生命中迎来的无数选择和方向。远视的格局和能力，使我们能超然面对当下的环境，而并非沉溺于享受或被困缚其中。

"君子务本，本立而道生"，一个人因能认识到自己的一切现实情况，从而可以使自己踏实地扎根于当下要做的事情，脚踏实地创造未来。深根固柢，不失其所，方能长生久视。

张倩： 我们要是理解了"轻、重、静、躁"，以及他们之间存在的关系，就理解了本章内容。什么是重？我理解是那些沉重的、厚重的、有底蕴的存在。对物体来说那些是处下的，对于事情来说，是那些看起来比较麻烦的，做起来比较困难的，需要长时间去坚持做的事情，可能才是这件事情涵盖的真相和本质；而不是那些简单的，快速就能搞定的，一定不是这件事情出现的原本的意义所在。

理解了重，和重相反的、对立的就是轻。如果说重是根本、是因的话，那轻就是结果。这也是我们平常所说的重本质而轻结果。借假修真的原因，结果是假的，是顺带而来地产生。如果我们只专注于结果，就会失掉真正重要的东西。所以老子说，重才是轻的根本，是本质。

什么是静和躁？躁就是狂躁、暴躁、妄动，是不淡定，是一种状态。我们时常所说的焦虑也是一种躁。人为什么会有躁呢？有一句话是这么说的，当你安静了，你的世界也就安静了。我们会躁动还是因为自己的内心不够平静。如何平静，或者说怎么样让自己平静下来呢？用心去感受和体验当下，活在当下就可以让自己安静、平静。当然这是另外一个问题。我们回来说静为躁君，能够解决躁动的就是让自己平静下来。

因此君子和那些秉道而行的人，每天都会去思考什么是轻什么是重，去抓重而放轻。虽然他们身处繁华锦市，却能够泰然处之，不当回事。因为他们知道这些繁华都是假象，只是修行的道场。这是轻不是重，重点是修行，在哪儿修行和用什么修行不重要。所以对于轻的东西就要泰然处之。但我们现实中有很多位高权重的人，却过于看重自身的欲望，而看轻修行的天下。这样必将会失去根本，躁动也将无处安放。

问道心得：

1.要做一个厚重之人，而不是轻浮之人。轻浮一定经不起世事，如何让自己成为一个厚重的人，首先是对自己和别人要接纳、能够理解和接纳。如果你不能接纳别人，可能就说明你在这个板块也不放过自己，不够爱自己。

2.要成为一个厚重的人，第一点就要不断地学习精进，去思考问题和事情的本质，让自己有深度和厚度。第二点启示就是遇事坚持做正确的事情。正确的事情大多时候可能并不简单，还需要长时间去投入，但这可能才是对的。那些短平快就可以搞定的东西，我们要警惕它们带给我们的不良后果。第三点启示就是当自己的状态不对的时候，就是比较躁动、不淡定的时候，先停下来让自己静一静，去欣赏、去感受、去回归，重新找到力量，让自己平静下来。

张倩： 选择了"轻"就会失去根本，如果一直处在躁动的状态就会失去对人对事的主导地位，我是这么想的。

师说： 再结合"有无相生"和"有物混成"思考，轻和重是相反相成，还是完全对立不相容？

张倩： 相反（返）相成，既是对抗的又是融合的，你中有我，我中有你。

心兰： 重为轻根，静为躁君。（中心思想）

是以圣人终日行不离辎重，虽有荣观，燕处超然。奈何万乘之主，而以身轻天下？（实践指导）

轻则失根，躁则失君。（总结说明）

"重为轻根，静为躁君"，做大事的人，必以重为基础，以静为功夫。这个世界就是这样，矛盾对立的双方，往往是同时存在相反相成的关系。所以，道的基本规律是：守住一方，就能管理好另一方；重与轻，就是一对矛盾。

"重"是指重视，"重"也代表生命、代表整体和谐——人应该关注自己、关注生命、关注整体和谐，这是生命的根。"轻"代表名利——如果把外在看得太重，内在就必然轻，心一轻飘，失去平常心。有了分别心，生命里所有的"重"，最后都会沦为"轻"的奴役。

"重为轻根"中的"重"也指遇事不轻举妄动，做事掌握分寸——如果失去慎重这个原则，也就失去了生命的根本。因此，无论做什么事都必须有厚重加持。"静为躁君"中的静与躁也是一对矛盾。静，不是静止不动。而是外在勇于开拓、努力拼搏、不畏艰难。当内心能够保持安静和谐，能做到万事随缘时，这才是真正的静。

一个人能不能做成事，就要看他的轻重和静躁了。如果他稳重、厚德，又懂得累积和顺势，最差的结果也不外乎是大器晚成。而那些动不动就浮躁的人不但成不了事，还很容易坏事。每临大事有静气的人，身上总有沉静清明的镇定自若，这是成大事的人必须具备的品性与能力。

把外在的人和事物看得太重，这个人内心就变得笨重、焦躁——失去根本，就静不下来了。把注意力和重心放在自己内在的品质修持上、守住自己的根本，就能轻巧灵活地应对外界的人事物，这是一个人精气神的根本。

有道者对外界人事物、名利、权势、都看得很淡泊。这种淡泊不是伪装能够做到的，而是自然而然的真实流露。"荣观"指的是荣耀、光荣的气象；"燕处"是指安宁清净、泰然处之的平常心。真正有能力、有水平的人都会很平静。这样的人即使成为万乘之主，也依然会保持低调。

"以身轻天下"则是指把外在的人事物看得太重的那些人——他们的内心会变得笨重，生命的力量被遮蔽，命运自然也不会太好……要扭转这种不良循环，要让自己有"宁静"的时间。生命需要细水长流，守静需要聚沙成塔——最后，时间会让你慢慢成为一个定静的人、一个安然自在的人。

轻则失根，躁则失君。清静也是一种心力，这种心力会累积壮大——当清静的力量很强大时，就会反过来，克制外界的躁动。清能养神、静能生慧，每天给自己一点宁静的时间。这是让自己生命精满、气足、神丰的最好滋养。不要遇到问题就压抑自己，做出一副表面繁荣的假象，也不要动不动就用发脾气来面对世界，更不要动不动就是是非非、胡乱发泄，丢垃圾给别人……这些都是躁——躁则失君，躁超过临界点，人会猝死。

当一个人可以保持内重外轻的心态时，无论你做什么事，和什么人打交道、处理什么矛盾和突发事件，都可以不慌不忙、兵来将挡、水来土掩。做一个从容淡定的人，完全主导自己的人生。在矛盾对立的双方中，守住一方，就能管理好另一方。轻重中，守住重，就能得到轻；静躁中，守住静，就能克制躁。"重"德和"静"德，都是有道者的修行。清静是沉淀下来。当清静的力量很强大时，就能反过来克制外界的躁动。

师说：@林美娴，条理清晰，言简意赅。我们每个人都应该用心去体悟一件事，就是刻意训练语言表达和书写能力带给一个人思维的训练以及对心灵的滋养——腹有诗书气自华，就是结果。

第二十七章

以道为根：在做事中修行，在修行中完善自己的道

善行无辙迹。
善言无瑕谪。
善数不用筹策。
善闭无关楗而不可开。
善结无绳约而不可解。
是以圣人常善救人，故无弃人。
常善救物，故无弃物。
是谓袭明。
故善人者不善人之师。
不善人者善人之资。
不贵其师、不爱其资，虽智大迷，是谓要妙。

传统译文

善于行走的不会留下辙迹;善于言谈的不会发生病疵;善于计数的用不着竹码子;善于关闭的不用栓梢而使人不能打开;善于捆缚的不用绳索而使人不能解开。因此,圣人经常挽救人,所以没有被遗弃的人;经常善于物尽其用,所以没有被废弃的物品。这就叫做内藏着的聪明智慧。所以善人可以作为恶人们的老师,不善人可以作为善人的借鉴。不尊重自己的老师,不爱惜他的借鉴作用,虽然自以为聪明,其实是大大的糊涂。这就是精深微妙的道理。

经典对话

朱玲: 做事和考虑问题,如果行有痕迹、言有瑕谪、数用筹策、闭有关楗、结而有绳,这在很大程度上说明思考不足、思维不缜密,就容易导致自己行事时出现漏洞和错误。

一个有道之人的行为合时宜、合现实,由心而发,符合人之常情;顺理而行,便很难会发生走钢丝、踩大坑的风险。

要从根本上考虑问题、解决问题、完善思考和逻辑,而不是凭一己私心、好恶,强行地揠苗助长,否则就可能导致我们"机关算尽太聪明,反误了卿卿性命"。

一个人如果能超越自己心中的好坏善恶的标准、评价与定义,摘下这层有色眼镜看人情世故与世间万物,这样就能尊重事物本性与人类本真,不以自己的私心和意志去人为定义和控制,依据事物的规律与人性的特质的规律,做到人尽其才,物尽其用。

任何事物的存在能产生什么价值,能推动什么样地发展,取决于我们的认知程度和运用能力——是谓袭明。在《猎杀T34》这部电影中,男主角在挑选监狱当中的人才时,被其中一人鄙视并吐了一脸口水。因为这个行为,男主角决定选择这个人作为自己的队友。因为他很清楚他要做一件什么事,需要的是个什么样的人。

而在现实中，很多人看重的是看谁顺眼、谁让自己舒服，就跟谁玩，而那些让自己不爽的人就坚决抵制，置事实于不顾。这样下去又如何能有所成长，有所成就呢？

在一个善学者与有道的人眼中，外界人与事并没有善恶好坏与高低贵贱之分，更多的是基于当下所需及出于本质上的思考和应用。看到做得好且符合目标需求的，便可以立刻去学习和运用；可那些所谓存在的"问题"，真的就一无是处吗？我们可以通过问题的发生，找到逻辑漏洞的存在，能使自己反思和总结，从而完善自己。

人间正道是沧桑。向自己身边的好人、优秀的人学习，对那些恶人、小人做的恶事，坚决予以鄙视和反对。不断在经历中明确和总结自己哪些该做、哪些不该做，绝不让自己重蹈覆辙。通过不断学习和成长，最终收获属于自己的成就。

张倩：真正的善行不着痕迹，这句话比较好理解。俗话说，善与人知非真善，恶恐人知便是大恶。如果做善事是为了让别人知道，感谢自己或者为了自己的某一目的去做，那就不是真的善行。

真正的善言没有瑕疵。我的理解是只要开口说话就会有瑕疵。有人欢喜有人忧，也不可能关照到方方面面。没有瑕疵的话是什么呢？就是闭嘴。老子前面也说过，话说多不如少，真正的善言是闭嘴。

真正的善数是依靠自己的思维与思想，而不是依靠其他工具。这一点老子在2500多年前就说了，工具是靠不住的。真正强大的其实是自己的内心和自己的大脑。我们人类已经存在200万年了，历经了最残酷的大自然的优胜劣汰，才进化成现在的样子。老子早就说了真正的善数者是不用筹策的人。

真正的善闭是没有开关的，只要有关楗（横为关，竖为楗，是拒门的木头，引申指那些可以把别的物件关起来的有形的物什），就有能打开它的方法和工具。只要有锁就会有钥匙，就会有开锁匠。什么是没有开关的呢？我的理解是不需要防备，也不需要保藏的，就没有开关。比如说，一个地方的社会治安很好，夜不闭户。这里说的闭不是真的闭，而是不用有形的闭，是不用去闭。换句话讲如果你想留住一个人，就不要用有形的东西去留住他，比如薪资、岗位、发展等，你能用这些留下他，他也会因为这些而离开。真正的留是因为公司的文化，因为管理层的厚德载物。

真正的善结是没有绳子的，却解不开。比如说心结，心结有好的心结也有不好的心结，好的心结就如对一个人的牵挂，牵挂的本质是对一个人的关心和爱护。不好的心结是过不去的坎，心结打不开去哪里都是沉重的。

因此圣人（接近道的人、秉道而行的人）会自救而救人，自渡而渡人。这里需要关注一下"善救人"。"善救人"就是"不弃人"，就是没有分别心的人，好人也渡、恶人也渡。而且圣人不仅会救人，也会救物。这里的救物我理解是悲悯苍生，比如其他动植物等，或者没有生命体的物体，他们也是不忍心去损害的（天道贵生）。这才是真正光明的。

因此，那些善的人是那些不善人的老师，而那些不善的人又可以为那些善人提供借鉴，能够谨言慎行，观照自己不善的一面。真正的智者不会去追求自己成为别人的老师，也不会不喜欢那些不善的人或者事情（苦难），而是看起来迷迷糊糊的。这才是善的妙。

这一章给我们详细讲解了什么是善，从善行、善言、善数、善闭、善结等，对我们最经常接触的几种行为进行辨别。教我们辨别真正的善，真正的善是不拒绝以及说是接受不善的；那些看起来不善的人或者行为，或者发生不善的事情，然后在知道真相之后还能够无差别对待，能够做到救人救物。这就是修身啊！

师说：@张倩，这一章的关键在讲清楚，善人者，不善人之师。不善人者，善人之资。不贵其师、不爱其资，虽智大迷，是谓要妙。

张倩： 善人，一方面是懂得真善和做到真善的人（结合上面的善行、善言等），另一方面做到了善还能"不弃人"的人，也可以理解为圣人。相对于善人，就是不善人。那些善人是不善人的老师，是那些不善人学习和效法的对象，不善的人是善人的参照。"以铜为镜，可以正衣冠；以史为镜，可以知兴替；以人为镜，可以明得失。"这里有两个问题，一个是为什么说不善的人是善人的参照呢，我想是向下兼容的关系吧，只有善人才能意识到，不善人实际上也是自己修行的一部分；另外，对于这些不善人，我们不仅要以此为鉴，还要悲悯他们，要能够去救人。

不贵其师，不爱其资。如果（我们）不能够去珍惜学习效法那些善人，不去爱那些不善人所带给我们的观照，也就是排斥和厌恶这些不善人的出现。这样的看上去好像是有机智的，但实际上是大迷糊，这才是真正的妙处啊！

换句话讲，存在的即合理的，存在即有意义。"善"有其存在的意义和价值，"不善"亦有其存在的意义和价值。

心兰：老子认为，这个世界只有两种人：一种是善人，一种是不善之人。

善人：不好为人师——不会一来就用居高临下的态度去指点别人，而是心甘情愿地去做到，甚至愿意用生命托起生命、用生命保卫生命、用生命影响生命。

不善之人：总是很容易就看到别人的缺点而看不到自己的缺点。他们一看到别人的缺点就喜欢去指点别人，但自身缺少反省，从不修正自己的问题。这种喜欢挑刺的人往往让人觉得来者不善。但他们的存在也是另一种老师，他们也是道，是我们警醒自己、成长自己的宝贵资粮。

善人的特征就是五善，即具有善行、善言、善数、善闭、善结的特点。真正的至善从来都是不着痕迹的，就像春雨润物细无声一样——事情做到了，别人还没察觉，这就是"太上，下知有之"的境界。

老子说，人人都与生俱来自带善人的品质。每个人所做的事情都代表他自己，也代表了他的存在。所以，我们提倡多做让社会和谐、让大众和谐之事。在做事中修行很重要——做事，不但实现了自己的价值，升华了自己，也给了世界一个记住自己的理由。

人们总是用"鼠目寸光"来形容干不了大事的人，但在圣人心中没有无用的人，除非他自己选择了背叛和背弃。圣人不会认为任何一个人是废人，也不会把任何东西当成废物。圣人不会随意丢弃任何东西，总是能物尽其用。

第二十八章

知守常德：知白守黑，知荣守辱

知其雄，守其雌，为天下溪。
为天下溪，常德不离，复归于婴儿。
知其白，守其黑，为天下式。
为天下式，常德不忒，复归于无极。
知其荣，守其辱，为天下谷。
为天下谷，常德乃足，复归於朴。
朴散则为器，圣人用之则为官长。故大制不割。

传统译文

深知自己的强大,却能安心于圆融与温柔的状态,甘愿做天下的溪涧。甘愿做天下的溪涧,永恒的德性就不会散失,好像恢复到婴儿般单纯的状态。深知自己的明亮,却能安于暗昧的地位,行为做事就能永远保持自我的本色。能一葆本色,永恒的德行就不会差多少,恢复到圆满的最好且本真的极致状态。深知自己的荣耀,却安守卑辱的地位,甘这样做,甘愿做天下的川谷能包容万物,圣人的德性才得以发扬光大,恢复到自然本初的素朴的纯真状态。朴素东西经制作而成器物,圣人深谙此道,才能用人之长,物尽其用。所以说完善的政治是不可分割的。

经典对话

张倩: 雌雄、黑白和荣辱就是阴阳,是道的两面性。一阴一阳谓之道,万事万物皆分阴阳,万事万物也都皆含阴阳。孤阳不生,独阴不长。凡事有利就有弊,有益就有害,有好就有坏,有阴就有阳。拆解一下,我认为这一章的重点在"知"和"守","雌雄""黑白"与"荣辱""婴儿""无极""朴"。如果理解了这几点,就大致理解了老子本章所想要表达的意旨。

先说说"知"和"守"。在这里有一个问题,为什么是知雄、知白、知荣,守雌、守黑和守辱呢?相比较而言,知的更加倾向于"阳",守的更加倾向于"阴"。"阴"是底线,是我们要守住的,是我们必须具备以及涉及生死的标准。

换句话讲,如果我们守不住雌、守不住黑、守不住辱,就会有大灾祸。我们深知什么是真正的"雄""白""荣"。"雄"里面是含有"雌"的,"白"里面有"黑","荣"里面就有"辱"。而"雌"是什么?"雌"就是母性、女性的柔弱。我们也知道,老子实际上是很推崇女性的力量。这是万物生长的力量。"黑"是什么?"黑"通常和"暗"在一起组词,就是不被发现的,暗地里的,是冰山下的那90%,是别人看不见的。我们只有做到和做好了这

第二十八章 知守常德：知白守黑，知荣守辱

些，才能够"无极"不断循环往复，生生不息。什么是"辱"？前面的章节也提到过"大白若辱"，不是那么光彩照人的、光鲜亮丽的，可能才是道的真相和本质，即"辱"。

理解了这两方面，就不难理解"婴儿""无极"和"朴"。雌雄共存就是男宝宝和女宝宝在刚出生的时候有区别吗？没有。黑白的共存就是无极，那种你中有我、我中有你循环往复的状态。荣与辱共存就是朴，就是那种极为自然的本真之美。

从这三层我们可以看出来，它们是层层递进的关系。先是雌雄，这个是"德不离"；后是黑白，这个是"德不忒"；最后是荣辱，是"乃足"的状态。也就是说，无论是婴儿、无极，还是朴，都是道的显现，而最后的"朴"则是自然，道法自然。因此"朴"就是道的化身，朴实无华就是一个人的道行。

朴散则为器，可以理解为道生万物，得道之人用之。"朴"，可以自化万物，参考：侯王若能守之，万物将自化。换言之，如果能做到"朴"，就可以生化万物。因此，真正好的"大"的制度，是没有任何缝隙的，就如同天作之合。只有"道"，合乎道才能有如此手笔和境界。

朱玲： 知其雄，守其雌，为天下溪。为天下溪，常德不离，复归于婴儿。学习婴儿般柔软、质朴、接纳、顺应的特质，让我们时刻提醒自己应该做一个怎样的人。以能成为孜孜不倦的溪水，可惠及他人，也能保全自己，两不相伤。

知其白，守其黑，为天下式。为天下式，常德不忒，复归于无极。我们明白，凡事至少有两面性，黑白正反随时可以互相转化、利用。苏秦、张仪能在多国之间舌灿莲花，同一件事依据不同人思考的角度不同，而有所变化与调整，以服务于最终要完成的目标。物来则应的变化与调整能力，可以随时"持续做功"。

知其荣，守其辱。为天下谷。为天下谷，常德乃足，复归于朴。无论处于顺境还是逆境，守住低处——做应该做的事，才是最重要的。天下谷汇天下溪，水低为海人低为王。

朴散则为器，圣人用之，则为官长，故大制不割。回归第一性原理，回归质朴的道理，回归常识。大道至简，术由道生，万变不离其宗。

知雄守雌，知白守黑，知荣守辱，也是一种思维模式——做事思考应

从第一根本原理入手。可以说，所有的实践和经验都是为了更加接近那个根本的逻辑，练习抓住第一因的能力。

与此相反，有很多人做的是在表面现象上的兜兜转转。比如我们在新闻报道中看到，一些企业因模仿而发家，也因模仿而相继倒闭。比起追根究底地去找做企业的第一因，对结果的模仿，似乎看起来更简单省事，却忘了追问一句这个结果能够发生的必然性。

仅仅知雄、知白、知荣，那只是知其一，未能知其背后所以然。想真正拿到结果，一定是懂得把守雌、守黑、守辱，融入自己的心态和行动。

师说：还需要再深挖，把重心放在"学以致用"上，重点在用。可以加上自己的心得感悟，或过往经历的分享。

第二十九章

天下神器：去甚、去奢、去泰

将欲取天下而为之，吾见其不得已。天下神器，不可为也，不可执也。为者败之，执者失之。夫物或行或随、或歔或吹、或强或羸、或挫或隳。是以圣人去甚、去奢、去泰。

传统译文

想要治理天下，却又要用强制的办法，我看他不能够达到目的。天下的人民是神圣的，不能够违背他们的意愿和本性而加以强力统治，否则用强力统治天下，定不会长久，也很容易失败；强力把持天下，就一定会失去天下。因此，圣人不妄为，所以不会失败；不违背他们意愿的强力把持，所以统治者不会被抛弃。世人秉性不一，有前行、有后随；有轻嘘，有急吹；有的刚强，有的羸弱；有的安居，有的危殆。因此，圣人要除去那种极端、奢侈、过度的措施与法度。

经典对话

张倩： 如果以一己私欲去治理天下，终其结果是不得要领的。为什么这么说呢？因为天下苍生、万民，这些是很神圣的存在。一草一木、一兵一卒，皆是循道而生。如果我们是以"为"这样的方式，以个人的私欲为出发点，以成就自我的出发点号令天下，我们最后注定是要失败的。

"执"，你想要的越多，抓得越紧，对方就越不可得。比如说沙子，我们抓得越紧，它流得越快；如果我们握一块石头在手里，握得越紧，手越麻、越酸，结果就是提前放下。我们为什么想要抓得那么紧呢？因为害怕自己不得，因为有想得的私心在，担心自己不得，所以就抓得很紧。

因此，老子告诉我们自然界万物都有其两面性，都有其阴阳属性。前有行者，后就有追随者，我们从这个角度看是进步了，可从那个角度来看就是后退了。因为世间万事万物不是绝对的。"歔"是把气吸进来，"吹"是把气吹出去。有呼就有吸，呼吸是一体的，不会独立存在。凡事有好的一面就有不好的一面，阴阳是同时存在的。有强壮就会有羸弱，强壮到极点就会透支，就会慢慢趋近于弱。意识到自己的弱，就会通过修的方式来让自己强大；"挫"是很尖锐的东西，越是尖锐的东西，越容易被摧毁……

老子用这些自然界的例子告诉我们，一旦过了临界点就会向反方向发展。因此说圣人去甚，"甚"意思就是过犹不及；去奢，去掉多余的部

第二十九章 天下神器：去甚、去奢、去泰

分，仅留下自己所需要的，"弱水三千，只取一瓢饮"说的就是这个道理；"泰"就是过于安逸、舒坦，去泰，意思就是要走出自己的舒适圈。圣人是尊道而行，是道在人世间的化身的存在。他们凡事不会去苛求极致，而是适可而止。

这也教导我们为人处世切不可过，凡事要适可而止。对于美好的事物我们都会追求，但不要沉迷和贪恋，不要总是待在自己的舒适圈。让你感到舒适的一定是愈发让你放松警惕甚至能导致你过早死掉的环境与条件，因此我们要时刻保持清醒，强健自己的体魄和磨炼自己的意志。

朱玲：天下，是天下人的天下。且不说天下这么大，哪怕只是一个小集体，也不应该仅仅为了满足一个或少数人的私欲而服务。即使是在强权淫威之下，又能撑到几时？财、色、名、权，世间"神器"不可执，即不能把"神器"作为我们追求的目标和结果。当一个人德才兼备时，朴散为器，人低为王。真正"为王"应该是厚德载物的过程和发展而得到的呈现结果，不是强行或牵强要求来的。

万物各随其性。人为强行地改变法则和性质去逆天而行，正所谓强扭的瓜不甜。依照自己的意愿强行执持或利用他人的劳动成果，执持他人性命或意志，不但不能固守自己，反而更容易自取灭亡。

一个随顺法则的人更多的是无为之治，与人与自然和谐共生，以无事取天下。

在很多时候事情是此一时彼一时地发生。世间没有任何一种存在是多余和无用的。尊重每个个体的存在，懂得支持每个个体的向上发展；在关键时刻，那些曾被尊重过的存在往往能发挥关键作用。我们总是想用自己的意志，代替或改变他人的意志往往不得其所。是以圣人去甚，去奢，去泰。

第三十章

以道为基：其事好还，物极必反，否极泰来

以道佐人主者，不以兵强天下。其事好还。师之所处，荆棘生焉。大军之后，必有凶年。善有果而已，不敢以取强。果而勿矜。果而勿伐。果而勿骄。果而不得已。果而勿强。物壮则老，是谓不道，不道早已。

传统译文

依照道的原则辅佐君主的人，不以兵力逞强于天下。穷兵黩武这种事必然会得到报应。军队所到的地方荆棘丛生，大战之后一定会出现荒年。善于用兵的人，只要达到用兵的目的也就可以了，并不以兵力强大而逞强好胜。达到目的了却不自我矜持，达到目的了也不去夸耀骄傲，达到目的了也不要自以为是，达到目的只是出于不得已，因而达到目的就不应再逞强。事物过去了，强大就会走向衰朽，这就说明它不符合于道。不符合于道的就会很快消亡。

经典对话

张倩：这一章主要围绕军事和战争来讲道，以及道在军事方面的体现与运用。开篇以讲给佐人主者的方式明示大众，特别是辅佐君王有生杀大权的股肱之臣。秉道而行的辅佐人君者是不会以武力这种"强硬"暴力的方式来治理天下的。为什么呢？因为"好还"，重点在"还"字，这个"还"有报复，回报之意。简言之，如果我们是通过武力、以暴制暴的方式来治理国家和解决冲突，就会有更多更大的血腥之举报应。这就是基因和初心所自带的。因为出发点是恶的，那一定会有更大的恶来收场，让我们自食其果。这就是道。我们发出什么，就会收到什么。

大军驻扎之后满地荆棘荒凉，大战之后一定会有灾荒瘟疫，饿殍满地，民不聊生，苦不堪言。天道是贵生的，而战争是反其道而行，是对生命的无视。因此，一个高明的政治家、军事领导人一定是心怀仁慈的，以善的力量战胜邪恶，而不是为一己之私用自己的强大去侵略他人。当自己强大时以怀柔的政策和方式来爱天下人，也不会因此而骄矜。如果自己不得已要参与战争，也不可逞强好胜、视生命如草芥。做到害人之心不可有，防人之心不可无就好。

自然法则是物壮则老。一件事物发展壮大之后就会进入到衰老阶段，最后归尘归土，回归自然，从自然中来到自然中去。这是道，也是道的往复和循环。我们都是道的产物，由道而生，受到道的约束。在道的规律和规则下生存，如果无视和违反这种法则，就会使自己的私欲或事物过早地夭折。这适合任何人、任何事。

这一章通过现实中的"强"再次强调天道贵生，及与起心动念关系。爱出者爱返，福往者福来。你发出去什么就收到什么，你以什么方式对人，世界就会以这种方式对你。这就是道。同理，如果你感觉别人对你不够友好，就请反思是不是自己对待他人不够友好。如果你强大了，这不是你耀武扬威和嘚瑟的资本，而是要保护弱小，使自己处在弱和下的状态，处在生的阶段。因为物壮则老，则亡。

朱玲："强"，意味着强迫、强求、强弩之末。一个专注于霸权状态、好战的民族或个人，是很难长久存在的。即使当下有实力去与人斗个高下，也许是赢了，然后呢？武力的方式只能换来武力的对抗而已，或许还有黄雀在后。

一个有道者必然能够充分地衡量各方面的因素和力量，甚至连对立面存在的合理性也考虑进去。这样不仅不树敌，甚至能做到团结各方力量、让想要的结果自然发生、借力打力、润物无声、隐而不露，关键时刻四两拨千斤，看起来未参与，却已经在不经意之间扭转了局势，解决了实际问题。这些都是很厉害的用人方法。反观那些动不动就暴跳如雷跳起来搞事情的，往往情绪一大堆……敌人多了，总有一天会爆发灾难。

如果做一件事还需要强行、强为，说明很多必要条件都还没有到位。企者不立、跨者不行。当时表面上看也许勉强是胜了，之后却会付出意想不到的沉重代价。

很多时候一件事成与不成，是天时地利人和的结果，而那些只知道逞一时之能或者仗着强大一意孤行，那正是他们要向衰落转化的时候。为什么呢？因为关注点已不在内——如何做会发展得更好，而是在外——欲望膨胀、仗势豪夺。前者合道，后者不道，物壮则老，是谓不道，不道早已。

第三十一章

以道铸器：保有战力，是为了有能力不战而屈人之兵

夫佳兵者，不祥之器，物或恶之，故有道者不处。

君子居则贵左，用兵则贵右。

兵者，不祥之器，非君子之器，不得已而用之，恬淡为上。

胜而不美，而美之者，是乐杀人。

夫乐杀人者，则不可得志于天下矣。

吉事尚左，凶事尚右。

偏将军居左，上将军居右。

言以丧礼处之。

杀人之众，以悲哀莅之，战胜以丧礼处之。

传统译文

兵器啊，是不祥的东西，人们都厌恶它，所以有道的人不使用它。君子平时居处就以左边为贵，而用兵打仗时就以右边为贵。兵器这个不祥的东西，不是君子所使用的东西，万不得已而使用它，最好淡然处之。胜利了也不要自鸣得意，如果自以为了不起，那就是喜欢杀人。凡是喜欢杀人的人，就不可能得志于天下。吉庆的事情以左边为上，凶丧的事情以右方为上。偏将军居于左边，上将军居于右边。这就是说要以丧礼仪式来处理用兵打仗的事情。战争中杀人众多，要用哀痛的心情参加，打了胜仗，也要以丧礼的仪式去对待战死的人。

经典对话

朱玲： 这一章我的理解是一个人在有了一定的能力之后，自己这把不断锋利的"能力之剑"强大到可以"人挡杀人"的地步之时，要继续往更广阔的空间走，我们是否还能守住自己的初心，守住自己最初的愿景？

这把能力的"剑"不能缺，却不应该是用来随意释放自己攻击性、侵略性、侵占欲的。武力的占有看似可以让结果来得更快，但往往无可避免地伤敌一千自损八百。这显然也不会是最终的胜利。我们见过历史上太多草根起义，反抗掀翻统治者的故事，似乎他们的胜利也不是最终意义上的胜利。因此说，对他人或他物的存在、对生命没有敬畏的人，无法真正成为将心比心、推己及人的人，因此侵略和屠杀的结果从来不会太好。而有道的人不会选择走这一条路。

能力这把剑如果最终走向让自己肆意挥刀、为了欺压而欺压、为了彰显而彰显的地步——"美之者，是乐杀人"，最终将会使其失去人心，成为孤家寡人——不可得志于天下矣。

有时候为了将来不再有更多的流血和牺牲，流血见刃无法避免。这样的流血牺牲，应该被历史铭记，用来警醒世人让其不再发生。就像华为这次迫不得已的壮士断腕，它让华为人铭记这场血痛。我相信这会让华为变得更强大、更独立、更团结、更坚韧。

张倩：战争是惨烈、触目惊心、不祥的，所到之处民不聊生，万物避之不及。而天道贵生，万物皆子，故有道之人不会主动发起战争（君子不用"兵"，但也不弃"兵"）。为什么这么说呢？武力和战争只是一种手段，军队为国之公器，而这个器，是不祥之器，非君子之器。那君子之器是什么呢？是好生、是悲悯之心，而不是荼毒天下。如果实在没办法，必须借助武力来保卫自己、保卫家园免受其害，还是要恬淡为上，不战而屈人之兵。为什么？因为只要有战争就有杀戮，就会给苍生万物带来灾难，这种灾难有道之人是需要去避免的。胜利了，也不要以为这是一件好事（因为兵乃不祥之器）。如果有人因此而沾沾自喜，喜欢以暴力解决问题，视生命如草芥，则不可将土地与人民托付于他。不重一命者，以何重苍生？

在我们现有的礼仪当中，喜庆的事情一般都是以左为尊，一些如丧礼一般的凶事，则是以右为贵。比如当军队将领排队的时候，一般都是位置高的在右边，位置低的在左边；元帅升帐的时候，也是按照右左次第排开。如果是朝中大臣议事，则是按照左为尊排序。为什么会是这样的顺序呢？因为兵乃不祥之器，战争不管怎么说都是不祥的，生灵涂炭、民不聊生。我们要尊重每一个生命的存在，所以要用沉痛的心情看待这件事情。就算打了胜仗，我们也要明白因为这场战争夺走了多少孩子的父亲、多少女人的丈夫、多少父母的孩子……这也是为什么就算打赢了，也需要以丧礼的礼仪来对待。这是老子对于战争的态度。

问道心得：

天道贵生，尊重和悲悯每一个生命，包括那些有情的、无情的众生。

心兰：夫佳兵者，不祥之器，物或恶之，故有道者不处。（中心思想）

君子居则贵左，用兵则贵右。兵者不祥之器，非君子之器，不得已而用之，恬淡为上。胜而不美，而美之者，是乐杀人。夫乐杀人者，则不可以得志于天下矣。（举例说明）

吉事尚左，凶事尚右。偏将军居左，上将军居右。言以丧礼处之，杀人之众，以哀悲泣之；战胜，以丧礼处之。（实践指导）

养兵蓄战，是国家的"不祥之器"。因为战争残害生灵，令家国民不聊生，所有的万物、生灵都害怕它、讨厌它。一个真正的有道之人，一定不是一个主战之人。

老子从天地的角度来看待万物的运行,是左升右降,春生(升)秋杀(降)。在卦象中,春属东方,居左,主升;秋属西方,居右,主降。一个升一个降,所以春天的时候,万物生长;秋天的时候,万物肃杀。这就是一个左升右降的体现,"左右乃阴阳之道路也"。

对于有道者而言,他的内心和主张一定是戒杀的——众善奉行、诸恶莫。在世间,吉凶、善恶一定会存在,也有不得已可能需要动杀机的情况。即使天地也会经历秋杀,才是一个完整的闭环。然而即使是迫不得已要动用武力来保家卫国,也万不可在战胜之后得意忘形,沾沾自喜,步步紧逼……这是老子说的"恬淡为上"——达到目的即可,不要被胜利激起欲望,永远要明白战争是不得已而为之。

所以,一个有道者的内心不仅有善法,还有"诛法"。诛者是以慈悲为怀的,保家卫国,让老百姓丰衣足食,这才是最重要的!

正因为以慈悲为本,所以"胜而不美",使用了诛法得胜之后决不会得意。因为这是不得已而为之。若得胜之人,心中有得意,或因为胜利而沾沾自喜,那是"乐杀人者"。一个喜欢杀人的人,是不可能长久得志于天下的。因为他不是有道之人。

所有的"吉事"必然是因为推崇了左道;"凶事"则推崇了右。在一个军事管理层里面(一个团队里面也一样),需要有一个心中"尚左"且能顾全大局的监军或军师,来督领三军,辅佐上将军。

老子认为即使战胜,仍要"以丧礼处之,以哀悲泣之"。当很多人因战争而伤亡时,胜者一定要怀有一颗悲心——知道迫不得已让这么多人丧命,实在是一种罪恶,而万不能有战胜的喜悦。胜者要像举行丧礼一样面对杀人才换来的胜利。人心生一念,天地皆悉知。善恶若无报,乾坤必有私。

所以掌"兵"权,内心需要有"左"道,否则"不祥"。一个国家再强大,一旦兴师动众、发动战争,经济必然会受重创。在当下,我们依然能够目睹那些战乱国家的动荡——物价高涨,经济倒退,房屋倒塌,满目疮痍……当和平不在、战争来临之时,生存艰难,生命沦为草芥……

问道心得:

老子在这一章的立意,并非厌战避世,而是清晰地认识到从古至今,任何一个国家都需要有强大的国防。但这不是为了欺凌和侵略,而是为了以战止战,更是为了不战而屈人之兵。

第三十二章

道在天下：遵道而行，知其所止，万物自宾

道常无名。
朴虽小天下莫能臣也。
侯王若能守之，万物将自宾。
天地相合以降甘露，民莫之令而自均。
始制有名，名亦既有，夫亦将知止，知止可以不殆。
譬道之在天下，犹川谷之於江海。

传统译文

道始终都是无名而质朴的状态。虽然小得无法分辨，天下却没有谁能使它臣服的。诸侯君王若能遵守道的原则来治理天下，万物会自然归从。天地间阴阳之气相合，就会降下润泽万物的甘露，人们不须指使命令它，它就能自然分布均匀。万物兴作，于是产生了各种名称，各种名称已经制定了，就要有所制约，明白了各自的制约，守好本位，就没有什么危险了。道存在于天下，就像江海，一切河川溪水都归流于它，使万物自然臣服。

经典对话

张倩： 在这一章，老子直接点题，并告诉我们道的呈现没有既定的叫法，有一种就叫做"朴"。"朴"就是道，虽然不起眼，但足以让天下臣服。如果王侯将相能够秉道而行，做到"朴"，万物都会归顺于他。

我认为天地相合指的是一种和谐状态的呈现，是天气和地气的交融，也是阴阳的相交相融，阴阳交融就会产生好的现象，比如甘露。回顾前文，王侯将相如果能够秉道而行，做到阴阳相交相融。即，凡事能够考虑到阴的方面也能够考虑到阳的方面，那么民众都不用干预而自洽。因为符合道的（顺势而为），会自动自发地运转。

道的名字叫什么不重要，重要的是我们都需要深知其本质，知道自己此生修行的"止"——目标，知道我们为什么来此修行修身，知道了这些就不会懈怠，就会精进。

天下之于道的存在，就好比小川峡谷之于大江大海的对比和区别。换言之，天下是向道汇集的，天下是修道的一种方式和道场，不能舍本逐末。

在这一章老子向我们展示真正的道是什么模样，教我们能够识别道、感受道、接近道，而不被迷惑。

遵道而行的人、组织、团体、机构，能让各个"野路子"都能"自宾"，向其汇聚。譬道之在天下，犹川谷之于江海。

第三十二章　道在天下：遵道而行，知其所止，万物自宾

心兰： 道常无名，朴，虽小，天下莫能臣也。（核心思想）

侯王若能守之，万物将自宾。天地相合，以降甘露，民莫之令而自匀。

始制有名，名亦既有，夫亦将知止，知止可以不殆。（举例说明）譬道之在天下，犹川谷之于江海。（实践指导）

道常无名，朴，虽小，天下莫能臣。道生于天地之前，看似无名无相，又好像具有一切名与相；道质朴得让人觉得微小，甚至不可见，却是万事万物存在的根本。如果要理解万事万物，必须先认识道。因为道无处不在，所以从本质上而言，万物都可名道，万物皆是道体。而道的所有载体都有一个共同的特征，就是朴。朴，是本真、淳朴。就像阳光洒向大地，只是给人们带来温暖、给人光明。朴，是混沌的状态，还没有眼、耳、鼻、舌、身、意的时候，相当于佛陀所说的空性，它可以生出天地，生出世间万物。这个朴字，代表了道的原始运用，最初的状态——没有分别心的状态。同时，朴的这个特质让道显得渺小，甚至不起眼，然而就是这样质朴的道，让天下莫能臣也。

王侯若能守之，万物将自宾。心若能守住这个朴，由朴入道，返璞（朴）归真，那么万物会自动运转，这是无为而治的根本。守住朴，"性住气自回"，只要不动妄心，不乱动，不人为去干扰，身体乃至一切万物与所有气机，就会自然调和——这就是道——看不见的道主宰我们能看见的一切。懂得朴的应用，就明白如何做好一个帝王、领袖，或一家之主；王侯要守朴，领导要能抓得住根本，守住正念和初心，万物会各司其职，自行运转——四海宾服，天下太平。

天地相合，以降甘露。人莫之令而自均。天地不相交，阴阳不相合，大旱大涝必作，飘风骤雨必至，万物必殃。天地交，阴阳合，必降甘露，滋润群生，五谷丰登，万民康乐。在个人修养或管理方面，若能清静无为，恬淡自然，阴阳二气自然交会，百脉畅通。

始制有名。名亦既有，夫亦将知止。知止所以不殆。天地间的自然万物形成之后，会有相应的纲纪、科条、法度、典章等形式。它们的存在是为了更好地实现大治。倘若以这些形式伸张教令，那便是舍本逐末。这样不但不能大治，还会扰乱事物之性及其真常之德。如果事物的根本已然失道离德，那么法度越严明也只会让社会越乱。所以，管理者更需要时刻觉察、知止——止就是将目标和初心放在第一位，勿要本末倒置，遵守道恪守道，

避免危殆。

譬道之在天下，犹川谷之于江海。天下万物与道的关系，就好像川谷与江海的关系。既然万物是由道生出，那么也自然能返还于道，就好像川谷汇流于江海。道在天下譬如大海，处于最下，无所不纳，无所不容，千万条江河皆流注于它。人若能心如明镜，性如大海，一念不起，则天地之气来聚，日月精华来会。

问道心得：

1. 道是万事万物存在与变化的根本

天地黑白轮转，四时有序，周而复始，循环往复，万物皆有其位，各有其归。天地万物如江河汇海，都要归于大道一统。所以作为天地间的人，就该效法天地，循自然之性，求自然的发展。因为只有符合道的发展之路，才是有前途的。

2. 守道可以有成

有智慧的人懂得研究道，因为万事万物的发展与变化存在规律。能够坚守道的本性，必然能够有所成。

3. 识道唯微

无休止的物欲只能让自己陷于无限的痛苦，难免祸患。所以与其无休止地抗争，做无谓的努力，不如活在当下，知止而后动，珍惜既有，从心出发。

第三十三章

明者修身：人生最根本的动力源，是内在的光明

知人者智，自知者明。
胜人者有力，自胜者强。
知足者富。强行者有志。
不失其所者久。
死而不亡者寿。

传统译文

能够了解、认识别人的是智慧的，能够了解、认识自己的才是高明的。能够战胜别人的人是有力的，能够克服自身弱点的人才是刚强的。知道满足的人是富有的，努力不懈的人是有志气的。始终不离根基的人就能够长久，肉体死了但精神永存的人，才是长寿的。

经典对话

朱玲：道家说"自知者明"，佛家说"明心见性"，儒家说"人要自省"。自知之明之所以很重要，原因在于我们看清自己之后，能明确自己是否走在"合道"的路上，以更好地修正自己的所思、所言、所行，才能更好地顺势而为，自然发展。

这让我想到心理学当中经常提到的"和自己达成共识，与自己和解"这一观点。达成和解的背后是放下分别、放下标准，去看到自己有什么，可以为自己做什么，如何让自己活成自己想要的样子。自知，让我们懂得如何更好地对待自己，成为更好的自己。

而明道后的"强行"是一个战胜欲望洪流的过程。比如，人人都知道锻炼身体能让身体健康，但是真正去做的人却很少。一个真正的强者，能够让自己指哪儿打哪儿，这就是我们平常所说的自胜者强。

志是士者心，儒家说立志，佛家说"发大愿"，皆是以终为始，行志修身为本。一个人一切的出发点是明明自己是谁，自己要做什么，为何而做。

不失其所者久，所，就是所在，世间万事万物都离不开的根本与根基。而知己、立志、行志，能让我们不被这个充满滔滔欲望洪流的世间所影响与撕裂，让自己不断地扎根，在淬炼中升华，在涅槃中重生。

一个做到自知之明、能立志行志、为道日损的人，一个通过自己的践行、努力、毅力拿到结果的人，他所带来的影响力可以波及几代人甚至几十代人——死而不亡者寿，精神与道义永存。

第三十三章　明者修身：人生最根本的动力源，是内在的光明

张倩： 知人者智，自知者明。胜人者有力，自胜者强。（中心思想）

知足者富。强行者有志。（举例说明）

不失其所者久。死而不亡者寿。（实践指导）

我记得老师之前发过一段话，说："识人者为神，自知者为仙。天生万物，唯人最灵，非人能灵，实心是灵，百骸之君，香火神主。无事多登三宝殿，以心治心，降心猿，驯意马，此身不朽。"

关键就是这句"非人能灵，实心是灵"。我们生而为人是有心识的。这足以让我们区别于万物，世界都是自己内心的显现，是自己内心的倒影。我们看到的人、说过的话，无不是在映射出真正的自我，而人生也只是一场自己与自己的对话，自己与自己的修行。稻盛和夫曾说："我们一生修行的意义不过是追求走的时候比来的时候，灵魂高尚那么一点点。"

再说回来，关于本章的解读。老子说，能够做到知人，是智慧的；能够做到自知的，才能达到"明"的境界。"明"是一种智慧的程度。实际上，要想知道人需要先知己也就是自知。我们很多人对自己都不甚了解，对自己的当下全然无法觉察，无法觉知自己的情绪、觉知自己的冲动，觉知自己的行为是否妥当，更无法正视自己的不足，无法接纳自己的不完美……这些都是不自知，而不自知就不能称为"明"。

同理，能够战胜别人的只能说是"有力"，参考孔武有力（是在竞争视角下的对比，整体是对外不是对内的），能够战胜自己的才是"强者"。

我们都知道，一个人改变别人很难，但比改变别人简单一点的就是改变自己。改变自己其实很简单，就只需要一个念头。不过面对自己的惰性、傲慢、自卑和偏见，很多人依然认为改变它（战胜自己）很难。因此说，如果你做到了这些，其实就是真正的强者。换而言之，一个真正的强者是可以做到自胜的。

我们常说，知足者常乐。这个世界物欲横流，物资充盈，人类的欲望有多大，物资就会有多少。如果你一味地追求物质，用物质去填自己内心的欲壑，是永远不会开心的。因为它永远追求不完，永远无法被满足。只要你停下来，驻足停留向内看，去欣赏自己的拥有，去感恩感谢周遭所带来的一切，你就是一个富足之人。

说到强行者有志，看到今天心兰的朋友圈发文："立志要如山，不如山不能坚定。"如果我们的志向有如山峰一般高远坚定，我们就是真正的强行

者，是信念支撑着我们继续前行，无外乎磨难和坎坷。因此，不要失去自己的根本。只有不迷失本心才能长久，身死但精神永在的才是真正长寿。

问道心得：

"这个世界没有别人，全都是我自己"，这是我对本章的感触。

心兰：知人者智，自知者明。胜人者有力，自胜者强。（举例说明）

知足者富。强行者有志。不失其所者久。死而不亡者寿。（实践指导）

知人者智，自知者明。知人，是一种精神力和专注力的外散，关注点在别人；自知则是一种内养，这也是为什么真人只关注自己，或者说关注内在，所求的是自渡。知人者智是向外的世间智，是一种分别心，善于分辨他人，需要很高的智力修为。"自知者明"则是往内观，属于内修，直至"明"的状态。所谓"明"，就是通过修行入道，达到明心见性的状态。

一个人能够看清楚别人，是需要很高的智慧的。我们今天看历史，都知道刘备必须找到诸葛亮，然而找来的人好或不好，是需要刘备具备知人之智。只有刘备具备知人之智，才能用好这个人。历史上好的领袖都能做到"知人善任"——认识一个人，了解他擅长做什么，以及怎样的心性能承担怎样的责任，然后才能交代相应的事情。能做到这四个字就是一个好领袖。

自古至今，只有修到内圣而外王的境界，才能成就丰功伟业。

胜人者有力，自胜者强。战胜别人，叫做有力；往内走，战胜自己叫做强。我们很多时候都会起妄念，当妄念升起的时候，能否降伏其心？降伏其心者，谓之强。战胜别人只是有力，是力量的对比，只有战胜自己才是真正的强者。我们修炼的目的，就是自胜——能战胜自己的贪婪欲望，战胜自己的烦恼妄念。

知足者富，强行者有志。知足，是指内养、内观所达到内心富足的状态。人总是不知足，不断向外攀缘，心中的欲望没有觉知，就会无限向上攀缘，正所谓人心不足蛇吞象。所以在修行的过程中，能否修到内心安定富足？能否把自己的欲望转化掉？能否具备布施的心态？知足即富，处在道的状态、自性的状态，内心充满着法喜，自然满足。

强行则是往外攀缘，这叫有志。老子在第三章讲："弱其志，强其骨"，就是说强行有志是不可取的。因为强行是一件有为的事情，与内观修行之道相悖。强行相当于一种控制欲、掌控欲，一旦外界发生不符合自己内心的期盼，就会不满，这绝对是不可取的。

不失其所者久，死而不亡者寿。所，在这里指道；不失其所者，就是指没有忘本，没有失道的人，只有这样的人才能长久。死，肉体死亡；不亡，就是不亡其所，心性处在自性的状态，这才是真正的寿。不亡道，不失道，随时处在道中，才能久，才能寿。

问道心得：

1.关于知足，现代的物质丰富程度是当年的老子无法想象的。天下美物之多，令现代人拥有太多用不到也享受不完的东西，却还在拼命追求更多。于是，在花花世界里不知不觉地迷失掉自己，不知不觉就违背了道的自然法则，欲壑难填，根本无法实现真正的幸福。

2.如何排除干扰、去除诱惑呢？答案就是：知足。苏轼在学问上集大成于一身，尽管一生颠沛流离，却能看开、想通、放下，"竹杖芒鞋轻胜马"，知足常乐。

3.不失其所就是不忘本，不忘初心。不论你处于人生的高峰低谷，得意还是失意，都不能忘了最初的本心，这样就会珍惜自己当下的拥有，自然会长久。不失其所亦可用来指导养生：喜怒无常会导致五脏受到损伤，疾病缠身；调和身体内的五行，使它们各安其位，不相冲犯，我们的身体自然长寿安康。

4.死而不亡者寿，比如说老子，他作为一个生命个体，已经死去2500多年了，可是《道德经》的精神永存。读《道德经》的我们，就像穿越了一千多年（敦煌出土全本《道德经》真迹，现珍藏于法国巴黎国家图书馆，距今有1300多年）在与老子对话，尝试去看见、去理解那个时空……从这个意义上讲，老子从未亡去，甚至从未离开。

5.追求肉体的永生是没有希望的，只有传世的精神、文化、价值观能永存。

第三十四章 道之品质：不自以为大

大道汜兮，其可左右。万物恃之以生而不辞，功成而不名有。衣养万物而不为主，常无欲可名于小。万物归焉，而不为主，可名为大。以其终不自为大，故能成其大。

传统译文

　　大道广博无边啊，它可以左右逢源。万物依靠它生长而它不自己称说，成就万物而不占有。养育万物而不去主宰。大道没有欲望，可以说是渺小的。万物归附它而不去主宰，可以说是伟大的。圣人始终不自称为大，所以能成就伟大。

经典对话

　　张倩： 本章也是比较好理解的，大道无所不在，无处不有。它可以左右万物的存在（拥有如此庞大的力量），虽然万物依靠它生长，但它不会去干预（辅万物之自然而不敢为），有功劳也不会去居功。泽披万物却不去左右它们，无欲无求的样子可以说是一种很渺小的存在。但万物归附于它，不去主宰万物，也可以说是很强大的存在了。为什么会是这样呢？（既感觉很小又感觉很大）是因为道"不自"，道是"无我"的。它的存在就是生化万物、衣养万物的。因为它的无私，所以能成就它的"大"。

　　问道心得：

　　没有人是傻子，群众的眼睛是雪亮的。所以只要用心去感受，就会感知到一个人的起心动念。如果我们抱有的是一颗"精致的利己主义"之心，大家必然会排斥，会远离。我们需要利己、更需要利他，在这期间要力争达到平衡，甚至说在某些时候、某些场景下，我们需要完全地利他，而放弃自我。

　　朱玲： 一个浑浑噩噩度过一生的人，一个被欲望牵引不知其所的人，是痛苦的。人之所以为人，是因为我们有要完成的使命和责任。确立自己的责任，传递自己的价值，是生而为人的"正道"。

　　没有自私自利的心，放下自我得失专注做事——常无欲可名于小；包容万物、大公无私——万物归焉，而不为主，可名为大。

　　一个人，他本身也是和社会一体的为整个社会大众能做多少事，自己就有多大承载力，也意味着有多少的重要性。

若把精力放在徒有虚名的追逐上，反而很难专注于"依道而行"去好好做事，即便是碰巧做成了一两件事，也很难长久——没有真正的核心能力和核心价值，就没有基业长青的道理，如果把精力放在专注于学习、打磨和实践上，即便是失败，也可以成为不可多得地汲取经验的经历宝藏。不论暂时的成功还是失败，始终是为了让自己学到更多且能让下一次做得更好。

心兰：大道泛兮，其可左右。（核心思想）

万物恃之以生而不辞，功成而不名有。养万物而不为主，常无欲可名于小。（举例说明）

万物归焉，而不为主，可名为大。以其终不自为大，故能成其大。（实践指导）

泛是广泛、泛滥的意思；其可左右，在这里表示道广泛博大，无论左右，无所不及，无所不至，无处不在。

道就是这样，人们甚至都不知道有这么个存在，即使知道也不会很清楚道到底发挥了什么作用。因为我们既没有见道发号施令，也没有见道躬行亲为，它好像啥也没干，但事情就是很顺利地做成了。

道生养天地万物，却并没有把它们当成自己的私有财产（不名有）；道承载天地万物，也并不会对它们随意处置、主宰它们（不为主）；因为道从来都没有要掌控万事万物的想法，只是任由其自然生长和创造。

然而，万物归附于道，而道从不主宰。这正是道"极高明而道中庸，致广大而尽精微"的真实写照。

圣人以道为法则，之所以能成就伟大，正是因为圣人从来都没想着要成为伟大，没想着要成为天下之主，没想着要号令万物，没有这个私心和欲望，因此最终能够成就其伟大。

问道心得：

由道及人，认识道，最终是要敬畏道体，遵照道用，依照道纪行事。圣人、王侯、管理者，包括公众人物，他们处于社会的上层，他们的言行举止本来就直接影响着社会大众。

修为的高低，对个人是小道，用到治理国家就是道的大用。当你站在社会的上层顶流位置，如果能够摒除个人私欲，不视天下万物为私产，自然会出现"万物归焉而不为主"的理想社会环境。个人修身时无欲，不求声名不求闻达，那就是非常高层次的修身境界。

历史上，许多人在功成之前谦卑处下，"不自为大，故能成其大，"文韬武略，取得不凡成绩。但在功成之后，他们把握不住自己，被周围的阿谀奉承之言蒙蔽，沉湎于歌功颂德的光环之中，任由骄傲自满的情绪在心中蔓延，自视为万民的主宰，认为自己无所不能。最后的结局，不外乎被时代抛弃。

第三十五章 大道至简：成功就是从头到尾坚持做好一件事

执大象，天下往。
往而不害安平太。
乐与饵，过客止。
道之出口，淡乎其无味。
视之不足见。听之不足闻。用之不足既。

传统译文

执掌了大道，天下人都前往投靠。投靠而没有伤害，大家就安宁、和平、康泰。音乐与美食，使过往的行人停下。道说出口，平淡无味，看它看不见，听它听不着，用它却用不完。

经典对话

张倩：大象无形却广布空间，形容那些无法用具体的词汇描述也无法衡量的存在，只能用"大象"来形容，比如，空气、阳光、风等。而这些存在也都有一个共性，就是自然。执大象，实际上就是遵道而行。如果我们能够遵道而行，顺势而为，则天下归附，归附而来也是安心、顺遂、通泰的。为什么呢？因为上位者遵道而行，内心谦下怀柔，能够上下交往，氛围自然就和谐。

音乐和美食可以让来往的过客驻足停留，但"道"被说出来是淡淡的，不像美食和音乐那样让人感知强烈。那它是怎么样的存在呢？带你来感受一下：用眼睛看是看不全的，用耳朵听是听不全的，它取之不尽用之不竭，这就是道啊！

问道心得：

老子一直推崇柔弱、大象、静、朴这些特质……这些才是道的真面目，花花世界五颜六色的都是障眼法。我们需要用心去感受以及体悟道，道的存在是绵远流长的。我们要保有道的特质，才能真正做到遵道而行，从而能够"往而不害安平太"。

我们每个人的人生，都可以有一个充满无限可能的未来。人生正由一些非常不起眼的众多小细节所组成。而成功人生的可能，源于对当下的每一件点滴小事的选择——在一个方向上积累什么、扎根什么，最终才会成为什么。

心兰：执大象，天下往。（核心思想）

往而不害安平太。乐与饵，过客止。（举例说明）

道之出口，淡乎其无味，视之不足见，听之不足闻，用之不足既。（总结说明）

执大象，天下往。大象即道，因道大得无法比拟，故假借大象描述。在《易经》里，大象有两层含义：一是全局、全面的意思，二是要像大地一样地使心态处于低位，要像大地一样包容、承载一切。如果能执大象，那么天下皆可去得。因为这不仅不会给自己带来危害，还能释疑解难，增长见识，得到别人的尊重。

站在企业管理的角度上看，老板就要把握全局，定好基本规矩，正本清源。虚其心，能倾听不同人群的意见，不断提升自己，企业就会进入有序发展的良性循环。

往而不害安平太。管理者能够执守实修自然之道，则天下万物"不言而善应，不招而自来"，无不宾服与归往。不仅一一归往，而且能平安康泰。

乐与饵，过客止。利欲的美色、动听的声音、爽口的五味、香鼻的肴馔，只能引人注其耳目，快利口鼻，犹如过客短暂且稍纵即逝。

乐与饵，比喻短暂的、一时的快乐与满足，或者说是物质层面的被满足。虽然说当人们物质无法被满足（或者说贫穷的状态）时的快乐是不长久的，但是如果人们一味地追求物质上的满足，任由欲望攀升，幸福感和快乐也是永远无法被填满的。所以，管理者所要把握的是绝大多数人群的基本需求。如果能使大部分人满足最基本的需求，那这个地方就会比较繁荣兴旺。同样，一家企业的老板也要了解团队成员内心有什么追求。如果内心的追求与工作是合拍的，团队成员就有幸福感，对企业的归属感也就相应地会强烈，企业怎么会不兴旺呢？

道之出口，淡乎其无味，视之不足见，听之不足闻，用之不可既。道显露的时候是无法描绘其特征的，平常普通得没有任何惊艳之处，用眼睛看不一定能看见，用耳朵也听不一定能够听到，可是又好像无时无刻不在有序地运转着。

匆匆一生，我们不过就是这个星球上如沧海一粟般的过客。只有不断地对"道"进行认识与探索，人生才有无止境的辉煌。

第三十六章

大智微明：洞悉全局，守柔藏拙，韬光养晦

将欲歙之，必固张之。
将欲弱之，必固强之。
将欲废之，必固兴之。
将欲取之，必固与之。
是谓微明。
柔弱胜刚强。
鱼不可脱于渊，国之利器不可以示人。

传统译文

如果想要收紧它，就必须先张开它。如果想要使之变弱，那么必须先使之变强。如果想要废掉它，就必须先让它兴举、得意。如果想要从中取利，必须先给予其利。这叫做"微明"（以小见大、细微处见乾坤）。柔弱可以战胜刚强。鱼不可离开渊水，治理国家的要害之器不可以彰显于人。

经典对话

张倩： 如果要关上它，就要先打开；如果要弱化对方，就需要先让对方强大；如果要废除掉它，就要先让它兴旺；如果想要从别人那得到，就需要先给予；如果知道了前面说的这些，就可以达到微明。"明"代表一种内在的智慧境界，微明就表示有一点智慧了。

有开就必然会关，有弱就必然有强，有废就必然有兴，有取就必然有予，这些就是道的呈现，或者说存在。这个存在是客观的，就是这样的规律。我们要懂得和尊重这些自然规律，事物的一端发展到极致就必然会向反方向发展，知晓和掌握了这些规律就可以使我们成为有洞察智慧的人。但我们很多人用这些规律去满足自己的私欲，道的运转不会因为你怎么用它而发生变化。还有一点就是你所有的作用力，都最终会反作用在自己身上，这也是道的规律。我们可以运用这些规律让自己活得更加通透，但如果想用这些规律去满足私欲，那将是背道而驰，自食恶果。这一切都取决于我们的起心动念。

国之利器，就是秉道而行，就是大道。正如鱼离不开水一样，真正的大道是无形无相的，它也不可被示人，但我们就生活在其中。

有能力做到因地制宜、审时度势、物来则应，背后是沉下心来的积累，是不断地观察、学习、总结。持续地韬光养晦，才能有厚积薄发的结果。

如果习惯性地被外物牵动而轻举妄动，失去了观察和守下的状态，也就是失去了很多可查其微明的微小苗头，难以看到和调动有用的信息，犹如鱼脱于水，不能受其保护，也无法在关键的节点上主动发挥作用。

师说： 将欲歙之，必固张之。将欲弱之，必固强之。将欲废之，必固兴之。将欲夺之，必固与之。歙，本义是指用鼻子吸气的意思，这里和张相对，指收缩。必，极点，物极必反。固，一个事物的状态稳定之后，就会进入一个稳定发展阶段，慢慢深化、加强，直到它消亡。就像一个人的固定思维一旦形成，时间的推移只会让它更加牢不可破，直到老化，致使其钻到牛角尖，碰壁为止。

将欲使事物收缩，必固使它扩张；将欲使事物衰弱，必固使它强大；将欲使事物凋废，必固使它兴盛；将欲使事物消亡，必固使它演化到无法再演化，自然地就会灭亡。

是谓微明。微，这里指大象之无形，无极之象。微明是指对隐藏在表象背后那些规律的洞悉。有极之物，都不会长久，越积极，越接近灭亡。

柔弱胜刚强。鱼不可脱于渊，国之利器不可以示人。鱼脱于渊，则不能活，国之利器示人，如同鱼跃出渊一般。这一段我的理解是一个人越想证明自己的时候，就越是要强的时候，越会做一些没有水平的事，越没有能量。中国人讲究韬光养晦。韬，就是剑鞘；晦，就是隐藏光芒。只有懂得光而不耀、直而不肆，才能真正保存实力，以担当使命。

万物都处于由弱到强、再由强变弱的循环中，这是大自然阴阳之间此消彼长变化之道。真正的强者绝不会表现出强的状态，他们往往表现得很低调很内敛。背后的真相是：因为他的强大来自对规律的把握，所以他心甘情愿守住低下和柔弱。

世间万物一旦鼎盛到极点、强大到极点、嚣张到极点，必然因物极必反的规律而走向衰弱、走向灭亡。我们的人生也是如此，这是一场与任何人都无关的自我修行。为什么要向外界证明呢？为什么要把自己置身于外界纷扰呢？不如做好自己，守住自己一口真气，以强大自己的实力，宠辱不惊静看庭前花开花落，去留无意瞭望天空云卷云舒。看的是万物强到极点，再走向衰弱；望的是成败得失之间的规律。

失败和痛苦是生命中最伟大的老师，而且这些伟大的老师都是自己选择的。如果爱无法唤醒你，痛苦就会来；如果痛苦无法唤醒你，失去就会来；如果失去还是无法唤醒你，死亡就会来。这是隐藏在表象之后的规律。

真正强大而高明的人不会把自己放在风口浪尖。他懂得"隐藏"的重要性，也懂得柔弱是最强大的力量。只有具备这些素质与能力，才能使自己肩负更大的责任和使命。

第三十七章

无名之朴：自化自治的生命境界

道常无为,而无不为。
侯王若能守之,万物将自化。
化而欲作,吾将镇之以无名之朴。
镇之无名之朴,夫亦将无欲。
不欲以静,天下将自定。

传统译文

道永远不妄为，却又无所不为。侯王如果能坚守住道，万物将自我发展。如果我在壮大中萌生贪欲，我就用无名的朴来镇住它。守护着无名的质朴，人就不起贪欲，不起贪欲则心宁静，天下就自然安定了。

经典对话

张倩： 为道者始终遵道而行，看似什么都没有做，实则是因为不需要做。道有它的发展规律，只要我们顺应了这种规律，就可以无所不能。王侯如果能够做到这一点，万物将会自然演化，如其所愿；但如果这期间变化的情况不理想，出现了很多由于私欲而产生的状况，我们就要运用朴来进行处理。为什么又说是无名之朴就是道呢？朴的本义是厚实的木皮，或一种厚皮树木，引申质朴、朴实、淳朴，都是一种质地天然的存在。无名之朴，就是淡而又淡的天然状态。而想要做到这种淡而又淡的质朴，首先要摒弃私欲，没有了私欲，天下才能够大治，才能够安定。

这一章老子向我们解读了什么是无为，就是老子所说的静、朴、无欲。

心静能够抵抗外界的干扰和诱惑，能够不为所动，不动私念，朴实就是天然，自性。

老子提出的无为的要义，在于我们面对任何事都不应该带着条条框框先入为主，不预设某个固定模式，而是以终为始、从"本"出发。而教条主义大多是因为陷入了为执行规则而执行规则当中，忽略了规则背后的最终目的。这也就是说，我们要让万物在合情合理的基础上，有足够的发展空间，有机动灵活，因时因地合理化的智慧——王侯若能守之，万物将自化。

无为而治，不是不作为，也不是放任主观意志的妄想和胡作非为，而是一种符合逻辑、躬身践行、让万物回归自性的实事求是的精神。

心兰： 道常无为，而无不为。（中心思想）

侯王若能守之，万物将自化。化而欲作，吾将镇之以无名之朴。（举例

说明）

无名之朴，夫亦将无欲。不欲以静，天下将自定。（实践指导）

大道是无为的，不勉强、不强作为、不执着，而是顺其自然、无处不为、无所不为。寰宇之内无处不是道，任何人的生命中也都有道。所谓修道，就是找到生命的道。

侯王指责任、使命、指心；心乃神之主——心中若无事、无为，没有勉强与执着，总是顺应因缘，有所为而有所不为；既不做自己力所不能及的事，也不去勉强自己做违背规律的事，这便是守住了无为之境，万事便能自然达成。因此，我们只有做好自己来顺应大道规律，因缘来了，我们想要的终极目标自然会水到渠成。

了解道的规律以后，我们就会明白：只要守住自己那颗淳朴、无求、无功利的心，我们的生命机制就会自动运作；只要进入无名之朴的境界，欲望就会自然消失，我们身体就会随着大道自然运作而变化，自然而然的随性、随意、随缘、随喜。

证道的人不一定隐居深山或关在小房子中闭关修炼。相反，真正厉害的人往往都是隐藏在人群中的。人生一世，顺则凡，逆则仙。只有历经逆向而行，才能在困境中一次次突破自己的局限，真正达到修行应有的境界：

1. 第一重境界：定

对大多数人而言，定不住，就是无法自控。有人下定决心，要改变现状，结果第二天闹钟一响，又起不来了；也有人天天喊减肥，但一看见美食就忍不住大吃……生活中，大多数都是失控的人。人和失控的较量，就是一场生命能量的争夺。一个人定得住、能自控，其实就是从外界收回和守住自己发散的能量。在这个世间能自律的人，多半会成为生活的强者，成为各个领域中的领军人物。

2. 第二重境界：静

定得住，自然而然会静下来。想要彻底静下来，就要先去排除欲望和妄念。我们头脑中总会有些声音，让你干一些事情、想一些事情，这就是妄念。比如应该起床，你就起床；该做事了，拿起就做——因为，你在真正做的时候，就不会乱想。若没有实际行动，而只停留在头脑中想的阶段，那就是妄念。所以，养成言行一致的习惯，提高行动力，这是定静的基础。也是老子说的："不欲以静，天下将自定。"

3. 第三境界：欲

控制欲望是人类最难做到的事情。事实上，越想控制欲望，欲望往往就越强烈。所以，对于欲望不能控制，要慢慢驯服。驯服欲望是一件自然而然的事情。随着定静功夫的深入，欲望慢慢就可以随心所欲——受心识的管理。反之，定静的功夫越差，欲望就越会翻来覆去，让人变得越来越浮躁……

能清静的人就能做到无为。顺其自然，该做事就做事，该吃苦就吃苦，该享福就享福，该逆水行舟就逆水行舟……顺其自然这句话，大家都会说，看起来也很简单，真正能做到的是少数，它是成就伟大和不凡的根基。

第三十八章

居厚处实：淳朴通达，去伪存真

上德不德是以有德。下德不失德是以无德。
上德无为而无以为。
下德无为而有以为。
上仁为之而无以为。上义为之而有以为。
上礼为之而莫之以应，则攘臂而扔之。
故失道而后德。失德而后仁。失仁而后义。失义而后礼。
夫礼者忠信之薄而乱之首。
前识者，道之华而愚之始。
是以大丈夫，处其厚不居其薄。处其实，不居其华。故去彼取此。

传统译文

具备上德的人不表现为外在的有德，因此实际上是有德；具备下德的人表现为外在的不离失道，因此实际是没有德的。上德之人顺应自然无心作为，下德之人顺应自然而有心作为。上仁之人要有所作为却没有回应他，于是扬着胳膊强迫别人。所以，失去了道而后才有德，失去了德而后才有仁，失去了仁而后才有义，失去了义而后才有礼。礼这个东西，是忠信不足的产物，而且是祸乱的开端。所谓先知，不过是道的虚华，由此愚昧开始产生。所以大丈夫立身敦厚，不居于浅薄；存心朴实，不居于虚华。所以要舍弃浅薄虚华而采取朴实敦厚。

经典对话

张倩： 本章教会我们如何识别真正的德行、仁、义以及礼。真正上等德行的人，就算他们做了很多看似没有德行的事情，他们依然是有上等德行的人。而那些下等德行的人，就算谨小慎微没有做过任何一点失德的事情，也是一个没有德行的人。接下来详细地剖析了上等德行的人怎么去辨别。那些上等德行的人，看似他们什么都没有做，但实际上他们顺其自然，顺道而为，顺势而为，毫不费力。那些下等德行的人什么都做了，实际上却感到什么都没有做，基本是无用功。因为对事物真正的进展，没有任何一点助益，很简单，是因为逆道而行了。那些真正的仁人，会照顾对方的感受，很多事情不露痕迹地就去做了，丝毫不会让对方感到尴尬和不舒服。而那些上义之人，则会去刻意地做一些事情，同时也会把这种刻意表现出来，让别人知道，别人由此而给予他"义"的称号，说他是一个有义之人。上礼之人是怎么样的呢？如果他以礼待你，却得不到相应的回复以及反馈，他就会生气和愤怒。

因此，失去了道，才会追求德；失去了德，才会追求仁；失去了仁，才会追求义；失去了义，才会追求礼。礼是什么呢？是忠和信的底线，是祸乱的源头。为什么这么说呢？我们试想一下，什么时候我们才需要去追求礼仪，并且要求有礼仪的约束呢？那一定是人们失去了自然的淳朴厚道，才去追求那些表面的礼。追求了表面的礼，距离我们想要的自然的淳朴就更加远了，就会生出很多动乱，因为失去了天真。

因此，这里说的这些仁、义、礼，不过都是表面的祥和，实际上则是愚昧的开始。作为大丈夫，我们应该怎么做呢？应该"处其厚不居其薄。处其实，不居其华"——应该切实地修习自己的德行，使自己可以去承载万物（厚德载物），将自己丰实起来，而不是仅仅徒有其表，华而不实。

这一章就是要让我们努力修习自己的德行，将自己变成一个可以承载万物、厚实的人，而不是去追求一些表面的光鲜和浮华，这些都是浅薄的。

朱玲：遵道而行，谓之德。做任何事，都有规则和逻辑可循。比如保持身体健康，我们可以找到适合自己的锻炼方式；比如学习，我们也可以摸索出一套行之有效的学习方法等。如果不遵循其道，不按照正确的方式方法做事情，就是不在道上，就是失德。

上德不德，高级的品德，体现在初心上，而不是外在形式。一个人的起心动念是什么，比什么都重要，正如有句话说：行动因目的而伟大。对内我们要时刻观照自己的心念为何而起，言行为何而出；对外，也需要阐幽明微，明察秋毫。

下德不失德，是以无德。下德，看起来很有德行，但起心动念的出发点有问题，表面功夫做得再好，看起来不失德行，也是无德的。

很多高官显贵凭借自己的身份地位，或者有的骗子打着"为你好"的旗号，目的却是为了达到一些见不得人的勾当，行动上做得再好再漂亮，也是"下德不失德，是以无德"。

下德为之，而有以为。如果德行的出发点是为了显示有德行，而不是事情本身所需要，那么离道失德的结果不仅是事情做不成。等别人反应过来以后，自己也失去了他人的信任。所以，当失道以后，只好抓华而不实、抓边边角角的东西，抓形式，抓外在——道之华，而愚之始。

师说：上德不德是以有德。德源于道，上德和常道一样，是本质的、究竟的、自然的，而不是外在的、表面的、形式上的。只有内在的德才是真正的大德、上德。心中有上德，则外在形式如何已经不重要了，即使在旁人看来是不德的行为，本质上还是有德。因为，行为因目的而伟大。

下德不失德是以无德。有意作为，故意彰显其德，做了好事生怕别人不知道，这种外在的、形式的、故意彰显的德，是谓下德。下德处处显示为有德，本质却算不上有德。

上德无为而无以为。下德为，而有以为。上德是自然无为的，是尊重规律的体现，所以常常感受不到有为，或者说正是因为掌握了规律能够顺势而为，显得毫不费力就把事情办好了，所以没什么好为的，称为无以为。

下德，因为对规律、对"道"没有系统地认知和体悟，反而只能按照自己的想法去为、去折腾，从而导致最后是竹篮打水一场空，还只能不断地重蹈覆辙，看上去就好似"一直在做事，一直无所成"——有以为。

上仁为之而无以为。上义为之而有以为。上仁继之上德，是无为。上义继之下德，是有为。

故失道而后德，失德而后仁，失仁而后义，失义而后礼。夫礼者忠信之薄而乱之首。道是主体，德是实践，仁是德的效果体现，如果舍弃道而追求仁其实已经离道，而义和礼是道细枝末节的外在表现形式。如果失去了道只讲德，本质上就已经偏离，就像植物不扎根只求开花结果一样，注定其无法长久。而失了道德，来讲义和礼的时候，就纯属道德绑架。基础已无、忠信已薄，祸乱由此而始，所以是而乱之首。

前识者，道之华而愚之始。是以大丈夫，处其厚不居其薄。处其实，不居其华。故去彼取此。道是敛华就实的，是返朴还淳的。如果只追求外在的浮华而忘本，是愚昧的。因此，真正的进道修德之人，应去其薄华，取其厚实。

问道心得：

1. 回归大道本原，君子务本，本立而道生。只有厚实上德才能长久。纯朴的力量最大，淳朴通达、去伪存真的人生才能长久。

2. 道的质朴，能让心灵始终豁达、通透，只有这样才更容易进入无为而无所不为的境界。

3. 上德是顺应自然，不居功，不占有；下德虽然也是行德，但更希望让人知道自己是有德之人。

4. 小成靠勤，中成靠智，大成靠德，终成于道，这是宇宙大道的终极智慧。

5. 不必活在教导里、不必活在仪式里，更不必活在世俗的标准里，挣脱出思维牢笼的枷锁，跳出心魔的捆绑，跳出固有成见的束缚，才能真正活出原属于生命的精彩，才能拥有活力四射的自己。

第三十九章
得道抱一：一是万物之始，亦是事物的整体与全局

昔之得一者。天得一以清。地得一以宁。神得一以灵。谷得一以盈。万物得一以生。侯王得一以为天下正。其致之。天无以清将恐裂。地无以宁将恐废。神无以灵将恐歇。谷无以盈将恐竭。万物无以生将恐灭。侯王无以贞将恐蹶。故贵以贱为本，高以下为基。是以侯王自称孤、寡、不谷。此非以贱为本邪？非乎至誉无誉。不欲琭琭如玉，珞珞如石。

传统译文

自古得到"一"（道）的有：天得一而清明；地得一而宁静；神得一而英灵；河谷得一而充盈；万物得一而生长；君王得一而为天下之首领。推而广之，天不清明恐怕就崩裂，地不安宁恐怕就坍塌，神没灵性恐怕就要消失，河谷没流水恐怕就干涸，万物不生恐怕就灭亡，侯王不能为首领恐怕天下就会垮台。贵以贱为根本，高以低为根基。所以君王自称孤家、寡人、不谷，这不正是以贱为本吗？不是吗？所以至高的荣誉无须夸耀。所以，有道者不要求像尊贵的美玉，而追求像石头那样坚忍质朴。

经典对话

张倩：这一章老子带我们去感受了什么是"一"，在解读了"一"之后，又向我们传达了"一"的重要性，以及怎么去做到"一"。

那些做到"一"的存在，做到了"一"之后是什么样的情景。天得一可以清明；地得一可以安宁；神得一可以更加有灵力；河谷得一可以充盈；万物得一可以生机盎然；侯王得一万物可安定。说了这么多得一的情景，如果没有得一会出现怎么样的情况呢？天将无法清明，还会崩裂；地无法出现安宁，还会荒废；神无法具有灵力，会陨落神坛；河谷无法充盈，还会干涸；万物无法保持生机，还会灭亡；君王无法匡正天下，会被颠覆。

为什么呢？因为贵要以贱为根本和依存，高要以下为基础，侯王身居高位也要以孤寡自居，种种迹象表明，难道居下处（贱）不才是外物存在的根本吗？换句话说，就是那些被人们忽视的、看不见的力量才是我们赖以生存的根本吗？

"一"到底是什么？前文我们提过"道生一，一生二，二生三，三生万物"，由此可见，"一"就是道的沿袭，"一"是距离道最近的存在。在本文，就是贵和贱的统一，高和下的统一，这些看似冲突的，相反的呈现，实际上是一个整体，就像美和丑一样，不可分割。如果没有了美自然就没有了丑的

第三十九章　得道抱一：一是万物之始，亦是事物的整体与全局

存在，万事万物都是相互依存的，没有完全独立的存在。老子告诉我们，看待任何事情一定要有全局和整体性。

在"一"里面，既有统一，也有冲突，两种要素是相互冲和的。如果当一方的力量见长，为了达到调和的状态，一定是会有另一方力量在增长，这是必然之"道"。少了任何一方都是不能成为"一"，如果没有了"一"，也就失去了平衡，后果是相当可怕的。因此最高的赞誉是没有赞誉的，也不要想着说像美玉一样，人人称赞；反而是要像石头一样朴素低调，披褐怀玉，这才是真正的得道之人该有的样子。

朱玲： 万物"守一"，是一种平衡。

大自然"守一"，万物得以循环生长。

执政者"守一"，社会得以安宁和谐。

而一个人能做到"守一"，可以不违心、不假意、不自欺欺人地活着。

当一个人无法确定自己是谁，自己要做什么的时候，就如同四处漂流的浮萍一样，随波逐流，无根无依。

在现实生活中，如果我们无法清晰地认识到自己是谁，要做一个怎样的人，在面对充满无限变数的人生的时候，就难以明确自己该如何抉择，从而导致不断被外界的冲击波消耗着我们的生命。

想做而没有做，人生便已匆匆掠过。

我们看到过那些活在悲剧婚姻中的夫妻，看到那些有梦想却从未迈出步伐的人，看到过父母离开后才想孝敬父母的人……行动的缺失，内心的失衡，最终成为随波逐流的傀儡，被动地哭着笑着，由不得自己。

用行动守住自己这个"一"，是一个人身心平衡的过程。作为万人之上、天下都为其所有的君王，用"孤、寡、不谷"自称，是时时刻刻在提醒自己不要忘本，不忘记自己是谁及应该做什么。不失其所以，才能长久。

人来到这个世界，最重要的是找到和确立自己的"一"，确定自己的人生归宿，行动有始有终。这个"一"，不一定是一成不变的，它更多是在为自己而成长和进化着的，这是一条有生命张力的成长路线。这个"一"决定了心的清明和宁静，和谐与安定，万物的自正——这个"正"，并非世俗意义的正确，而是自己无愧于心的正。与其"球球如玉"华而不实，不如"珞珞如石"，抱一得天下正、得己身正。

师说： 昔之得一者，天得一以清，地得一以宁，神得一以灵，谷得一以

盈，万物得一以生，侯王得一以为天下正。

其致之也，天无以清将恐裂，地无以宁将恐废，神无以灵将恐歇，谷无以盈将恐竭，万物无以生将恐灭，侯王无以正将恐蹶。

"一"就是道，"得一"就是得道。

在宇宙天地间为什么"一"如此重要？因为"一"是天地之根本、万物之源头，具有"清、宁、灵、盈、生、正"等特征——天符合道即清明，反之就破裂。万物包括人类合道即生长，反之则灭亡。

失道的人，浮躁不安，好斗好辩，沉沦于二元对立的思维里。而"一"则是智慧源泉，有道之人定会"守一"，则万物各得其和以生；反之则覆。

故贵以贱为本，高以下为基。

是以侯王自谓孤、寡、不谷，此非以贱为本邪？非乎？

因为不明人间正道与无常，所以世人虚与委蛇总想证明自己高贵；因为不解世间沧桑与疾苦，所以颠倒众生总是高高在上以此证明自己高人一等……但他们忽略了如果没有地基为根，则高楼大厦无以为立的常识。自古以来，帝王都自称是孤家寡人，以此来警示自己德行不够，警醒自己只有守住根本，才能最终合道，方能长久。"水能载舟，亦能覆舟"，越是位高者，越应该有能力、有格局、有魄力，有容人之雅量，有识人之眼光，这样才有人愿意跟随，和你一起开疆拓土。

故致舆无舆。是故不欲琭琭如玉，珞珞如石。

谁会天天把空气、阳光和水挂在嘴上？但任何人都离不开空气，离不开阳光，更离不开水。所以，表面上没有什么荣誉，但谁都离不开你，才是真正的"得一"，真正的得道，这就是"至誉无誉"——"致舆无舆"。

需要赞美、喜欢听好听的话、喜欢鲜花和掌声的人，往往德行不够。别人指出问题，便用十句顶回去的人，基本上无德。更甚者，刚愎自用，自以为是，好为人师，固执己见，那注定是要"天恐裂，地恐废，神恐歇，谷恐竭，万物恐灭，侯王恐蹶"的。

问道心得：

1. "一"代表万物之始，亦是事物的整体和全局，既代表一个人的德行，又代表宇宙发展的规律。如果失去了道，失去了"一"，就失去了抓住本质的能力，失去了识别智慧的系统。

2. 人与自然本就是一个生命共同体，自然破坏了，我们也就离灾难不远了。

3.成功了还能让自己时刻保持警醒,把自己放在低位,才是真正的尊贵。往往白手起家的创业者更能守住功业,因为他们苦过、难过、跌倒过。

第四十章

相反相成：这混成而又秩序井然的人生

反也者道之动也。
弱也者道之用也。
天下之物生于有，有生于无。

传统译文

所有运动着的事物都会朝着它的对立面转化，这就是道的运动状态。有生便有死，天地万物从产生的那一刻开始，便一刻不停地走向死亡，这不是以人的意志而转移的。道生长万物却不占有，滋养万物却不自恃；道创造万物，却温柔以待，不会让万物感到有什么强迫的力量，而让其自然地发生和成长。万物生发是从无到有，从无形到有形的过程。

经典对话

张倩： 反通"返"，有返回、返朴、回归之意；"动"是趋势，是方向。首句告诉我们，遵道而行的方向一定是回归，回归自然，回归本心。

第二句是说"弱"在现实生活中怎么体现，或者说怎么去落实呢（反者道之动）？就是要做到"弱"。前文数次提到，柔弱胜刚强，人之生也柔弱，天下莫柔弱于水，而水是基于道的，就很好地点明了柔弱就是"道"的现实体现和实际用法。

第三句总结点题，天下万物，我们看到的是"有"，但有从何而来？是从看不见的"无"而来，为什么这么说？结合前面我们解过的，道生一，一生二，二生三，三生万物，可以得出，这个"无"不是什么都没有，实则就是那个我们所去理解的看不见的"道"。"道"是万物的回归，也是一切"有"的起点和原点。

问道心得：

这一章将万物的来源、呈现和归宿都讲清楚了，告诉我们万事万物都是从无到有的过程。"无"不是什么都没有，而是蕴含了一切的存在，当所有的条件具备就会出现"有"。然后万事万物发展至极一定是"反"，是回归，这是"道"的真谛，而能体现的特质就是"柔弱"。

师说： 有无相生，这个概念出自第二章，是道家哲学非常重要的核心理念之一。它指万事万物本性中的"有中生无，无中生有，有可以转化成无，无也可以转化成有"的特性。

赵丹："反者道之动"就是说只有给一个与原来的事物相反的力量，才可以让它动（发生变化）起来。什么样的事物最容易动呢？

说到这里我突然发现，一个人固执的时候就会性格鲜明，容易被贴上标签。如果你性格柔和，控制住自己的本性（先天被赋予的某种特性），就可能会虚怀若谷，兼济天下。

为什么道不可说？因为没有固定的形态，不固定就不会有特性，没有特性就不可描述。这一刻是这个，下一个可能就因缘际会地变化了。因什么而变，变成什么，完全是施"反者"所定。

"天下万物生于有，有生于无"可以理解为什么道可以生万物，因为道没有形，没有固定的属性，给予什么"反"力，就会变化成什么；"反"力没有了，也就又消失了，回到了没有属性的状态。什么也没有，有的都是你想的，不想也就没了。

朱玲：面对各种不顺心、不测风云、不如意的时候，我们大部分人第一反应是找外界让自己不顺心的原因，也许有的时候确实不是因为自己"不努力"，有的时候也真的"不是自己的原因"。这样看来，责怪和抱怨是人之常情，无可厚非。但人这种生物，恰恰能在痛中得到反省和成长，在挫折后变得更强大，在逆境中淬炼出自己的金刚不坏之身。而这些收获，总能让自己的下一次做得更好。如果这个世界真的存在宝贵异常的学习机会的话，我会称它们为痛苦、挫折和逆境。

我们在这个世界上生存着，生活着，体验着，总是会不断地遇到各种正或反，好或坏的事。很多时候我们可能恰好是经历过的那些"不好"和"不顺心"，反而帮助了我们更好地思考和把握当下。

反者道之动——想要成为优秀的人上人，反而更需要到恶劣的环境中"劳其筋骨，饿其体肤……增益其所不能"。想让孩子听得进去教育者的话，那平常的状态就不能总是在教育。

弱者道之用。弱者，是观察者、是学习者、是调整者的身份；居下、幼小的状态，可以辅之成长、改变、不断地壮大。弱，是给予足够的成长和壮大的空间，把变强的天花板持续地拉高。

天下之物生于有，有生于无。留出那些看不到的空间，让自己成长；留出事物的另一面，容自己思考；给生命一些留白和余地，它能让我们学会更从容地生活。

师说："反"字，在老子的哲学中，蕴涵了两个观念且意义非凡，即相反对立与循环往复。太极图中间的循环往复与生生不息，那就是"反"。自然界中事物的运动和变化，无一不遵循这个规律：任何事物都在相反对立的状态下形成，任何事物都有它的对立面，也因它的对立面而显现。

相反相成的作用是推动事物变化发展的力量。道体是恒动的，一直发展着的。

"弱者道之用"中的"弱"，是形容道在运作时，是潜移默化、润物细无声的状态。"天下万物生于有，有生于无"这里的"有""无"意即指道，是道产生天地万物时，从无到有的活动过程，是天下万物生成的根源。一样东西、一件事、一个人，发展到鼎盛状态时，接下来就一定会走向衰败与灭亡，开始走向反面，甚至消失或转化。而这个物极必反的转折点，人们总是不知道它会在什么时候发生。（孰知其极？没有人知道转折点在哪里，会在什么时候出现。唯有条件成熟，它自然显现。）

天下万物从"无"中来，而"有"最后亦复归于"无"。简单说，一切事物都是从"无"中生"有"，"有"又归于"无"——这是规律（也是二元对立，一阴一阳谓之道）。

第四十一章

善贷且成：将『我』修到混沌，没有人我之分

上士闻道，勤而行之；
中士闻道，若存若亡；
下士闻道，大笑之。不笑不足以为道。
故建言有之：明道若昧，进道若退，夷道若纇。
上德若谷，广德若不足，建德若偷，质真若渝。
大白若辱；大方无隅；大器晚成；大音希声；大象无形；道隐无名。
夫唯道，善贷且成。

传统译文

上士听了道的理论，会勤恳、坚持不懈地去践行；中士听了道的理论，半信半疑；下士听了道的理论，大笑不止，认为荒诞不经。如果不被嘲笑，就不足以成为道了。因此古时立言的人说过这样的话：光明的道看似暗昧；前进的道好似后退；平坦的道好似崎岖；崇高的德好似低矮的山谷；广大的德好似有不足之处；刚健的德好似怠惰；质朴而纯真好像混浊未开。最洁白的东西，反而含有污垢；最方正的东西，反而没有棱角；最大的器具，反而最后完成；最大的声响，反而听来无声无息；最大的形象，反而没有形状。道幽隐而没有名称，无名无声。只有道使万物善始善终，而万物自始至终也离不开道。

经典对话

张倩：那些上道的人，根基比较好，对大道悟性高，在听"道"之后，马上就开始在生活中实践了；那些根基略微差一些的人，在听"道"之后，想起来就做一下，想不起来就不做，断断续续的；那些根基较差的人，对"道"是"邃"的，听"道"之后无感，甚至会大笑，不以为然。

因此，真正了悟"道"的状态就好像是天色将明未明的那个样子，实则是在"道"上前进，但看起来就像是倒退一样（返朴）。真正的大道看起来就像崎岖的山路一般。看到这里，只想感叹一句：了解真相了。

上等德行的人看起来就好像山谷一样，深切幽远。那些德行很广大的人，（世俗）看起来反而会显得异类和不足，其实他们是很勤奋地在修习自己的德行，看起来却好像很懈怠。因为这些很勤勉地在"道"上行走的人，修习德行的人，他们的行为一般人不知道，也看不懂，外部看上去好像什么也没有做。将一切危险的征兆都能先行化解掉，但世人看到他们就像在偷懒一样。其实这种情况就是因为他们已经获悉那些本质的真理，所以他们的外在的手段和方法看起来一直在变化。

第四十一章 善贷且成：将"我"修到混沌，没有人我之分

因此，当我们看明白了上面说的这些，就会发现，唯有"道"，才是我们走的唯一的路，才能够作用于万物并取得成功。

大白若辱，看上去不是那么极致和光鲜的人生，其实才是真的人间清醒（大白）。最大的方块其实是没有棱角的。没有棱角，那老子说"圆"或者"球"就好了，为什么用"方"这个字呢？因为方原本是有棱角的，也表示我们内心的原则和底线。

为什么说"大方无隅"呢？因为真正秉道而行、德行很高的人，是很通透的，他们会放下很多的见地和自以为是的原则。如果这一点我们做不到，可以先做到"外圆内方"，就是外面看着很圆融但内心依然有所坚持。

大器晚成，最上等的器物都是自然而然形成的，质地本来如此，无须过多外在的修饰。你能够比宇宙还巧夺天工吗？天生我材必有用，做好自己，其实就够了。不用羡慕和成为别人，别人都有人做了，我们还是做自己吧！

最大的声音是无法被人耳听到的，这个很好理解。现在的超声波，我们是听不见的，只能凭借仪器。"象"原本是指具体可见的内容，但这里说"大象无形"，真正足够博大的物质是无形的，比如空气、风，这些我们是看不见的，但它们无所不在。比如说影响力，真正大的影响力是无形之中就被渗透和感召了，这是多么强大的力量！

真正的有道之士宁愿隐藏起来，默默无闻，比如高手在民间，"小隐隐于野，中隐隐于市，大隐隐于朝"。总之，就是那些看起来不起眼的"扫地僧"可能才是真的高手。不要小看任何人，特别是那些看起来很普通很平凡的人。

我理解这一章老子给我们道尽了很多"道"的真面目，让我们更加能认清"道"从而坚定地去行道，做一个勤而行之的"上士"者

朱玲：一个真正做事、为实现目标去脚踏实地的人，在经历行万里路、读万卷书的过程当中，他能不断吸收对自己有用的营养，使自己越来越精进，让自己离目标越来越近。也只有专注自己要做的事的人，才有这种敏锐性——上士闻道勤而行之。

很多浑浑噩噩的人，更多的是闻道以后"若存若亡"：间歇性努力，持续性等死。这大概就是"听了很多道理，却仍然过不好这一生"的真实写照，没有实践和检验的勇气，人云亦云——中士闻道，若存若亡。

下士，我认为是指那些"嗜欲深天机浅"的人，只相信眼前的得失，拒绝承认正道的存在，甚至觉得脚踏实地是愚蠢的行为——大笑之，不笑不

足以为道。

明道若昧，并非说真昧，而是大多数人被欲望蒙蔽双眼，急功近利难以自持，所以明道在普通人眼中，宛如愚昧。

进道若退，真正有道、真正在做事的人，是没有时间、精力、去争世俗名利，而是只关注事情进展到哪一步及下一步还需要怎么做。所以在他人看起来他们不争什么名与利，甚至是在退步。

夷道若颣，很多看起来一帆风顺的人生或企业，正是因为其没有面对和战胜过起起伏伏的大小挫折，反而容易使其变得异常脆弱，没有调节弹性的能力。因为只有在不断处理问题的过程中才能获得能力成长。真正的正道不会是铺平了的坦途，甚至还会充满意想不到的挑战；一份挑战，一分收获。

有道之人，不居功自恃，甚至人们难以发现他在各个节点都能静悄悄地发挥着重要作用。所谓上德不德，建德若偷。

质真若渝，质朴的道，可以是千变万化的，而万法万变却不离其宗。有时我们总是陷于现象当中，容易忽略现象背后的本质到底正在发生着什么。

大白若辱，我们之所以总是能看到各种颜色，是因为它们都有底色——白色的存在；大方无隅，真正的大，天地足够大，我们是看不到它的边际的，莫以小人之心度君子之腹；大器晚成，真正成器之才，能以成长为目标，一直在精进的路上，所以他们，不受制于任何"器"或"至善"；大音希声，大象无形，举个例子，大自然循环往复地运动其实一直存在，并非时刻安静无声，道在背后推动着一切，道隐无名，而我们身在庐山不知其面貌，此喻道之隐。

上面几句都在说反话，真正的有道之人做起事来，让普通人看不懂。比如有道的父母爱孩子，反而是让孩子去吃苦受罪。

善贷，我觉得这个词用得真是太巧妙了。贷出去，说明知道付出、作用后会还回来，能拿到的结果是什么，不仅成就他人，还成就自己。万物作焉而弗始，功成而不自居。

赵丹： 老子把对道的认识境界分了三个层次：

1. 有深刻认识和感悟的人，会坚守"道"的规律和原则，言行一致；

2. 一知半解的人，似懂非懂，知道要行"道"，但又总会偏离"道"，徘徊不定；

3. 即便有人告诉他"道"是怎样的，认识和了解后如果照着做可以有怎样

第四十一章　善贷且成：将"我"修到混沌，没有人我之分

的好处，这类人不但不会接受，还可能嘲讽、讥笑或怀疑传授的人别有用心。

对一个从来没有过深层次思考的人开头就讲人生大道，肯定是行不通的。这里的笑我觉得也有自嘲的意思：这哪里是我能明白的道理，给我讲这些真是太搞笑了，能改变我的人生才怪。

自古以来学习"道"（或循道而行、得道之人）的人都会呈现几种状态：

1. 要么看起来人生暗淡；
2. 要么看起来像在后退；
3. 要么前进的道路曲折。

为什么会这样呢？因为他们更加在意自己的德行修为。他们拥有像山谷一样的胸怀，对别人的好永远觉得不够，做任何功德总是怕被别人知道，对任何人和事都以诚相待，言行一致。

他们为什么能够这样做呢？因为他们明白：人人都能看到的好不需要自己再去说，反而要多多谦让；德行越是深厚，胸怀越宽广，就不会存有私心而自寻烦恼这就像建造一座庞大的建筑，这不是一朝一夕可以完成的，要慢慢积累；就像大而传播深远的声音，一定是发自强有力的撞击，而不是频频紧迫地敲打；又好像攀登一座高山，哪里会轻易就看到其全貌，必然要克服山路险阻后登上高峰。

所以我们要明白，"道"就是这样没有明确的标准和可循之路的，看不见也摸不着，只能自己去领悟。如果真的想向"道"学习，就多做有益的事吧，做得越多就越能接近"道"。

心兰： 上士闻道，勤而行之；中士闻道，若存若亡；

下士闻道，大笑之。不笑不足以为道。（中心思想）

故建言有之：明道若昧，进道若退，夷道若纇。

上德若谷，广德若不足，建德若偷，质真若渝。

大白若辱；大方无隅；大器晚成；大音希声；大象无形；道隐无名。（举例说明）

夫唯道，善贷且成。（行为指导）

这一章看上去挺难，其实真正要翻译的时候，发现也没那么难。我终于体会到了老师说的"字面意思"的高度了，这一章就是字面的意思。

老子从不同的人悟道的态度出发，继续诠释他心中的大道。真正的合道是依据事物的本性做出准确的判断和相应的抉择，而不是拿着统一的标准去

强迫万物符合标准。

为什么下士闻道大笑之，不笑不足以为道？因为真正的道是很朴素的，没有多么玄之又玄、高深莫测、晦涩难懂的道理。道甚至是可笑的，与世俗常理所相悖的。凡夫俗子听完，可能就是哈哈一笑，就过去了，根本不会当真。

有德的人（遵道谓德，指心中有道，遵道而行之人）像成熟的谷子，像深邃的深谷，他们谦卑，随和；他们也洞察秋毫，时刻觉知；他们深知什么是白，却能安守于黑。他们因循事物的自然本性，不创造、不刻意地对其施加影响，自然而然地从事实出发，稳扎稳打，看起来的样子畏首畏尾，其本质上是因为他们对万事万物有虔诚的敬畏之心。

大器者，能够盛下整个天下，对任何东西也不区别对待，它形成要耗费很长时间，所以说大器晚成。有了区别、区分就不能统领与包容其他的声音，所以说有声的就不算大的声音。有了形象就有了与其他事物的不同之处，有了不同之处，不是凉的就是温的，不是冷的就是热的。所以能够表现出形态的都不是真正大的形象。

人的悟性不同，就会有不同结果。每个人开悟的时间点都不同，有人早，也有人晚，但无论早晚都不重要，而贵在厚德载物的勤勉。

悟道修德是一个循序渐进的过程，没有人能一步到位。一朝顿悟的前提是要有丰富的经历和厚德积累，才有可能在某一天契机来临时，从量变飞跃到质变。

每个人由于自身的见识限制，不一定能认识道，经常会一叶障目而不见泰山。我们生活在一个规律的世界中，很多人却对规律浑然不知。

虽然种种迹象表明"人间正道是沧桑"，然而唯有正道，才是唯一归途。道对任何人都是平等的。道的规律呈现在每个人面前，有的人洞察规律，顺时借势，知止不殆；也有的人对规律视而不见，以一己之力行事，所以吉凶交替相随。

事实最能说明问题：顺应规律做事的人容易成事；而不看规律、妄加行动的人，则难以成事。

张倩： 秀了，秀了！

师说： 如此看来，"字面意思"此言非虚。已然融会贯通，不再遣词造句，也不再说文解字。不错。

第四十二章

负阴抱阳：常怀谦下、虚空、敬畏的心

道生一。一生二。二生三。三生万物。
万物负阴而抱阳，冲气以为和。
人之所恶，唯孤、寡不谷，而王公以为称，故物或损之而益，或益之而损。
人之所教，我亦教之，强梁者，不得其死。
吾将以为教父。

传统译文

道是独一无二的，道本身包含阴阳二气，阴阳二气相交而形成一种适匀（契合）的状态，万物在这种状态中产生。万物背阴而向阳，并且在阴阳二气的互相激荡中而生成新的和谐体。人们最厌恶的就是"孤""寡""不谷"，但王公却用这些字来称呼自己。所以一切事物，如果减损它反而得到增加；如果增加它反而得到减损。别人这样教导我，我也这样去教导别人。强行的人死无其所。我把这句话当作施教的宗旨。

经典对话

张倩："道"是无所不包的，道是母，是最高维的存在，"一"是一切的起源，是一切万有。《说文解字》中对"一"的解释为："惟初太始，道立于一，造分天地，化成万物。"老子说，就连"一"都是源自道。从宏观角度来讲，宇宙、世界和自然都是循道而生，源自道；从微观角度来讲，多细胞就是由单细胞分裂而来，能量组成了现在科学界分解的最小物质组成单位夸克，夸克是组成质子和中子的基本粒子……最后，由原子组成了物质。但在这里面为什么用一二三来进行描述呢？我的理解，一二三是次第和顺序，代表的是一种分散和衍生的状态；另一方面，也指阴阳，万物都是由阴阳和合而成，三代表万事万物。总之，就是说道为母，万物皆为子。

万物都由一而来，一由道而来，因此都具备合一性，也就是万事万物看似都不一样，然而本源都是一。一又会变化，会裂变，就算裂变的部分也都是整体，既有一的属性，又都具备二（阴阳）的属性。而阴阳是既相互对立又相互吸引的存在，就是你中有我，我中有你，没有绝对的阴或者阳。

人们讨厌的东西无非就是孤、寡、不穀（不好的事情，不善的事情），而王公贵胄们却把孤、寡、不穀作为称呼，比如寡人等。所以，有时候看起来减损（气，能量）了，实则是一种增加（气，能量）；有时候，看似增加了反而是一种减损，最后一句实在不知道作何解。

第四十二章 负阴抱阳：常怀谦下、虚空、敬畏的心

万物都是相连的，这个宇宙是全息的宇宙，内里都是相通的。我们每个人都是独立的个体，也都是小的整体。我们自己就是小宇宙，这个世界没有别人，就是自己，我们看到的也是自己。所以人生就是一场修行，我们来此就是为了体验，然后走的时候比来的时候的灵魂高那么一点点。

师说： 这一章确实信息含量很大。我很期待你们几个的解读。

张倩： 我再补充一下对第三句的理解。

因为我们一直奉行道文化，道生一，也就是平衡、合和的状态。换言之，这种状态就是道。所以，凡事不可过，过犹不及。当我们位高权重时，就要减损自己的所得，更多地服务和惠及苍生。这是实的，同时在虚处，我们也要进行平衡。以孤寡自居，就是说这个气场太高了，就需要把它减下来以达到虚处的平衡，这样才是符合道的。

所以，我理解这一章讲的就是平衡之道，合和之道，联系我们自身就是要做到不可过（虚处实处皆不可过）。另外，就是接纳自己和他人，因为万物都是负阴而抱阳。人无完人，在管理中，要能够允许人性贪嗔痴慢疑的发生，并知道如何与之相处达到平和的状态。如果管理能做到这种程度，那才真的是境界。

朱玲： 道生一，一生二，二生三，三生万物。这一段我认为指万物运动发展的衍化规律。生生化生，不断生长、演化的自然状态。例如创业，起初只是一个想法或念头，到后来对想法的实践、学习、修正，经过不断地发展，这期间影响和带动一系列的人和事，从而获得不断创造与演化的可能性。这里也让我想到，"窥一斑而知全貌"的能力，也许就是能通过观察此刻事物正在发生，而能看明白"其发起运转的核心点是什么"的能力。

万物负阴而抱阳，冲气以为和。而万事万物的产生，从来都由阴阳不断地运动而产生和发展。"冲气"，我认为是一种万事都会通过不断地运动而实现的一种平衡状态。还是以创业为例，一个想法或念头有实现的渴求（负阴），然后去落地、给予行动，与外界有所交集和碰撞，外界才会发生改变（抱阳）。"冲气"，阴与阳之间通过行动和运动而发生变化和衍化；"和"，我认为是一种阴与阳的动态平衡所产生的状态，"和"方能持续。

人之所恶，唯孤、寡、不谷，而王公以为称。万人之上、坐拥天下（抱阳）的一国之君，以孤、寡自称（负阴），我认为这是维持"和"的平衡的自我告诫，同时也说明德应配位。在国王这样的位置，人的思想极易膨胀、

自我感觉良好，历史上大多数君王便是如此失去了天下。

故物或损之而益，或益之而损。一个真正担当得起全天下的领导人，应该是一位"受国之垢，是谓社稷主；受国不祥，是为天下王"。这是何等的承载力、心量，以及格局！满招损、谦受益，这不仅是一句大道理，更是一个发展规律，阴阳平衡的状态。为什么大多数经典之作都以修己身、修己心为要，为什么读书在生命中如此重要？我认为其指导意义在于自己有着一颗怎样的心（阴面），此生便会获得怎样的人生（阳面）。

人之所教，我亦教之。

强梁者，不得其死，吾将以为教父。这里的强梁者是指一意孤行、无所敬畏、不尊重不顺应"道其自然"规律的人，一味地其意愿去强求、强行自己与他人的人，最终他将不得善终。

刘鑫尧： 道生一，一生二，二生三，三生万物。这句话我理解就是事物从无到有，从少到多的发展规律。

万物负阴而抱阳，冲气以为和。所有的事物都具有"阴阳"两面，比如"正反""好坏"。

人之所恶，唯孤，寡不谷，而王公以为称。大众所厌恶的东西，王公贵族却不厌恶。这里可能说的就是一个人对于事物的认知能力的问题，凡人看不懂圣人的那种感觉。

对此，我的理解是世上存在的事物都是具有多面性的，"存在即合理"；只要是真实存在的东西，就一定有其存在的意义，也会因为它的存在衍生出来更多与它有关的东西。一个人的认知决定了他对一件事或物的看法，我们要学会从多个角度、多个维度去看待同一事物，而不能仅凭自己偏好而情感用事。

故物或损之而益，或益之而损。一件事物你觉得是在损伤它，其实是对它有好处，反之也一样。这里我的理解是在告诉我们怎么去处理、去做一件事情。如何正确利用力与反作用力。这也就是我们所说的用所谓的"奇葩"的方式去解决相同的问题或许效果会更好的道理。

人之所教，我亦教之。别人是这么教我的，我也就这么教别人，这里我用真理来解释。就是相对正确的东西，别人教给我的是真理，那我就原封不动地把真理教出来；至于歪理，那就把它改成真理再教出来。

强梁者，不得其死。梁是房梁，用在人身上就是脊梁。但这里我理解是气，傲气，不可一世的嚣张气：目中无人，觉得自己高高在上，自己才是最厉害的人。这种人往往"不得好死"。

吾将以为教父。我把这些作为我的宗旨，换句话说这就是价值观。

整章我的理解就是，要学会怎样看待问题，解决问题，并且要有自己的行为准则，要有自己的基本原则。

赵丹："道生一，一生二，二生三，三生万物。"这句话是事物发展演变的规律。我们面临困难的时候会觉得无路可走，这时候就可以用这句话来激励自己：以退为进，也是可以走的路啊。

"万物负阴而抱阳，冲气以为和。"这句话是在讲事物发展变化的状态，总是在不断地调和、此消彼长中平衡。一棵大树，长得快就容易折断；一个人从小被呵护得太多，反而无法开启其内在的成长动力；一个企业如果一味地追求营销业绩，反而不会发展得长久。

"人之所恶，唯孤、寡、不谷，而王公以为称，故物或损之而益，或益之而损。"这句话是面对得与失，顺境与逆境的人生态度和境界的辩证诠释。如今人们虽多数习惯做加法，多多益善，但任何事物发展的规律都不是绝对的，物极必反，欲速不达。因为万物的发展是循环往复的，有生就有死，有健康就有疾病，有光明就有黑暗，有得到就有失去。

而作为"王公"的人基本上都是"富有"到了极点了，站在这样的"极点"，他们会思考什么呢？"我很孤独，我很难过，我很忧虑，为什么还有这么多人贫穷，还有这么多人吃不饱穿不暖住不上房子"，这样的人他一定长久了，一定得到了更多的人拥护和支持，真正明白了"自损"就是"自益"，"自益"反而"自损"的道理。

"人之所教，我亦教之。"这是从人类种种行为的经验教训中总结出来的，我也只是把这些规律、经验教训如实地传授。

"强梁者不得其死，吾将以为教父。"我把这些规律和经验教训当作自己的人生信条，从不敢违背，因为我知道违背的后果，一定是不得善终的啊！

心兰：道生一，一生二，二生三，三生万物。

万物负阴而抱阳，冲气以为和。（中心思想）

人之所恶，唯孤、寡不谷，而王公以为称。

故物或损之而益，或益之而损。（举例说明）

人之所教，我亦教之，强梁者，不得其死。

吾将以为教父。（总结、执行指导）

道，就像种子，"因缘际会，时机成熟"就会生根发芽成长。（道生一）任何事情，都有阴阳两面。（一生二）一件事情与另一件事情碰在一起，必然产生化学反应，成为新的物种。（二生三）而世间万事万物，皆是以道为根。（三生万物）

万事万物的规律都是动态的"负阴而抱阳"。比如自卑和自信，就是一个底层心智模式的两面，一个人身上有自信，就必然也会有自卑。换句话说，不是走在更自信的路上，就是走在更自卑的路上。一棵树没有深根为据，就不可能有参天的高度。一把尺子有所长时，也就必有所短时。任何事的发生都至少有积极与消极两面性。有了善的标准，马上就有了对应的恶。经历过磨难才会真正懂得幸福来之不易，才会珍惜眼前的拥有。（万物负阴而抱阳）

一个人，他想要更自信，就做能让自己自信的事；反之亦然。

王侯将相本是人中贵族，享尽人间富贵与荣华，可偏偏以人们最不喜欢的孤、寡自称，可见他们懂得阴阳平衡、能量平衡的道理。任何事都不离道的规律。道，要么益之而损，要么损之而益。就像一个人，磨炼多了，就会更成熟；被保护得多了，他反而会慢慢丧失很多天性中本来就有的能力，因而他慢慢会成为一个连自己都无法保护的废人。（人之所恶，唯孤、寡不谷，而王公以为称，故物或损之而益，或益之而损。）

我从古贤先哲那里学来的是这个道理，所以我也如此教给世人。天下万物莫不遵道而行。强行叛道，离经叛道，不遵从此理，必遭天谴。（人之所教，我亦教之，强梁者，不得其死。）

吾将以为教父：这是我的人生信念。

师说：老子的很多话确实就是"字面意思"。

在华夏文明上下五千年的绵延传承中，对于原始共产主义社会来说，是"大道之行天下为公"的天下，是自然无为的"道"在行使主权。三皇时代的道法自然、以正治国，就是老子传承的"人之所教、我亦教之"的大道。

自尧舜禹禅让后，从夏禹传子家天下始，经汤武革命改朝换代，直至礼崩乐坏、百家争鸣……当"大道既隐，天下为私"的常道，成为百姓心中的"始制有名"时，再想让人们达到"致虚极、守静笃"的忘我无私境界，就是玄乎其玄的"玄之又玄"了。

"大道既隐，天下为私"的物欲横流。这是世道，亦是人性的阴阳两面。即使人们已经很难理解"人之所教，我亦教之"的"教父神话"，它依旧是大道不可分割的一部分。

距老子当年传道授业，至今已过去2500多年，如果要问，究竟是大公无私的均衡发展良性循环好，还是自私自利的不均衡发展恶性循环好？显然，这既是一个自然宇宙世界的天道法则问题，也是一个人类文明世界的基本伦常命题。从自然宇宙世界的天道伦常角度来讲，当然是大公无私均衡发展良性循环好。而从人类文明世界"大道既隐天下为私"的世俗常道角度来看，却必然会选择自私自利的不均衡发展恶性循环。

我们立足当下，问道老子"执古之道以御今之有"的"始制有名"，既是为自己寻找立足社会经济，能够均衡发展良性循环的"文化传家宝"，也是在为社会的不均衡发展这种恶性循环顽疾寻一副"中医良方"！

无论大道之行（阳），抑或大道既隐（阴），其实没有对错，都是循道而行，且各有利弊，各行其道，各司其职。

第四十三章

柔能克刚：在轻松的状态下才能出业绩

天下之至柔，驰骋天下之至坚。
无有入无间，吾是以知无为之有益。
不言之教，无为之益，天下希及之。

传统译文

天下最柔软的东西，能驾驭天下最坚硬的东西。无形的东西，能穿入没有缝隙的东西。我以此知道无为的好处。不言的教诲，无为的益处，天下很少有人真正懂得这种道理。

经典对话

朱玲： 什么样的心态和行动，是"天下之至柔"？我认为大概是一种不伤人不伤己，"温柔的坚持"。即使外面流露的是雷霆之怒，心中仍是饱含慈悲（而伤人伤己，则是责怪、要求、厌恶……）。为什么可以做到如此？当我们深悟此道时，即便看到其他捷径的诱惑时，我们也能够有所警惕且毫不畏惧——"温柔的坚持"——人间正道是沧桑。

为什么能有至柔的心态？因为世事无常，所以我们要有做事的决心及永不放弃的精神。至刚易折，同样是执者易失，不如守住当下这颗心，砥砺前行。在明白逻辑和道理以后，我们方能不断修正自己的行为和思考方式，以使我们修炼成柔软的心态，温柔的坚持。

为什么能驰骋天下之至坚？因为一个看似不能完成的目标，总是可以换着法子接近，变着（良性的）手段去一点点积累，行动。但很多人不能完成既定目标的原因，在于总是感觉目标太难、太复杂，实现起来代价太大。然而九层之台起于累土，千里之行始于足下。坚定的信念，能够让人逢山开路，遇水架桥。所以我觉得信念很重要。

无有入无间，以身作则，不言之教，润物无声，耳濡目染，得道者多助，天下希及之。

张倩： 前面我们有提及，柔弱和坚强的概念，比如"柔弱者生之徒，坚强者死之徒"，但在这里，我认为有两个问题值得我们思考，第一个是至柔为什么可以驰骋天下之至坚。第二个是为什么要用"驰骋"二字来表达。

我尝试着进行回答。第一个问题，柔弱胜刚强，前面解过，这里就不做赘述了。主要来看看"驰骋"二字。这两个字用得极为巧妙，老子没有用"攻"也没有用"强"这些字眼，而是用了"驰骋"。我们都知道，驰骋是马儿疾驰时候的样子，极尽洒脱、恣意之状。这就意味着，"柔"这种特性或者说品质，是一种很坦然、洒脱、恣意的存在状态。在面对那些顽固的、执着的、坚挺的状态的时候，是一种降维的包容，任何的"坚强"之事在"柔弱"面前都可谓不堪一击。

我们一再说"无"不是没有的意思，而是一种顺应"道"的状态。我认为上文中的"至柔"可能讲的就是这种"无有"的状态。"无有"可以在任何场域，都能发挥其作用，我也是因此而知道了"无为"的妙处。

知晓了上面的观点，我们需要怎么做呢？需要行"不言之教，无为之益"，这样天下就没人能够比得上了我们。什么是不言之教和无为之益呢？我曾经看过这样一段话：真正的教育是一颗心感化另一颗心，真正的教化或者说影响不是用言语的，而是用心，用行动去感召且感动对方。而真正的恰到好处也不是因为我们做了很多自认为需要做的事情，而是顺应一切的发生，做好自己该做的，此心光明，无愧于心就可以了，剩下的就交给宇宙去运作。

这章概括起来，我认为老子是在强调和渗透"柔"和"无"的观点和概念。而这两点也是整部《道德经》的重要观点，教导我们要掌握和获取"柔"与"无"，"无有"和"无为"的至上心法。

师说： 驰骋，老子说的是至柔在至坚的领域里，可以"纵横自如"。在这里可以思考一下，人的心什么时候最硬？什么时候最软？

张倩： 凡事只为自己着想的时候最硬，心里能装下他人，考虑他人的时候，最软。

心兰： 内心有爱的时候最柔软，内心有仇恨、怨气、情绪的时候最硬。

朱玲： 内心有坚定追寻志向和目标的时候最软，内心充满恐惧和担忧的时候最硬。

赵丹： 硬，我理解为"坚定"，往往在紧要关头，必须坚定且毫不动摇地下定决心。软，是一种松弛、温暖、柔和、平静的状态。硬和软之间，有很多的变化和状态，比如犹豫不决，就是一会儿硬，一会儿软。

心兰： 天下之至柔，驰骋天下之至坚。（中心思想）

无有入无间，吾是以知无为之有益。（举例说明）

不言之教，无为之益，天下希及之。（实践指导）

天下最柔软的东西，往往能在最坚硬的场域驰骋。无形的东西，能穿入没有缝隙的东西，我以此知道无为的好处。不言的教诲，无为的益处，天下很少有人能知，更少有人能做到。之前老师说"无有、入、无、间"是本章的点题关键句。而且其他的，倩倩和玲姐我看也有解，我就重点解一解这一句。

首先讲"无有"，我认为，"无有"不是没有，而是一种看似没有却真实存在的东西，比如"不言之教"；是看似没有影响，却能产生实质性影响的东西，比如"十年如一日的默默扎根与精进——根之于树的影响"；这是一种用肉眼看不见，却能用思维感受得到的，比如文化氛围或企业文化等。

其次是"入"，我认为这是一个动词，是影响、改变、潜移默化、润物无声的意思。

最后是"无"，这是一个形容词，是形容那些"看似牢不可破的东西"，比如固有的观念，也形容那些"看似不可能改变的旧习惯"，更形容有些"看似铜墙铁壁，没有缝隙可攻的城墙"，比如团队之间渺小到几乎不可闻的"嫌隙"……

"间"，这个我暂时想不出来，大家集思广益一下。

师说： 人的幸福感和获得感都藏在实力里，也藏在不为人知的努力里——越努力，越幸运！一个人若有上善若水的修为，又有坚韧不拔的意志力，把所有的精气神都专注在一个点上——专注的执行力会激发不可估量的潜力。

我们生活在一个可见的世界里，身边的东西都是实实在在的物质。然而，物质世界的背后还有一股柔弱到看不见的强大主宰力——那就是规律，或者说是道的运转。

道者，本质上而言，就是洞察规律、顺应规律的人。根据规律，能在起心动念时，就洞察到事情演化的结果。达到这样一种状态，就是知无为了，无为才能无所不为。无为，才能透过现象看到本质，这是一种洞察规律的能力。所以，无为不是不做事，而是依据规律，看准时机、顺应大势来做事，这样成事的概率必定会大大增加。

而一般人做事通常仅凭满腔热血，而不考究规律，也不洞察时机，凭感觉做决策，看心情行事，这是"有为"——处在"有为"境界的人，无法洞察规律，就只能看见眼前的状态。修行不是去追求"有"，而是回返于生命的"无"——无是本原。"无"是无边无际的宇宙整体与起源；"无"代表大视野、大格局、大思想，大思想产生大奇迹。

"无"更代表舍得和放下，只有无我境，才能发现更多机遇和空间。教育的伟大在于不言与无为。人类是为了学习爱、实践爱而来到人间，过去的阴影丝毫不影响我们的纯净美好。当"我"不再把时间浪费在"别人会怎么看我"这件事上，当"我"不再处处与人比较，只是纯粹地做好自己，慢慢壮大自己时，我才能体会、感受、洞察到宇宙"无有入无间"的大道规律。

第四十四章

孰轻孰重：拎得清轻重，才能做常胜将军

名与身孰亲？身与货孰多？得与亡孰病？
是故甚爱必大费。多藏必厚亡。
知足不辱。知止不殆。可以长久。

传统译文

声名和自己的生命相比哪一样更亲呢？自己的生命和货利相比，哪一样更为贵重呢？获取和丢失相比，哪一个更有害呢？过分地追求情爱与名利就必定要付出更多的代价；过多地积敛财富，必定会导致更为惨重的损失。所以说，人懂得满足，就不会受到屈辱；懂得适可而止，就不会遇见危险。这样才可以保持住长久的平安。

经典对话

朱玲：这一章我理解是让人分清楚声名与名利甚至是情爱孰轻孰重，以及把精力过分放在追求欲望与虚名上，终将导致其碌碌一生甚至是最终殒命。

名与身孰亲，外在声誉、名声是无法被追求的，它是一种被动技能，是一种结果。以事事都想落个好名声为目的，一是这本身也无法做到；二是好名声不仅能束缚人的自由，还容易让人行事时瞻前顾后，不知轻重缓急。上德不德，是以有德，德行不分家，行有德之事，不可求有德之名。最重要的是我做什么，可以产生真正有用的价值。

对物质的追求没有尽头，如追求更大的房子、更多的企业、更广阔的领土……得到了就想要更多，失去了捶胸顿足，时时被得失感左右，用有限的生命妄逐无限的欲望。这些都会致使你最终在四处游荡和胡乱抓取中自取灭亡。人生在世，每日不过三餐，夜寝不过六尺。

一个镶嵌黄金的金刚钻和一个金刚钻，并没有使用上的区别。最重要的是它本身对我的用处和意义。因此，我们自己需要很明确每件事情、每种事物的用意和价值，包括自己的价值。知止可以不殆。

张倩：老子开头用两个问句点题，引发对"名""身""货""得""亡"关系的思考。外在的名利和相比较自身而言哪个更为真实，外界的财货和自身对比哪个又更为贵重，得到和失去哪个才是真正的问题。对于我们司空见惯的存在，我们从来没有静下心来去思考，去探究，这些事物的本质和先后，因此也无法发现和践行其生命的本质。正是因为少了这些思考，我们才会追逐外在的名利和财货，以及被得到、失去迷惑、裹挟。因此我们虽耗费心神与工夫，到头来也只是竹篮打水一场空。

我们具体要怎么做呢？要做到"知足"和"知止"，珍惜当下的拥有，感受当下的充盈和富有，而不是一味地外求，使自己陷于得失的恐惧中。清晰内心的止，明确自己的目标，"身""名""货"孰亲，孰多？回归自身，回归"活"的本质，去感受、去体验、去成长，而不是去迷失、去占有。

问道心得：

个人理解这一篇主要讲"修身"。人生在世一遭，如何能活得明白，能活得通透，其实没有更高深的加法，就是减而又减的减法，做到知足和知止，从而净化自己的生命，以提高自己的生命质量。

心兰：@张倩，我们俩的解释好像啊！我后发，有点感觉是抄袭你的。

名与身孰亲。身与货孰多。得与亡孰病。（中心思想）

是故甚爱必大费。多藏必厚亡。（举例说明）

知足不辱。知止不殆。可以长久。（实践指导）

我们大多数人是过着糊涂的一生，是算不清楚根本账的一生，是权衡不清得失利弊的一生。我们经常会为失去而难过，为得不到而遗憾，已经拥有的却不知珍惜……

名、货、身三者，身是根本，名和货都是依附于身而存在的，所谓"皮之不存，毛将焉附"，身若不在，名和货还能有什么意义？当我们把三者摆在台面上的时候，每个人都明白这个道理，稍微理智的人对此都不会做出错误判断。然而，这并没有什么用。一旦到了现实生活中，当我们身处其中的时候，我们当中会被名利冲昏了头脑、迷乱了理智的大有人在。

人生什么最珍贵？不是已经错过的和一直得不到的，而是当下正在拥有的。一味地追逐名利物质，必然对生命存在着巨大的消耗——天底下最不值当的投资，就是用健康换名利。

我们总认为失去是减损，所以总想得到，但换一个角度看，失去未必不是另一种更好的得到。再遇见算不清楚的时候，想一想老子的终极一问，"得与亡孰病"，得到与死亡，孰轻孰重？如果命都不在了，再得到这些身外之物，又有何用呢？

从"道"的角度看,即使是能做、善做的事也要控制在合理限度内,不要超越极限而导致物极必反。如果是不能做的事,则必须坚决制止,不要被惯性、执着和贪念把自己带到万劫不复境地。比如那些贪污受贿、走旁门左道的人,起因不过是因为贪图自己不该得到的东西,而给人留下把柄,而使自己整日里活得担惊受怕。这真可谓一步错,步步错,最后落得竹篮打水一场空的结局……

有人说,社会现状如此,不进则退,我能怎么办?老子也没有说钱财名利不好,只是告诉我们不要贪,必须明白"君子爱财取之有道"的理。不要用无价的健康,甚至生命去换有价的财富与名利。有些东西没有确实不行,然而什么都想要,欲望无止境,更不行。

只要有过度追求物质欲望,那么自身的时间、精力和身心必然有所损耗。一旦心里有了特别喜爱或贪恋的东西,这种执念也会导致生命的失衡。

要怎么做才能把握平衡呢?人类最宝贵的是生命。如果生命是一棵树,那名利、财富、享受只不过是生命之树上晶莹的露珠。用生命追名逐利,就像是为了露珠而付出自己的生命之树一样愚蠢。因此我们要自重、自爱!知足,才不至于因为失德而遭受困辱;知止,才不至于因为胡作非为而将自己置于危险境地。

我们的内心其实一切都很清楚,只是理智被欲望驱使之后,内心蒙了灰尘,导致我们对自己内心真实的声音听而不闻而已。大多数人身处困境和遇到烦恼,都是因为其不懂规律、不自律、不理性行事所致。老子所说"知足不辱,知止不殆",就是当一个人能够用心正看待问题、理智分析判断、准确拿捏分寸时所呈现出来的状态,只有这种状态才能使我们做到云淡风轻、宠辱不惊。归根到底,这都是当事人强大的逻辑思维在起主导作用,而不是任由欲望、情绪驱使自己的结果。

其实,读《道德经》关键是要落实在"做到"上——学以致用是根本,否则学来做什么?人活着的每一天、做的每一件事、说的每一句话,都是修行——有修行力,才能遇见更好的自己。

师说: 得与亡孰病?这句问的正是"名、货与身"的得到与失去孰病?这里的病,老子意指那些会让一个人心态发生不健康变化的病,比如"见可欲""贵难得之货"等,都会使人病。那么得到名会病还是失去名会病呢?得到货会病还是失去货会病?得到身会病还是失去身会病?答案是不言而喻的。

第四十五章 清静为正：得自在，才能真正地圆满

大成若缺，其用不弊。
大盈若冲，其用不穷。
大直若屈。大巧若拙。大辩若讷。
静胜躁，寒胜热。
清静为天下正。

传统译文

最完美的东西看上去似乎也总有残缺,但它的作用永不衰竭。最充盈的东西看上去也总是有空虚时,但它的作用没有穷尽。最笔直的东西看上去也好像是弯曲的,最灵巧的人肯定也有他的笨拙时,最卓越的辩才看上去反而显得木讷。燥热战胜寒冷,而冷静克服燥热。清静无为才是天下之正道正统。

经典对话

张倩: 对这种完美的追求有很大的问题,它会让我们迷失自我,而老子的说法其实与我们的理解不完全是一回事。老子所说的真正的完美不是没有任何缺陷,反而是有缺陷的。万物皆有光,那是光照进来的地方。同样大盈是一种极为圆满的状态,但什么是真正的大盈呢?一定是看起来有冲突,老子的观点一直都是相对的,没有绝对的好也没有绝对的不好,绝对的和谐里一定是暗气流涌动。

"其用不弊"和"其用不穷",我理解是一种程度,告诉我们大成若缺、大盈若冲可以无所不用,是至上的心法,是顶级的真理。大成和大盈是一种终极的追求,是比较抽象的。我们怎么能更好地理解这种抽象呢?举个我们日常生活中经常会遇到的现象:为什么一件笔直的东西,我们看上去却好像有些弯曲呢?因为大道甚夷,而人好径、曲则全、枉则直,那些一路有鲜花和掌声陪伴顺利出道,没有经历过挫折的人,往往更容易夭折;而真正的灵巧和精致是看起来有些笨笨的(所以圣人披褐怀玉),真正能言善辩的人看上去反倒显得不善言谈的样。老子真是了不起!他能够把看起来相对以及相反的存在融在一起,而且毫无违和感,这真正是他对阴阳研究到了极致。

静和寒,可以克制以及抑制内心躁动和燥热,让我们回归常态。这让我想起"心静自然凉"。如果我们能做到这种力量的调和,则可以匡正天下,因此，清静是天下正道。

朱玲： 前两句我自己理解是：一个不下定义与不追求至善的人生，将不被限制其发展的空间，就会有更多回旋、可操作、可思维、可上升的更大空间。

"专注当下正在发生的，认真聆听和对待，尊重每一个不一样的真实想法和意见；时刻发现每个人的不同，发现每件事情（物）的具体差异及每个人的不同诉求，才能更好地把握每一件正在发生的事。"当一个人脑子里装满了他下的自我定义的时候，定义的条条框框所束缚住的恰好是他自己。老子说上善若水，善的状态，是一种贴近事物本身的洞察及根据对象不同而应运而生的智慧。如果脑子都填满了定义，又如何看得清正在发生什么呢？连正在发生什么都看不清楚，又怎么能正确把握自己的人生。

所以我认为这两句可以看作是一种心法：当任何事情发生了以后，它已经发生了，不论好坏，都可以"大成若缺、其用不弊；大盈若冲、其用不穷"；提醒自己释放出一个空间来，去思考它的发生所带来的更大价值和意义。

水从未因为遇到的外界环境的不同而改变水性，可理解为"大直"；但水从来都是柔软顺遂，不与外界提任何要求和对抗，而是物来则应，可理解为"若屈"状态的。我想，做人做事也应当如此，与其用有限的精力和时间去要求环境如何，不如思考自己在这样的环境下，应该且能做些什么有意义有价值的事——立足眼前，做好当下的事情，为实现人生的目标积累经验，积蓄能量。

积累是一件脚踏实地的事。因为每一个错过的和忽悠过去的积累和沉淀，都会在未来的某一刻引发坍塌——就像运动员的身体有一个部位没有训练到位，那么未来某一刻也会因为该部位的发力不足而使其某次竞技运动的败北。所以我认为人生中每一时刻都应该谨慎对待，小心应对。所有谨慎对待过的每一时刻，都会在未来收获最真诚的回报。我认为这就是大巧若拙。

一个人的人生是不需要向谁解释的，最终需要去交代的人只有自己。在自己的轨道上运行和前进，自己理解更明白自己每一时刻的选择和每一次全力以赴，那么在外界看来是一种"大辩若讷"的状态。也许在别人看来，还有更轻松的路你不走，也许还有更好的捷径……但是只有你自己非常明白自己是什么状态，是什么水平，自己需要的是什么。

外界的花花绿绿会拨动着每一颗躁动的心。而内观自己，听听自己的心声，看到自己该做什么，潜心地修行，走在自己的轨道上，是静，是天下正。

心兰： 大成若缺，其用不弊。大盈若冲，其用不穷。（中心思想）

大直若屈。大巧若拙。大辩若讷。（举例说明）

静胜躁，寒胜热。清静为天下正。（总结、实践指导）

只有保持清静、平和的心态、稳定的情绪，才能做到中正、调服阴阳，使自己保持在高维的状态，而不会让自己剑走偏锋，非此即彼。

老子说："这个世界没有真正完美的东西，有缺才是常态。"有句话说：这个世界不是静态的完美，而是动态的不完整。正是这些不完整，造就了我们完整的人生。越是有大成就的人，越能清晰地认识到自己缺什么、有哪些不足。不足不是指缺点，而是指"为了达成某个我要的结果，还有什么必要的条件我还不具备，要如何补足"，这是缺。往往大成者，是因为目标清晰，因为发现不足是前进最根本最原始的动力。

这一段我理解很深刻，当我做一件事迷茫的时候，我会找人聊天，会从聊天中找到继续前进的路，而那路通常是：意识到自己可以奋斗的小目标。很多事都不是一蹴而就的，而是由很多很多的小台阶一阶一阶组成的，缺少一阶都是隐藏的风险。我们一阶一阶脚踏实地把自己力所能及的事做好，把脚下的每一阶都踩实，就像是一艘巨大的航空母舰，它也需要每一颗螺丝钉都拧紧一样。能意识到自己的每一步如何走，就是意识到自己前进的路，往往就是"缺"，就像水，发现有缺就会流动一样。

真正做到顺其自然的状态，就是得道的状态；得道的人，看起来好像不足；这种不足，就是缺；缺的状态是他很明确自己要什么，不要什么。比如老师，她总是很清楚自己要什么，遇到问题她也会直接表达出来，在旁人看来也是一种缺：可能是缺心眼，也可能是大智若愚，更可能是看了就想帮她一把……

在我看来前两句话是一个意思。了解《道德经》的人都很清楚，老子说"大成"和"大盈"都是一种得道的状态。在这种状态之下，呈现出来的就是"缺"，就是"冲"，就会其用不弊，就会其用不穷。冲，这里我看倩倩的解读，是"冲突和相对"，我以为则不然。冲，应是"冲气以为和"的冲，是一种动能，和"缺"所表现出来的动能是一个意思。就像我们做事找到动力时，感觉有力量在推着我们前进。所以才能生生不息，不弊亦不穷。

这个世界之所以会出现"大直若屈，大巧若拙，大辩若讷"，实际上都是因为真正的智者掌握了大道后，无论在为人处世上还是治理团队上都能合乎道，而道本身是非常质朴的。在得道者眼中，是没有直和屈、巧和拙、辩和讷的区别的。做事合乎道的人一定拥有大直、大巧、大辩的特点，令普通人看起来他们好像是走了弯路的、笨拙的、木讷的。这是因为大成就者虽有大直之德、大巧之能、大辩之才，但他们从不自我炫耀，所以留给别人的印象是屈、拙、讷。它体现了有道者一切自我行为都完全遵循道的客观规律，而绝不盲从，绝不自以为是，绝不妄作妄为。这正是自我的无为之德、不争之德以及上德不德之德。屈、拙、讷虽然貌似残缺，实则是仁者的美德。

在人生旅途中，哪一种人更合道更能让自己到达人生大平衡的状态呢？是巧言令色者，还是刚毅木讷之人？其实，有时候事物外表的"屈、拙、讷"中可能正隐藏着内在的大直、大巧和大辩。只有从根本上看清了事物的本质，才能进一步去采取合适的应对措施。

只要给自己独处的时间，人就能清静下来——清静为天下正。当阳过旺或阴过盛时，不平衡即为不正。只有阴阳势均力敌、互相协调，才是中正。

《道德经》说得道就是守一，守一就是保持阴阳平衡，不至于落到两端。人若能常清静，逐渐进入这种平衡的状态，才能守一，也就谓之得道。人保持清静，就如同进入充电状态；清静时间越长，人的内力就越强。所以，每天留出一段或长或短的时间，一个人独处，不被任何人打扰，让自己得到清静。内敛，沉着，稳扎稳打地思索真的很重要。我的方式就是看书、运动、静坐。

得道的人顺其自然，不执着美德，不执着高尚，不执着圣贤，也不执着任何一个点，一切都是跟随天地自然规律而变化，这就是道法自然。

有智慧的人首先保全好自己，其次才可能谈及发挥自己的长处，更好地有所为。所谓"小隐隐于野，大隐隐于市"，真正能达到清静状态的人，即使是在喧嚣的闹市也能保持其内心的宁静。

一个王者、一个领导者保持内心的清静，才能引领更多人走上正道。老子说"我好静而民自正",就是让自己内心具备清静、冷静、宁静的一份修养,这样才能引导大家走正道。这是天下最正的一种领导方式,也是我们由内圣而外王的一种正确的修养方法。

第四十六章

无祸无咎:一心外求,奈何苦

天下有道,却走马以粪;
天下无道,戎马生于郊。
祸莫大于不知足,
咎莫大于欲得。
故知足之足,常足矣。

传统译文

治理天下合乎道的时候，善于奔跑的马可以还给农夫用来耕田；当天下遭遇无道的时代，战马就只能被迫长年累月征战在外，甚至连母马都得被逼上战场，不得不在神圣的郊野产下小马驹。这些悲惨的景象，都是那些野心家的贪欲造成的。虽然他们挑起战争，篡权夺位，攻城略地，但是最终也会落得身败名裂。因为那些无休止的欲望是最大的罪恶之源，所以一个人知道什么时候及什么地方应该满足，这个人就是知足常乐的人。

经典对话

朱玲：前两句描述了管理者在有道和失道时，其治理与管理下的国家所体现出来的不同状态。管理者施行德政时，国家有道，哪怕是一匹战马，也是为民生所用。当国家失道时，连怀孕的母马也会加入战争，幼马只能诞生于战场的郊外。

如何能"走马以粪"？《礼记》中说"大道之行，天下为公"。管理者体察民情，以百姓心为心，以民生为要。

而"戎马生于郊"这番惨痛的情景，是由什么造成的呢？统治者拿着手中的权力和资源，不断去满足自己持续膨胀的私心和占有欲，哪怕是财竭力尽、民不聊生，也在所不惜。自己国家都治理不好，却不断地向外追逐与猎杀，而统治者用这种不道的行为所统治下的政权或国家，势必是最终只能走向灭亡。

当下的事是否做得足够好，当下的使命职责是否尽到位，自己的核心实力与愿望是否相匹配，都是需要我们反省和思考的。知己最重要的是了解自己能够跨多少步子，应该跨多少步子，才不会因为贪心而跨错步伐。所以不知足、不务本，是祸端的开始。

咎莫大于欲得，我理解为想拿到超过自己应得的东西。不仅在正确的道路上没有努力，还想要获得超过自己应得的东西，这就是心歪了，路也跟着一起歪了。这样下去的结果就是毫无建树，自取灭亡。

这里的知足，我理解就是把手里现有的做好，将责任、职责、担当做到位，心底的富足就会油然而生。而这种满足感是不断向外追逐猎取带来的短暂满足感无法比拟的。前者是积累、夯实、沉着冷静、亲手栽种而获得的欢喜，而后者是浮躁、侥幸、妄想，是没有根之追逐。

张倩： 很显然，中心句老子讲的是一种状态，用对比的方式讲了"有道"和"无道"的两种状态。看了很多注解，都说走马以粪，是让战马去耕作，我个人不敢苟同，其因有二。一则，春秋战国时期马的地位是很高的（在古代，马还会作为图腾存在），那个时候大家出行以及运输基本是牛，所以不可能用马去耕作。另外看过马术、知晓马的人应该都知道，走马是一种疾驰的状态（走马观花），因此当马在疾驰，撒欢儿跑的时候，会随地大小便，这是一种自由的状态，也就是老子所说的"有道"。天下只有在"有道"的状态下，骏马才会撒欢儿疾驰，自在奔腾；反之，当军队驻扎郊外（戎马代之战争和军事、军队——戎马一生），那么意味着有战事发生，这是"无道"的状态。

解释上文，为什么会出现"有道"和"无道"的状态，是因为"不知足"和"欲得"。没有的想要得到，有了想要更多，人类的欲望是无止境的。这个"不知足"和"欲"更多指的是私欲，只想要满足自己的内心所想，无视他人生死和利益的一种存在。当这种欲望在君王的身上尽显的时候，天下百姓便会生灵涂炭，会让戎马生于郊，会"无道"

对此，老子给出答案，要怎么做呢？我们要知道"知足"知止，才是真正的富足。内心真正的富足不是源自外在，而在于内心充盈和笃定。

因此，结合上文我们不难发现，这里的"不知足"和"欲得"就是"无道"的状态。相反"知足"和"无欲"是"有道"的状态。所以，这一章老子实际是在教导我们，懂得知足，珍惜当下和自己已经拥有的，回归内在，而不是一味地外求。同理，当我们的管理不是抓取和控制的时候，我们的员工就会走马以粪，尽显才能，整个企业才会有活力。

赵丹： "天下有道，却走马以粪"——这是一种清净自然的状态，万物各行其道。以马为例，可以自由自在地行走、耕种、作息规律，人畜和谐。

"天下无道，戎马生于郊"——戎马的状态肯定相反，就是反其道而行了。"马"本不会"戎"，却强加了人的意志给它"神驹""铁马""英勇""善战"等之称，这就是违反了马的本性。

所以，"祸莫大于不知足，咎莫大于欲得"——本来马帮你耕种就不错了，有吃有喝，可以日出而作，日落而息，你过得逍遥，马也自在。可你不满足当前的几亩薄田地、几间茅屋，非要让其身披战甲，策马扬鞭，要夺取原本别人正在耕种的田，别人肯定不相让。灾祸就来了。

"故知足之足，常足矣。"——所以，知道珍惜当下，懂得万物皆有所属，自己的就是最好的，一切就可循道而行了。

心兰： 天下有道，却走马以粪；天下无道，戎马生于郊。（中心思想）

祸莫大于不知足，咎莫大于欲得。（举例说明）

故知足之足，常足矣。（总结，执行指导）

老子开篇描述了有道与无道两幅画面：一幅是天下有道时，马卸装甲，回归农耕，国泰民安，海晏河清；另一幅是天下无道时，兵荒马乱，孕马出征，郊野产子，鸿雁哀鸣，满目疮痍……

在有道与无道之间，就是人的欲望——能控制欲望，就是有道；被欲望所控，便是无道。知足是一种自控力，能做到知足的人，才能平安富贵。

身体也是一个天下，"身体国"里有六千亿兆的细胞子民。不少人用于治病的费用已远远高于吃粮的费用。肉体有肉体的规律，人类70%的心因性疾病，更要通过提升思想品质来自我疗养，自我疏导。

老子说，大多数祸害的根源，源自人性的弱点：贪得无厌。所有的战争无一不是因为侵略者的不知足和贪心重所引起的，然后才有攻城略地，掠夺资源，侵扰百姓，天下大乱。社会混乱的罪恶根源就是因贪欲而导致的失道。人若怀有可欲、不知足和欲得之心，一不小心就会使自己陷入名利财货的陷阱。

老子说，能做到知足的人才能平安富贵；知足的反面就是贪心不足，而这正是招致祸患最根本的原因。比如不知足就会使人产生衣柜里永远缺一件衣服，房子永远少一间，有了财富还想要更多的欲望。很多富豪都是因为疯狂扩张，盲目性做大盘子而导致风险增加，结果一环断最后便是泰山倒。这是因为多数人只会做加法，不会做减法。只有知足的人才能控制自己的欲望，让自己收支平衡；常以知足心行事，才能小心驶得万年船。需求是可以满足的，欲望是永远满足不了的。能厘清何者是需求？何者是欲望？才能克制欲望，常守原本富足的心灵世界。

第四十六章　无祸无咎：一心外求，奈何苦

"知足者富"是修什么？就是修内圣外王的大格局。所谓"内圣"就是一个人内在的人格魅力；所谓"外王"就是"内圣"的外延，是外在的效率和影响力。内圣外王是更加强调要开悟自己，由内而外，用自己的意识层次来影响周围的世界。

师说： 本章老子开篇，将有道社会的美好光景和无道天下之惨状进行对比。

老子是一个胸怀天下的人，也是这个世间"爱自己"爱得最明白的人。所以他向往的生活和自由的状态，任天下谁人看了，都会勾起其内心深处的向往。这种有道的状态是人人内心都有道的滋养和洗礼。人人能知足，人人内心都有自己明确的"止"，也就是人人心中都有自己的确幸，人民的生活幸福指数就是很高的。

老子生活在战火纷飞的时代，他向往的生活是和平的农耕社会，人人安居乐业，而不受战火侵扰。他认为有道的统治者应该给人民这样的生活。而民众在有道的统治之下，自然而然回归诗酒田园的生活。

放眼当下，着眼未来。一个有道的天下，发展经济、养育人民才是社会的中心任务。所有的战略目标包括国家的军事实力，都应该围绕着经济发展和人民幸福生活这两个核心任务而服务。特别是军事力量，应是保护人民生活自由和国家独立自主的利器，而不是统治者用来争夺霸权、满足声名欲望的工具。

张倩： 老子是一个胸怀天下的人，也是这个世间"爱自己"爱得最明白的人。所以他向往的生活和自由的状态，任天下谁人看了，都会勾起内心深处的向往。这是怎么从这章看出来的？

师说： @朱玲，解释一下，贵以身为天下，若可以寄于天下，爱以身为天下者，若可托天下。

朱玲： 比如身边有的活得好、好好爱自己的人，表现出来的是一种宁静致远、积极、快乐、接纳、开放的状态，谁接触谁欣赏谁喜欢。老子描述的那种社会状态，走马以粪、安居乐业、各得其乐的状态，也是我所向往的。

师说： @心兰，解释一下，己所不欲勿施于人。

心兰： 因为一个人能够全然地接纳自己，爱自己，他才知道如何去爱别人。因为他知道自己想要的是什么，他只是将自己喜欢的分享出来给世人。所以这一章，老子只是说了一个自己理想的社会的样子。而当下之所以没有，是因为上位者无道、贪婪无度，而老百姓内心无道所造成的，对吗？

235

第四十七章

道行万里：足不出户便知天下

不出户，知天下；
不窥牖，见天道。
其出弥远，其知弥少。
是以圣人不行而知，不见而明，不为而成。

传统译文

不出门户，就能够推知天下的事理；不望窗外，就可以认识日月星辰运行的自然规律。他向外奔逐得越远，他所知道的道理就越少。所以，有"道"的圣人不出行却能够推知事理，不窥见而能明了"天道"，不妄为而可以有所成就。

经典对话

朱玲：这个世界上每个人做的每件事，甚至是每一个突然冒出来的念头，都有其因果规律。种什么种子得什么果实。

老妈妈并没有见过什么世面，也不知道外面的世界具体是什么样子，但是她能从孩子的行为和思维逻辑中看出，孩子将来可能会因为这些问题吃什么亏，甚至犯下不可挽回的错误。所以我想，一个真为孩子好的妈妈会因为她看到某些可能引发其孩子致命问题的毛病或弱点，所以她就会从小教育或告诫孩子什么不该做，从根上想办法解决问题，而不是等树苗歪着长大了，才妄想去为孩子剥皮剪枝。

得道的人会从根本上思考和推断问题的根本原理，举一反三，所以他们不用去外面看太多，也能知道"这样下去的话，将会发生什么"。行事成功的根本是要从根上调整其准确方向，从根上出发，为之于未有，治之于未乱。

师说：囿于一隅，之地；困于一己，之思。

心兰：见识决定思维，思维决定行为。行为反作用于思维，思维反作用于见识。

朱玲：怎么做到不出户、不窥牖，可以知天下，并见其中真知？我认为应该有很好的信息来源渠道，有很好的信息处理能力，同时要对事物主脉络有非常强的把控能力。

如果我一直奔波在每一个节点，处理所有的事无巨细，我就可能会陷入到某一个任务或者多个任务当中无法转身，就没有办法系统地处理和推进整体。如果所有的经历、见识，无法为自己以增长了解，就离这个系统越来越远，使自己陷入具体的某种细节中无力脱身，假如这样的话反而会对系统运作的认知减少。

这一段我理解是会做事的人，善假于物，懂得放手，什么事让什么人去做，把精力花在思考这个问题如何处理，可以如何帮助推动全局的发展。

师说：@朱玲，对"不出户，知天下。不窥牖，见天道。"这一段理解到位了。

朱玲：出弥远应该是说偏离我的"本"的这个系统越远，就无法有效率地成长，甚至一无所获。

有道的人做事应该是一种有效循环，不停增效，重复验证经实践后的正确的路径的状态。绝巧智之害。

张倩：不出户就能知晓天下事，不通过窗户就能窥见天道的运行，老子描述的是一种状态，得道的状态，是一种不被身处其中而局限的超脱状态。这感觉就好像是仙人，他们不需要出门，不需要透过窗户，就知晓天下事。他们如何得知天下事以及见得天道呢？用心感知和领悟。这世界是互动的，宇宙是全息的，没有人能跳脱出"道"的范畴。当你得以"悟道"便可以不出户，知天下；不窥牖，见天道。

我们出门走得越远，所获得的真知就越少，此句对应上文的"不出户，知天下"，用举例子的方式，做相反的表达，实则和上一句是同一个意思。为什么说出远门反而真知少呢？现实的教导不是说出远门才能增长见闻，增长见识吗？此两种观点实际属于同一个意思，只是不同层次的表达。后者层次更低，我们更容易明白；前者更为深刻，我们不好理解。比如说，我们有很多的老者，一辈子没有走出过所处的小山村，但是他们活得通透，和他们聊天真的是一种享受。你的任何一点焦虑和烦恼，都只能换得他们的一抹笑意。他们的对话道尽人间真谛，这和出不出远门好像没有太大关系。甚至，那些出过远门的、目前还在远门的我们，却被现实裹挟，被生活焦灼，在争吵、在指责，活得像工具人而缺少了生命的灵动和应有的鲜活，因而我们迷失了"活"的真谛。有时候我们的见闻、知识以及头脑会限制我们"看见"。因为这些有形的能显现出来的是一种低维的存在，而用"心"是一种高维的存在，用心去"看见"去"照见"，便可以做到不窥牖，见天道。

因此，圣人一般不去刻意追求远行（这里的不行，不是完全不出门，也不是不远行而是不刻意，不是为了出门而远行），而是用心活出现有的姿态，与天地对话，秉道而行，便能得真知。这和出不出远门没关系。同理，不为外在"色"所迷惑，可以"明"通透，没有私心地去做事反而会成事，会成功。

总之，我理解这一章是妥妥的"得道"方法论，也是一个无上心法。让我们不要迷信外在，应该要回归本心，回归天地，回归内在。这样就是"道"能"知"，能"明"，能"成"。

师说： 你知道了见微知著这种状态，也无法做到。所以说不要为难自己，如果实在理解不了，这只能说明我还很年轻，还有很多值得的事还没做，仅此而已。

你可以感受一下，比如当你明确了给孩子添加辅食这个目标之后，能不能见微知著？再感受一下，当你明确要考一个证的时候，能不能步步为营？

心兰： 了解了。如果你没有目标，再多信息都会与你擦肩而过！如果目标明确，一点点蛛丝马迹，你都能顺藤摸瓜！我感觉我悟了。豁然开朗，醍醐灌顶，有没有？

张倩： 这个好像懂一点了，往下沉了好几层啊！

心兰： 不出户，知天下；不窥牖，见天道。（中心思想）

其出弥远，其知弥少。（举例说明）

是以圣人不行而知，不见而明，不为而成。（实践指导）

对于第一段话我的理解是：一个有道之人，只需要一些细枝末节的信息，就可以有逻辑地推算天下事；一个明道之人，不需要开窗户，就能知道一年四季的时令变迁。

第二段话的意思是：当我们内心没有定海神针，没有坚定的道时，就会向往攀登，从而离本心越来越远，闻道识道的认知能力就会越来越弱。

最后一段话的意思是：所以有道的人不需要事必躬亲，也可以事无巨细地洞察；不需要亲眼所见亲耳所闻亲身经历，也可以比普通人看见更多的真相，看似悠悠哉哉，反而事事都做得很好。

师说： 本章是描述一个得道之人的做事状态，我举几个具体的例子，大家思考一下，如果实在不理解，也没有关系。

不出户，知天下；不窥牖，见天道。（中心思想）

字面意思是：不出门，能知天下事；不开窗，也能感知四季的变化。如果一个人真的有目标、有理想、有愿景，那么他的出身、经历、阅历、环境（外在）对他的影响都是有限的，唯一限制人发展的因素，就是当事人不明确自己要什么，或者要的不够坚定。

其出弥远，其知弥少。（举例说明）

一个人如果不是发自内心地追求自己想要的东西，而只是一味地外求，那么永远不可能取得真正意义上的成绩。当下，我们一出生就被安排了一辈子。22岁之前读书，然后结婚生子拼搏一份工作，之后退休养老带孙子；死去……似乎这一生都应该这样才"正常"。

当我们还是稚子时，内心那些真实的想法，要么被强制忽略（比如繁重的学业、父母的压迫、外在环境舆论、别人的眼光，都会成为当事人放弃的原因），要么得不到支持而被迫喊停。所以大多数人的一生，不是为自己而活的一生，而是活在别人眼光里的。

试想过着根本不是自己想要的生活，却不得不前行的状态，又怎么可能会寻找到内心原始的动能和生命动力的源泉呢？

是以圣人不行而知，不见而明，不为而成。（总结，实践指导）

所以，有道之人（圣人），亦指思维成熟逻辑缜密之人。不行外而知内：不外行不外求，因为内心有道，内心有道必然每一步都清晰自己在做什么、需要什么、做何角色、做何抉择等，均能熟稔于心。不见外物而明于内心：这里"见"通"现"，有两层意思，一是内心明确的未来不需要看见外现于形，常见的表达有高手因为相信而预见，普通人因为看见才相信，是一个意思；也就是高手不需要看见，他笃定的未来一定会实现，因为每一步的关键节点都在其内心反复演练过无数次；二是内心的明确（我们讲的道根深厚），不会因为外现的欲（贪嗔痴慢疑）而受影响，或被外力所左右，而是不为外而成于心。

为外：心中没有所求的人，通常假装很努力；内心无道之人常常妄为；殊不知外为不如内调，内调不如修心；内心死去的人，往往胸无大志，他们认为"人生苦短，及时行乐"这种话就是混账话，因为这种人其实就如一辈子死不死活不活，又犹如尸位素餐，行尸走肉，半死不活，每天顶着一张全天下每个人都欠他一百万的脸出门……

不为外：内心有道之人，必然胸怀大志；胸怀大志之人，必然遵章守法；遵章守法，则势缓时来事成。

成于心：高手下棋，往往全局先在其心里谋定，只是等时机成熟就落一局，时局稳定就战一城池——正所谓不谋全局者不足以谋一域。商场上高手也一样，真正能成大器者，必是先谋定而后动，必是先胸有成竹，后有全策在案，必是先知胜而后战。

师说：你们不理解，或者感受到了却表达不了……都是正常的。也正是因为表达不了，所以更需要练习表达。这个练习的过程其实锻炼的是自己的思维逻辑——表达不出，本质上是因为逻辑没通。

第四十八章

为道日损：要在花花世界里守住本心

为学日益，为道日损。
损之又损，以至于无为。
无为而无不为。
取天下常以无事，及其有事，
不足以取天下。

传统译文

求学的人，能够一天一天地增长学识；求道的人，欲念一天比一天减少，私妄减少再减少，就达到了无为的境地。如果能够做到无为，即不妄为，任何事情都可以有所作为。治理国家的人，要经常以不骚扰人民为治国之本，如果经常以繁苛之政扰害民众，就不配治理国家了。

经典对话

朱玲： 学习是一个长见识、长知识，包括累积技能的过程；为道日损，损的不仅是"知识障"，还有在日渐学习和增长见闻过程中一起长出来的"贪嗔痴"（道高一尺，魔高一丈），损的是那些引发偏离目标的行为、妄想、妄作。

大胆打个比方，治理国家的目的是为人民富裕、和平共荣，那么应该不断给予人民能生生不息、欣欣向荣地生长和发展的土壤环境，让生命自由生长。因此说，我们只要能围绕目标不断打基础，那么实现一个美好未来的愿景，只是时间问题。

高手下棋如果时刻按照书本上教的套路走，就很难见招拆招、应对自如。因此说，我们只有了知行事背后的动机和直达的规律，才能增加自己的创造力和手段。无为，不执于某种方法，随着对手的变幻而调整方针；无不为，什么方式方法都可以用来应对、解决问题，只要它有效。

我认为这里的无事是一种很强的专注力，是一种持续的"为之于未有，治之于未乱"的状态。围绕着目标的持续用功，我们就能见微知著治于未病，取天下常以无事。

但人的精力是有限的，如果总是关注，比如钱到不到位了，指标到不到位了，为满足指标而刻意有为，左顾右盼。这样的话，反而容易使我们变得越来越差，难以达成想要的结果。

赵丹： 能够每天坚持学习精进，对自己的成长是有益的。通过学习了解的知识越多，自己的感悟也会越多，有了这些感悟和体会，就会使我们慢慢明白如何循道而行。循道而行久了，烦恼、妄念、贪恋的就变得越来越少了。

当循道而行时，人就会慢慢摒弃一些私心杂念和恶习。如果我们想能够持续这种行为，就不需要刻意地干预，这样自然而然就能够使自己做到清净自然了。这时你不再因为别人有没有多看你一眼而在意，也不会因为一时的得失而令自己辗转反侧。

当你不在意自己的"一己之私"时，你就可以做很多事，可以有更大的作为。"取天下"是怎样的志存高远，可具备什么样的能力和品质的人才能做的呢？既是心存天下，自然不是装着"小我"，无"我"即不会因一己私欲而引发种种灾祸。一旦心生私欲，各种折腾的事端就会不断，自身难保，何谈天下。

感言：天下，是天地万物的，不会因任何外力而改变。顺，则久；逆，则亡。珍惜当下的一切，就像搭积木，此刻稳了，下一刻才有可能稳。

张倩：做学问、学知识是做加法，是从无知到有知、从无到有的过程。但当我们学习到一定程度，悟到一定程度后，就会发现所有现象和事件背后都有一个逻辑在运行，这个逻辑就是"道"。"道"是非常简洁的，简洁到只需要真正明了和践行"上善""柔弱""反者道之动"这些真理即可。所以真正的修道是做减法的，剔除一切繁杂和不必要的附着，回归本心本性。本章开篇第一句话点题，告诉我们真正的修道是在做"损"的动作。

损到什么程度呢？老子讲，损之又损，直至无为，损到最后，能够领悟"无为"的妙用，能够对"无为"信手拈来，那么将无所不为。拓展思考一下，《道德经》这一章的损字让我想起《易经》中有一卦，损卦。《易经》四十一卦为"损"卦，《象辞》说：本卦上卦为艮，艮为山；下卦为兑，兑为泽，可见山下有泽是损卦的卦象。君子观此卦象，以泽水浸蚀山脚为戒，从而制止其忿怒，堵塞其贪欲。

由此也可以看出，这里的损更多指的是修习自己的欲望和情绪，损到最后的结果就是无为，如果你能做到无为，就可以无所不为，此处无招胜有招。如果你能做到无为，便能无所不为。因此取天下（引申做大事）要以无为去事之，而不是有为。如果用有为去事之，增加太多个人的想法和私欲，那么则是不能取天下的。

问道心得：

用断舍离三个字理解本章要义，让自己的心灵回归简单和清静，没有那么多嘈杂的声音，整个人就会精神很多（是符合道的）。在企业管理上，断舍离（损）回归岗位和工作的本质，洞察世事，透析人性，回归本心，这就是最高明的管理。

朱玲： 我认为老子说的第一句学是一种入世之道，就如学习孔子在《论语》中所说的为人应当何如、何做；学的是优秀良好的精神、品质、价值观、正面思考的能力。为道日损，就像道德标准只能用来要求自己，而不能去要求其他人一样。有些人会因为自己做得好而他人却不如自己这种心态对待他人，当然，这种思想与观点也是不对的，更应该及时剔除掉这种心态。

有句话叫谋定而后动。我认为能够做到正确的谋才是最重要的。削减妄念、妄作、情绪、贪瞋痴慢疑地支配正心与诚意，这样就能使自己慢慢能看到事物运作的本质规律，也便能正确地谋了。有了正确的谋，万事万物方可知道如何正确地下手。无所不为。（我认为这同时也是一个战略问题，围绕最终结果有舍有得有所为、有所不为，而不是把自己标榜成一个圣人）

自己想要有所成就，面对天下之事，应该是正确的谋定而后动。胡乱动作，反倒容易使自己的想法与行动早早夭折，而不能使自己走到最后获取胜利。

师说： 相比上个月的解读，在境界上有所提升。

师说： 为学日益，为道日损。（中心思想）

损之又损，以至于无为。无为而无不为。（执行指导）

取天下常以无事，及其有事，不足以取天下。（举例说明）

为学和为道是两件完全不同层面的事情。"为学者"指头脑层面的功能，是指对知识、技能、技术方面的学习；"为道者"则重视修心层面的修行、着重认识宇宙变化规律，讲逻辑、讲因果、讲道德。为学和为道，也许是两条刚好相反的路。求学，要多多益善。

有一个词叫做"少私寡欲"，私，就是私欲，欲，则是指由私欲而产生的妄念；私欲，是指那些影响我们判断的所有情绪，比如冲动、面子、因为这样做我开心，我乐意……完全没有为自己的目标和结果而服务的理性与专注；妄念，则是指那些所谓的捷径、一心求快、旁门左道的诱惑，包括利不务实不务本的奇技淫巧。

第四十八章　为道日损：要在花花世界里守住本心

为道日损，损的就是这些私欲和妄念。古人做教育，先培德；德培好了，才学习技能。

损私欲和妄念，要损到什么程度呢？要损到一个人能够专心致志，内心不生杂念为上。无为的状态就是可以专注在一件事上，时刻抱有将一件事打磨到极致的心态，即丝毫不受外界任何因素影响的状态。关于这种状态，大家有兴趣可以搜一下呆若木鸡这个成语故事，读一读。只要修炼到这个状态，天下还有什么事是做不到的呢？

古人云"有心栽花花不开，无心插柳柳成行"的状态，就是老子说的"取天下常以无事"的状态。这个"无事"指的是平常心，花开与不开，我只管认真栽花；柳成不成行，我只管做好我的本分。持平常心，放下得失，无论过什么生活，无论生活开出什么样的花和果，只要自己尽心尽力做好自己应该做的，问心无愧于己，立于天地无愧于天地。无论结果如何，自当安若泰山，处处能得到大自在，时时可以随心所欲不逾矩。

得到不狂喜，失去不焦虑，一切顺其自然。因为该来的，自然会来；该走的，本来就会离去。世间所有事本来就不以我们的意志为转移。若能够做到不用自己的主观意愿去试图控制事物发展本来的节奏和规律，这就是"取天下常以无事"。做事就是要先有谱，然后靠谱做事，一步一个脚印：不妄动——遵循自然规律；不妄为——一切行动遵从实际情况，时刻做好万全的准备。

而天下人总是做不到顺其自然，更无视常识与自然规律，更何谈遵从？一般人都很自我，比如我想这样做就要这样做，我那样做开心我就要那样做……世人可以因为面子、冲动、情绪、得失、对错……种种缘由，让自己由内心而外，溃不成军。

对规律、常识、逻辑、因果置之不理，然后一意孤行、自以为是、刚愎自用……必然会有很多节外生枝的事情发生，这就是"及其有事，不足以取天下。"

心兰： 我们常说，"在江湖上，归根结底，靠功夫说话。"真正的高手表面好像木讷迟钝，实则修炼了一身无敌的内功，可妥当应对一切来犯挑战。

第四十九章

大道为公：心有多大，就能装下多少事

圣人无常心，以百姓心为心。

善者，吾善之；不善者，吾亦善之，德善。

信者，吾信之；不信者，吾亦信之，德信。

圣人在天下，歙歙焉，为天下浑其心。

百姓皆注其耳目，圣人皆孩之。

传统译文

圣人没有一般人的私心，而以百姓之心为心。对善良的人善待之，对不善良的人也善待之，于是天下归于善良。对守信的人信任，对不守信的人也信任，这样天下归于诚信。圣人治理天下，收敛自己的欲望，使天下人归于淳朴的状态。百姓都专注于他们的视听，圣人就努力使天下人回归到孩童赤子般的状态。

经典对话

张倩： 这里的常心，我理解为私心、自我心，无常心就是不我执着。圣人，即为有德行道之人，那些有德之人做事是没有自己的私心的。在治理百姓方面，圣人就是以百姓的想法和需求为考虑点，这里参考第八章上善若水。水是没有形状的，它的形状是根据盛它的盛器来决定的，用碗装，那就是碗状，用杯装那就是杯状，以此来解释第一句。

第二句的善和不善，以及信和不信，我理解不是简单的好与不好，守信与失信者。这样表述只是一个囊括，我感兴趣的是为什么用善和信来囊括世人？善很好理解，老子推崇备至，善是基于道的，《道德经》全文出现了五十多次善。然后就是信，信字于《道德经》中总共出现了十五次。因为口乃心之门户，人言为信，信和言有关，言开心事，信者，诚也。所以信也是一种特质，是老子很推崇的特质。言要信，事要信，针对这两种非常接近道的特质，有人符合，有人就不符合。无论别人符不符合，我们都要以"善"以"信"待之。

人生是一场自我的修行。我记得有一句话是这么说的："我曾经以为，别人尊重我是因为我很优秀，现在明白了，别人尊重我是因为别人优秀。"因此，懂得自我修行的人就不因外物而移本心，坚定地修炼自身，做好自己。圣人在天下人面前是属于一种"收"的状态（歙歙焉）。因为他就是只做好自己该做的事情，此心光明，无愧于心，老百姓只关注他们看到的和听到的。圣人会像对待孩子一般对待百姓，"老吾老以及人之老，幼吾幼以及人之幼"推己及人，去爱他的子民（最后一段我其实不是很理解）。

对于这一章，我理解为老子教导我们，无论是治理天下，还是修习个人，都要放空自己，不我执，做到善和信；这个世界没有别人，都是和自己的一场旅行。

朱玲：一个心中怀道的人，以生而为人、共生共赢的价值观和目标作为思考和做事目标为基础，这样理解契合长期主义和"做时间的朋友"的价值观。

建立在这样的价值观和目标基础上，"上德不德，是以有德"。就像无疆计划，有人看得懂，也有人看不懂。德信、德善，我认为是一种无为的态度，不因他人的喜怒无常而有所差别对待，甚至还想要去强求他人的想法。自己明确自己要做的是什么，依据目标准则而行动，只管去做好自己。"善者，不善人之师，不善者，善人之资"，这讲的意思也是因为自己有着明确的目标，才能在弱水三千中，取自己的一瓢饮。

我想起一句话"小隐隐于林，大隐隐于市"，真正的高手在民间一定是和其光、同其尘。歙歙焉，让我想到"治大国若烹小鲜"那种清静无为、不庸人自扰的状态，不妄为，不妄想，我只是作为我生而为人——圣人无常心，以百姓心为心。

怀道之人犹如赤子，没有分别心，纯粹，没有私欲，做好自己，活好自己——以百姓心为心。

师说：不是"强求他人的想法"，而是"不需要把自己的想法强加于人"。

赵丹：我感觉这章开始讲"人"和"德"了。

得道或有智的人，心里是没有自己的，没有"小我"，眼里看到的是众生，心里装着的是天下。老百姓就像一面面镜子，如同月亮反射太阳的光芒，每个人都反射出了智者的光，智者希望可以把他的光洒满人间。

善与不善，信与不信，在智者或得道者眼里是没有分别的。善者善之，不善者被善之，信者信之，不信者被信之。世间公道了，哪里有什么不善和不信呢？

什么是智者，什么是得道者？他们在人世间没有特别的形象出现，不会头顶光环，脚踩云彩，而是无论富贵美丑、高矮胖瘦，在他们眼里都是平等的，都是需要被善待的，都是在不同的境遇里体验自己的人生而已。

众生往往在意自己看到的或听到的，所以其眼睛和耳朵容易被蒙蔽，而让自己的心迷失在欲望里，因而使其计较得失成败，都是为了自己的"小我"。

智者或得道者呢？他们以最纯真的心来面对世间的一切，用无边无际的爱来包容和唤醒良知、用大智慧来平衡不均。

什么是"智者"的状态呢？它就是我为人人而无所求，人人为我而无所得。什么是"德"呢？就是"平等待之"，无论别人怎么对待你，你都不会改变自己的本心。换句话：他（她）好与不好，都不会影响我的"好"。

心兰：圣人无常心，以百姓心为心。（中心思想）

善者，吾善之；不善者，吾亦善之，德善。

信者，吾信之；不信者，吾亦信之，德信。（举例说明）

圣人在天下，歙歙焉，为天下浑其心。

百姓皆注其耳目，圣人皆孩之。（实践指导）

圣人无常心，以百姓心为心。我认为这句话老子表达的是真正有智慧的大智慧者，不执着自我，可以随时随地换位思考、洞察人心、因时因事因地因各方缘来审时度势的人——圣人有成熟理智的思维。

"圣人无常心"的样子，我理解的是在《道德经》第二十二章中讲的"不自见故明；不自是故彰；不自伐故有功；不自矜故长"的"四不"——一个好领导、好家长，以及自己这副有用之躯的大脑，就应该是这个样子。但为什么很多时候大家做不到呢？因为有"常心"在。一个商人和一个厨子同时看到一道菜，商人脑子里会计算其成本、人工和利润；厨子则在想其火候、成色和营养。这就是"常心"的局限性，也导致了人都习惯于从自己的角度出发去看问题。

真正有修为的人不会执着自我，而是能随时随地换位思考、洞察人心，这就是"以百姓心为心"。不是从自己的主观世界出发，去看待这个世界，而是以符合规律、原则、逻辑为出发点，去理解不同的人有不同的价值观。

但凡是人一定都会有一己之见，这是主见。然而，自是、自见、自伐、自矜、自贵者，无法破除己见的人，注定他只能沉浸在他的小世界里坐井观天——对人不对事。

有道之人不会因为他人和环境，就轻易改变他既定的原则和价值观。可

第四十九章　大道为公：心有多大，就能装下多少事

能有人会说，不是前面才说了，要破除己见吗？我的原则就是谁的更好就听谁的。我的价值观就是不断地调整自己旧有的思维模式。

德善，德信的价值观就是我不管你这个人是善的，还是不善的，你是有信的，还是无信的……这些都不是我判断事物的唯一标准。我判断事物的唯一标准就是在当下的事件里，谁的方案更有利于事件的发展，谁的想法更接近整个团队的统一目标，谁的思维模式更符合当下的趋势。

百姓善良，我对他也善良；别人对我不善良时，我也不会因此而改变自己的善良本质。别人对我诚信，我也对他诚信；别人欺骗我，我也不会被别人影响从而改变我诚信待人的原则。无论周围如何，始终保持善良诚信，就像保住了人心向善的火种——这才是有道者的态度。很多人刚步入社会时都有一颗善良的心，但后来被人欺负、被人欺骗，受了委屈，吃了大亏，导致其性情大变，其心中的善良、美好与梦想也随之泯灭……

这个社会需要"坚定的相信"，需要有相信"相信的力量"的群体，他们才是这个社会真正的光：只有善良才能感召美好，只有光明才能点亮人心。即使世界以痛吻我，而我仍然报之以歌。这是人活着最强大的力量来源。

老子为什么强调要用"信"来对待"不信"呢？因为善与信是人的重要品质。品质与手段是两个完全不同磁场的力量。品质不会因人而异，手段却能见人说人话、见鬼说鬼话。若我们用相同手段来对待不善不信之人，那么善与信的品质在我们身上只能沦为手段，无法在我们身上形成持续不断的能量场。只有这样的磁场才能真正加持我们自身的能量——强大的不惧鬼神的能量。因为善与信是一个人拥有博大的胸怀、智慧的能量场。我们想要的成功、健康、快乐和幸福，都要靠修养德善和德信才能绽放出美丽的磁场力量。

有道者调和阴阳，化解是非，用平常心待天下人。在任何一个社会里，圣人都会有很多。第一类是不留名的圣人。他们在自己的生活里，用合道而行的方式启示和温暖着周围的人，默默维护着一方民风的淳朴。第二类是留名的圣人。他们所说所做的是能够惠及后代的千秋伟业。他们连接的是宇宙集体智慧的神性品质力量。

天下万物的变化规律都在一开一合、一呼一吸、一阴一阳之间，圣人能守住根本，调和阴阳，化解是非。"为天下浑其心"是说圣人随时随地应物而动、顺势而为，以天下人的共同心愿为其心愿，用平常心来对待所有人。

这里为什么用"孩",而不直接用"爱"来表示圣人之爱呢?因为不管孩子犯了多大错误,父母都会宽容他,拥抱他,等待他,但对成年人可不一定了。所以老子用了"孩之",表示的就是圣人有如父如母的胸怀。

本章的中心思想,我认为是老子在呼吁我们放弃自我偏见,不要用自己的善恶标准来评判他人,衡量这个世界。全世界人类同体共生,爱和平、爱他人就是爱自己。从自己做起,做好自己,这个世界——你的世界就不会太差。

本章的内容可以运用在修身养性、治国理政、企业管理、人际交往等所有领域。修行就是要往和谐的方向修,阴阳、平衡相济;和谐,无为才能无所不为。对老子,只能用"伟大"二字来形容。

朱玲: 比如对待不善不信之人,不善不信就是善与信,这样理解对吗?不应该说人,应该说是不善不信的事,应该始终相信每个人都有菩提种子般的行为。

心兰: 这是一整篇章。第一段是对人不对事;第二段对事不对人;第三段是总结。如果是对待人,就是不能有偏见,不能有先入为主的预判,就不会影响你对待人的善与不善。对待事,就要考虑事情的发展推进,不应该考虑个人善与不善。总结就是圣人皆孩子。

在这个社会,总会遇见不善,遇见不信。但我们首先是不能丢掉自己的善与信;其次是当不善与不信来了以后,我们不能局限在不善与不信间,不要带偏见和主观去预判去衡量,要有系统立体的思维,以结果为导向,去做更有利于事件推进的选择;最后,人总会有不善和不信的时候,可以选择远离,原不原谅都是我们自己的选择,但不要让自己丧失相信的能力。

师说: 面对任何事情的发生(包括不善不信),你都应该积极面对,让不利变成有利。这就是调和阴阳。不善与不信,只要你用得好——反者道之动,弱者道之用——可以让某些人的不善和不信发挥最大的作用,成为推进事件的最大动力。

朱玲: 秉持善与信的根,才能做到反者道之动,弱者道之用?

师说: 至少需要正心,没有"常心"。所谓常心是什么,就是第二章所说的世人皆知善之为善。常善,世人普遍肯定的价值观,为常心。如果你都失了偏颇,失了正心,自然无法得到道的加持。

朱玲: 原来一个人要给自己加持如此大的信念。感觉到需要如此大,也可能是有太多耳濡目染的入侵了。

张倩： 这一章我似乎懂了。我感觉我的理解已经挨到边了，但是兰兰的更加深入、细化和下沉。善和信是不需要做选择的（必须要去恪守的），这是一种本心，体现的就是非"常心"。因为坚守住了根本，那么方式方法和手段会根据对方的善或不善，信或不信去变化，去应对。我是这么理解的。

张倩： 虽然道理已懂，但实际运用还是有些迷茫。比如说，如果团队里遇到一个价值观有问题的人，带坏团队，影响公司环境和氛围，但是此人关系甚深，普通人又无法将其动弹。作为上级应该怎么做才能恪守本心，作为同事具体应该怎么做，作为下属又应该怎么做？

师说： 首先，这是心法。其次，问问自己在这个当下要的结果是什么。

我们永远不可以单一地去看待任何一件事。这个社会就是由阴阳两种力量共同促进才能发展。如果一个人一辈子不经历苦难，他永远感受不到幸福和快乐。

所有的忧虑不过是一个人无能的体现。如果一个人有真才实学，有力挽狂澜的能力，何惧跳梁小丑兴风作浪。跳梁小丑的兴风作浪不过是给真正有道之人铺路的垫脚石而已。

心兰： 如果你是领导，你就要和你的心腹，也就是关键的几个人沟通，让他们完全理解你的观点。如果你是同事，你就要和你的领导和你的左膀右臂沟通。如果你是下属，你需要静待时机，累积力量，厚积薄发，等对方给你搭好舞台，再行动。

张倩： 明白了。具体怎么做，看你要什么。我刚才举的那个例子，如果你觉得这个公司还是可以的，值得留下来，那么你就做自己该做的正确的事情（无论是下属、同事还是上级，不要被其影响），学会和他人周旋，又不为其所伤；能够做到"万花丛中过，片叶不沾身"，待到时机成熟，灭掉他。

第五十章

摄生之道：强大自己的终极意义，就是练就金刚不坏之心

出生入死。生之徒，十有三；死之徒，十有三。人之生，动之死地，亦十有三。夫何故？以其生生之厚。
盖闻善摄生者，陆行不遇兕虎，入军不被甲兵；兕无所投其角，虎无所措其爪，兵无所容其刃。夫何故？以其无死地。

传统译文

人从出生到去世。长寿的人有十分之三；短命而亡的人有十分之三；本来可以活得长久些，却自己走向死亡的，也占十分之三。这是什么原因呢？因为求生太过度了，酒肉过度了，奉养过厚了。听说善于养护自己生命的人，在陆地上行走，不会遇到凶恶的犀牛和猛虎，在战争中也不会受到伤害。犀牛没处用它的角，猛虎没处用它的爪，士兵没处用他的刀，这是什么原因？因为他们没有进入真正的生死争斗之地。

经典对话

朱玲： 人生就是一张从出生走向死亡的单程票。不论是一个人的人生，还是事情事物的自然发展，都是一个出生入死的过程。

第二段我认为是在表述一种现象。比如大树想要繁衍，无差别散下的种子，被鸟吃掉的，烂在水里的（死掉的算大部分），真正能（顺着正道）且生长成大树的，十之有三；生之徒的概率那么低，存活率30%，因为满足正道的条件，刚好是反人性的，恰好大多数人都经不起这样的反人性挑战。有的人努力一辈子，方向不对，环境不对，即使看到了，但因种种欲望牵引，仍然无法有所成就。

死之徒，十有三。即便一开始初心、志向、环境都可以，也会有在这期间发生被贪嗔痴慢疑带跑偏的，十之有三。一开始走了正道生长的种子，创业公司虽然能做成一件事，但这期间也会因为时、势、人的不合时宜，而导致的夭折，又还会有十之有三。（九层之台，起于累土，面对这些"不可执、不可为"的"天下神器"，叹为观止的难得之货，所谓圣贤、过度的欲望，有多少人还能勤勤恳恳且脚踏实地去"千里之行，始于足下"？）但这里，成功概率变高了，死三能活七了。

这是为什么？意味着正道的生之厚和生生不息，意味着走正道的虽然不容易，但只要不膨胀、定得住心，去不断复盘不断求索且格物致知而精进

（正道的品质、德畜之），这样就越往后，路会越好走。

最后一段，刀枪不入。一个走正道的人半夜不怕鬼敲门，不惧被挑衅，不惧妖魔鬼怪，不会被别有用心的人利用弱点，因而使歪门邪道的人对他也无从下手。举个可能不恰当的例子，如果脱掉释迦牟尼的"神佛""大神通""佛祖祖师爷"的光环外套，他也是一位普通人，会生、会死，也有七情六欲，也会被欲望牵引，也会被歪门邪道带偏、被邪念入侵，但是他仍然有了无上成就。这大概就是走正道的威力、修身的重要性，因而才使其积累能量，厚积薄发。这就是走正道收获的金刚不坏之心。

这一章又让我体会到了老子高贵中的高冷……

朱玲：这一章让我还有一个感受是没底线的人越来越多，认真做事情的人会慢慢更显弥足珍贵。

张倩：出生入死，我们每个人都是由生而来，由死而去。不仅人是这样，万物众生无一不是这样。由生而出，步入死亡的一个过程。死亡是一个人们最不愿意提及的话题，然而这是一切万物众生的归宿，也是往生的前提。这是一个生命的历程，无人能扭转，也无法被扭转。这是一个客观存在，我们要认识到，也要能够接受。生和死一直都是相伴相随，有生就会有死。

由前期所解我们得知：柔弱细微居上，是谓生之徒，坚强者是死之徒（强是巅峰、是固化、不灵活），是说能够做到以柔弱居下的占三分之一，处于强大阶段和状态的占三分之一，还有三分之一是处在这个由柔弱去往强大的过程中。换言之就是"寻死"的人占了三分之一，这些人为什么要"寻死"呢？因为这些人（特指后面三分之二的人）殊不知，他们这种做法无异于就是在寻求各种作死的方法。求生心切。换而言之，贪生怕死。因为这部分人恐惧死亡，所以他们尽其所能地寻求不死的各种妙药仙法。古有秦始皇派遣徐福数次东渡寻仙求丹，今有各种所谓高科技的防衰老甚至是能够长生不老的有违科学的三无假药，其实他们这都是在试图以人之力抗拒死亡。这些动作从古至今皆有，只不过方式手段以及所用工具不一样而已，究其原因，皆是因求生之厚。

我听说其实真正的善摄生者，也就是认真对待生命、享受生命的人，他们在路上行走，都不会遭遇猛禽（这里指不会为猛禽所伤）；身处战事，也不会为兵器所伤。为什么？因为路上遇到这样的人，犀牛不知道将它的锐角扎向哪里，老虎不知道将它的利爪抓向哪里，兵器不知道将它的利刃刺向哪里。为什么会这样？因为他们无死地，命不该绝。这一句让我想起来前段时间解的"含德之厚，比于赤子，毒虫不螫、猛兽不据、攫鸟不搏"，它们有异曲同工之妙。这也就解释了上面为什么不会遭遇猛禽，就是遭遇了，也不会被伤害，身处战事也不会为兵器所伤道理。因为赤子没有分别心、不会有生死之别，不会反抗、不会因为求生去做一些抗拒的事情；因为他（赤子）人畜无害，他不会伤害对方，对方自然就会放过他。

这里也让我想起《大学》的一段：所谓修身在正其心者，身有所忿懥，则不得其正；有所恐惧，则不得其正；有所好乐，则不得其正；有所忧患，则不得其正。总的来说就是只要有分心的意识，就已经偏离了；有了生和死的概念，就会奔生而拒死，就会去做求生之厚的事情，就已经动之死地了。殊不知，生和死原本就是一体的。

这一章还有一个问题，就是只有三个十分之三，很多人喜欢研究还有10%是什么。我认为不用拘于数，老子只是在用十有三来概括性地描述一些现象和发生。就如我们说的一部分和另一部分一样，并非绝对是30%。

整体来讲，我认为这一章传递的是一种生死观。由出生和死亡这两个很常见的生命现象入手，给我们揭示和强调要我们走生之徒，然后避免求生之厚，要做一个善摄生者，懂得享受生命的人（具体参考我最后一句的解读）。

师说：不错。

感谢这一章的内容！

能活到现在，首先要心存感恩，感谢父母和成长中给予过我们照拂和关爱的所有人。生，不易，能够健康平安活到百年的恐怕不及"十有三"。而轻易就舍弃生命，或无意间丢掉性命的也不止"十有三"。我们大部分时间是把自己的一生按100岁（我自己的想法）设想，这是多么理想的状态。有些人认真地规划着，也有些人并不在意究竟为什么而活。但无论怎样，大概率事件还是无法避免的。每天有各种各样的"死"，也有各种各样的"生"。

能活到现在，我们无疑要面对如何不"动之死地"，如何成为"善摄生者"。其实"动之死地"，我们是能觉察到的，比如过度劳累、熬夜、酗酒等。"生之厚"就有了一定的觉悟，知道要对自己好，但总是把握不住分寸。唯有"善摄生者"，是我们需要思考的。多少人"无知无觉"地活着，肉体和灵魂是分离的，到了晚上身体需要休息的时候，怎么都不让它休息，觉得这个肉体白天做得不够，最好能不眠不休地去做想做的，得到想要的，可能吗？"兕虎"出洞就在夜间，你不休息而出现在它的身边，是送它猎物还是谋它性命？"入军"若是为了减少杀戮或停止战争，那么心智要比体力有用得多，何须"盔甲"护体呢？如果为了体现自己的英勇和强壮，无论穿多厚的盔甲都没用。因为对手知道你不会手下留情，必然也要拼尽全力。

对我们来说，"生"只有一次，"死"只有一次，但有时也是可以体会到"出生入死"的，"生"从"死"中来，但愿所有人不要等到真的面临"死"的时候，才体会到"生"的不易。但愿人人能活在当下，做真实的自己。

朱玲：不论是治理国家，还是管理企业，领导者如果只凭借自己的喜好来做管理，比如我喜欢这个人，我就重用；我讨厌那个人和我说话的语气，我就将其打入冷宫。如何能真正撬得动人才呢？依据实际发展壮大的需要来做调整和优化，顺应正道的规律办事，通过不断练习识人、察人、辨人其特点（修行不好，将影响正确判断力），能把每个人放在适合、又最能为公司创造价值的位置上（自利利他），就可以使其获得不断地改进和发展，让其生生不息。（善摄生者）

善摄生者，我认为指的是善于管理自己的人生，能把自己越过越好，不断能从生活经历中获得经验与智慧的人以及那些能利用一切事物、人物的特点，化干戈为玉帛、化腐朽为神奇的领导者。一个真心诚意的人，真实地活在当下的人，不会因为过去的喜怒哀乐而影响其当下判断的人。这样的正心正念的人以及以这样理念为基准的企业，在出生入死的这个过程当中，可以做到生生不息且不会被贪嗔痴随便带到阴沟里（死之徒）。

赵丹：这章如果从商业或事业的角度讲，似乎要轻松一些，为什么这么说呢？因为无论什么事，在做之前都还是可以思虑的，大都有各种因缘际会地促成，就看起心动念的"种子"是什么，决定了将收获"生之徒""死之徒""动之死地""生之厚""善摄生"。

因为决定商业或事业的命运长度的，就需要考虑多方面的影响因素。最主要的核心在于创业者本身的发愿之心有多大。如果仅仅为了名利，有可能成为"死之徒""动之死地""与虎谋皮"。如果是为了实现自己的愿望或人生价值，不注意"适可而止"，有可能就使自己陷入"生之厚"。虽懂得做些有利于自己也利于别人的事，但往往还是以"我"想要做的为主，别人需不需要在其次。如果你发大愿，要做对社会对人类有益的事，就不一样了。这样的事业会吸引越来越多的人前赴后继地支持和加入，创始人点亮的是火把，最后让它成为燎原之火，进而使自己成就一番伟业。

人生有限，皮囊不过是灵魂修行的暂住之所，也是导引的媒介。如果你不用来经历一番番刻骨铭心的事来滋养灵魂，此生如同行尸走肉。商业或事业是人心修炼的媒介。"善摄生者"一定是通达的，无论做什么事，都会"无死地"。

心兰：出生入死。（点题）
生之徒，十有三；死之徒，十有三；
人之生，动之死地，亦十有三。
夫何故？以其生生之厚。（举例说明）
盖闻善摄生者，陆行不遇兕虎，入军不被甲兵；
兕无所投其角，虎无所措其爪，
兵无所容其刃。（实践指导）
夫何故？以其无死地。（总结）

人的一生，宇宙万物，都是出生入死的一个过程，没有回头路，只是每一段路程都有一个终点站，然后再生，再死，再生，再死。想象那个太极图：孰知其极？没有人知道转折点在哪里。我们以为死是终点，其实站在更高的维度上看，死亡也许只是一个转折点——不断出生入死迭代升级出生入死……

"生之徒，十有三"在自然界，所有生物的存活率大概有十分之三。"死之徒，十有三"在当下，很多物种的消失和灭绝，在大道的轨迹上看是一种必然——有物种消失，就有新的物种出现——人类早晚也会消失的，适时就会有新的智慧生物出现。

人之生，动之死地，亦十有三。人之生：生存下来的人（指成功出生并存活下来的人类），动之死地：自然灾害，意外，天灾人祸，还有作死，都是死地。我感觉这一段是"王炸"，等老师来翻译。

师说：盖闻善摄生者，陆行不遇兕虎，入军不被甲兵；兕无所投其角，虎无所措其爪，兵无所容其刃。（实践指导）这一段确实是本章的精华，所有的营养在这里。

前面交代了现象，这一段给大家一个善摄生的方法，让大家拥有无死地的境界，从而进入生之领域——生生不息。做到"陆行不遇兕虎，入军不被甲兵"的关键，在于"兕无所投其角，虎无所措其爪，兵无所容其刃"。我们当然可以理解为没有弱点，没有可攻击的缝隙，没有被侵袭的空间。然而我们只需要稍加思考，就会发现这个结论根本经不起推敲。没有一个人是没有弱点的，没有一件事能够做到面面俱到，更没有一个项目可以做到天衣无缝，有漏洞就有缺陷，有缺陷才是常态。这段话应该如何去理解呢？

我们想一想，陆行不遇兕虎，是为什么？什么东西会让兕虎绕道而行？入军不被甲兵，又为什么？什么样的人，不会被甲兵？要如何做到就算是遇上了兕虎，也要让兕无所投其角，虎无所措其爪？又如何做到入了军，也要让兵无所容其刃？一个人，一个组织，一家企业，一个政权，甚至一个国家，其实都秉行一个内在的运转逻辑——得道者多助，失道者寡助。就像一个丛林生态里，什么样的植物会生生不息，不会被其他的动植物肆意破坏？什么样的动植物会被所有有情众生刻意保护起来？在人类社会也一样，什么样的人会得到更多人的支持？什么样的人会得到更多的能量加持？什么样的人出现问题，大家都愿意替他解围？什么样的人有弱点，大家都会维护他的弱点呢？

这里牵扯到一些磁场和能量场的问题，后面还会有篇章作介绍（比如第八章上善若水，可以和本章联系起来一起加深理解），这里暂时不展开。

在我们生存的这个自然丛林的法则里，从来就没有什么"独善其身"的存在。那些"独善其身"的人，往往不长久。那些善摄生者，往往深谙此道。往小里说，父母对孩子的担心，就是一种"摧毁的能量"，反之不干预、不控制、不寄予厚望，才是生途。再好一些，让孩子找到自己幸福的根本，才是最好的祝福。往大里说，一个组织的起心动念，就能决定这个组织能走多远。

第五十一章

万物遵道：不要把精力浪费在末端，在根源上努力生长

道生之，德畜之，物形之，势成之。
是以万物莫不尊道而贵德。
道之尊，德之贵，夫莫之命而常自然。
故道生之，德畜之，长之育之，亭之毒之，养之覆之。
生而不有，为而不恃，长而不宰。是谓玄德。

传统译文

大道创生万物，德性蓄养万物，万事万物呈现出了各种各样的形态，各种力量又相互作用促进万物的成长。因此，万事万物都是尊崇道而重视德性的。万物之所以敬畏道，并以德为尊贵，就在于道生长万事万物，不加干涉而顺其自然。道是根本、本源，催生了这个世界。德是品性，是基本功能，是道的滋养，是最大的仁爱，世界并非一蹴而就，生于道以后，还要接受德的培育、滋养、充实。万物还需要一个成长、发育、稳定、成熟、结果、保护、储藏的过程。生成万物而不占有，化作万物而不主宰对方，这就叫做玄德。

经典对话

张倩：生之、养之、形之、成之，这四个阶段是万物生长最有生机的阶段。这四个阶段从出生到长成，也就是成熟的四个过程。老子不仅道出了这四个阶段，还道出了这四个阶段从何而来。万物由道而生，德而养，在此基础上和前提下，慢慢形成一定的物状本貌，而后聚势长成，道和德就犹如万物之母。因此，万物对道对德莫不是充满了尊崇和敬仰，而我们的老祖宗在2500年前就已经明示。换句话讲，唯有由道而生，以德而行，才会成形后长成，如果偏离了道心和德行便不会成形也不会长成。

万物之所以尊道贵德，是因为它们（道和德）不会去干涉万物，而是任凭万物按照其自然本性发展。因此只有在道生德蓄之后，万物能够自然成长，葆有一颗善心，能够安定得到很好的照顾，自我供给，保护自己（育：《说文解字》解养子使作善也；亭：《说文解字》解人所安定也；毒：《说文解字》解，厚也，毒兼善恶之辞。犹祥兼吉凶、臭兼香臭也，《列子》书：亭之毒之，皆谓厚民也，即厚待万物）。这里点出了道生德蓄的核心，在于常自然，那什么是常自然呢？

具体解释了什么是"常自然"，即生育了对方但不占为己有，为对方做了事情却不有所凭恃，培养对方却不主宰对方，即任凭万物按照自己本性自然发展，不要去做任何干预，这就是道的玄德。

朱玲：道生之，想要去的目的地、要达到的目标和志向确立了，然后以德畜之。什么是德（"德"在金文中又写作"悳"，作为正直、坦率、诚实、自然之"直"，一直被古人视为"德"之重要表征）？怎么用德畜？面对志向和目标，敢要、敢争取、敢拿、敢舍敢得，在"直"的同时，也要对得起自己的心。比如不懂装懂、强撑面子、羞于下问、损人利己（其实是损人不利己）……对自己不直、不诚实，对他人也是嚯嚯而已，没有真诚，就是无德的表现。同时，在达成目标的过程当中，怀着一颗与人为仁的心，用仁心、智慧去成人达己：外得于人，内得于己，无愧于心。

物形之，势成之，在怀志、怀德的因势利导之下，创造合情合理的事物。这里说势成之，并不意味着有完美结果，而是一种自然的结果导向（意味着不要执着于果）。

道生之，德畜之，长之育之，亭之毒之，养之覆之。这里我认为需要去理解万事万物的兴起、发育、结果是一种自然趋势。任何一颗种子从开始发芽，生长到繁荣壮大，再到枯萎凋零，是一种自然结果。为什么说势成之，而不是果成之，因为整个过程都是因，也是果。在其任何一个节骨眼上，为者败之，执者失之。（延展思考：同理，任何人包括自己，不论呈现的是什么样子，都是一连串地生长、发育、凋零的果，同时产生着因。）执着于任何呈现出来的表象（果），在已经有的果上改变和争议，都是一种"生而持有、为而恃之、长而宰之"的行为，违反天道，求而不得。例如，有些老一辈的人都很节省，发霉的食物还是会想办法吃掉，如果子女就这个行为（果）跟他们争辩去讲道理，结果如何？它既不会改变老人以牺牲身体健康来节省的逻辑思维，还闹得大家都不开心。例如有的公司从上到下都出了问题，很多规定都互相矛盾难以执行，但一直在基层员工身上不断增加要求和条款、增加绩效考核，这也是难以修正问题的。

对症下药，我认为是"既得其母，以知其子；既知其子，复守其母，没身不殆"。有德，宛若赤子。不至善，不执着某个果，生而不有，为而不恃，长而不宰，是谓玄德。

心兰：本章论述的是"道"以"无为"的方式，生养万物的学说。老子提出"夫莫之命而常自然"的见解，说明万物是在无为自然状态中生长的。

万物的生长，是顺应着客观存在的自然规律而长的，各自适应着自己所处的具体环境而生长的，根本就不可能有所谓主持者加以安排，然后才生长。这一点是老子反对鬼神术数的表现，是反对有神论的表现。

就万物的生长需要依据客观自然界存在的规律来说，老子称之为"道生之"；就客观自然界存在的规律具体运用于物的生长来说，老子称之为"德畜之"；万物生长既然必须依据自然界的规律，所以"万物莫不尊道而贵德"；但万物的尊道贵德，也仅为对自然界的规律的依据与运用，不是另有什么主宰者加以命令与安排的。这种现象，老子认为是无为自然的状态，所以说"夫莫之命而常自然"。

道之创造万事万物并不含有什么主观的意识，也不具有任何目的，不邀功、不主宰，整个过程完全是自然而然的。万事万物的生长、发育、繁衍，完全是处于自然状态下。这是老子观察发现的，将"道"作用于人类社会时所体现的关于"德"的特质。这是一种毋庸置疑的无神论思想，它否定了作为世界主宰的神的存在，这在老子所处的时代，是非常高的思想境界。

长之育之，亭之毒之，养之覆之，我反复琢磨这几句，还是吃不透。

师说："道生之，德畜之，物形之，势成之。"开篇，直奔主题，对道的具体描述，也是本章中心思想。

"是以万物莫不尊道而贵德。"这句是对德的具体描述。

"道之尊，德之贵，夫莫之命而常自然。"举例说明道德。

"故道生之，德畜之，长之育之，亭之毒之，养之覆之。"这句总结说明道德。

"生而不有，为而不恃，长而不宰，是谓玄德。"行动指导，亦是总结。最后这句关于"玄德"的总结，相当于是说我们作为人，如果要做尊道贵德的人，或领导，或领航人都应该具备的具体心法指导。

心兰：我就感觉这一章字字句句都是总结，找不到重点，是一种很有敬畏的感觉，感觉要放大招。

师说：第五十一章可以说是前面五十章的一个小结。这一章过后，后面三十章讲具体落地应用比较多。我们之前分析过，可总结思考一下。此前的五十章，大多是从方方面面，从各个角度，反反复复讲"道"与"德"。

婧婧：这让我想起来最近看的《三字经》里的，"首孝悌，次见闻，知某数，识某文"，讲的也是孩子在学具体知识之前，首先了解基本道德礼仪。

感觉《道德经》也是在具体操作学习之前，先把内功心法的德行和道理掌握了，然后再去教你一些具体实操。这样才有意义。

张倩：我理解就是万物在道生德蓄的前提下（前提一定是根正苗红，符合道德的），在自然发展的基础上，实现自我成长，育化；在这过程中摔打历练自己以至成熟，不用去考虑其他的。因为大自然（道）会养之覆之，提供食物及保护，言外之意就是我们其实需要的不多，而我们需要的这些，"道"都会提供给我们。有句话是这么说的：人生原本就是一个人的修行，打从娘胎里出来，看似是爹娘在养育，实则都是道，道为母，提供的衣食和庇佑，让我们此生历练、经历。

朱玲：道生之，德畜之，物形之，势成之。（中心思想）

是以万物莫不尊道而贵德。（对德的具体描述）

道之尊，德之贵，夫莫之命而常自然。（举例说明道德）

故道生之，德畜之，长之育之，亭之毒之，养之覆之。（总结说明道德）

生而不有，为而不恃，长而不宰，是谓玄德。（行动指导，亦是总结）

这里应该理解为一件事、一个人如何做成，提出了一个具体的顺序，例如小米的老板雷军的"专注、极致、口碑、快"用来阐述详细的做法。

道生之：有了要去做的事，就将一切精力围绕其展开，我理解为足够专注；德畜之：德的状态，一种精进、没有上限、不自满于当下的成果，是极致精神；物形之：有一定的成果后，产生相应的影响力，形成好口碑；势成之。那么，一切自然而然，如滚雪球一般，越滚越大，越来越快，同时良性的反馈机制，能让内部拥有更快更好的自驱力，让外部获得更大更深的影响力。

不论做事还是做人，都是尊道贵德才能成功。这里不太理解是如何举例子。这里我自己理解是这样的道生德畜，就是一种自然的力量，无比强大，万物无不是遵循这样的规律在兴衰交替。

亭之，使之成长自立；毒之，使其成熟；养之覆之，应该是一种润养与庇护。（上善若水，水的特性）这里的话应该还是回归一种无为的状态。佛是因缘法，道家自然法。自然因缘推动事物的演变发展，为者败之，执者失之，万事万物的形成、发展，总有它存在的缘由。用自己五官所感受到的并非其本质，顺着五音、五蕴去拨弄结果，是没有用的。故一颗平常心很重要，能够尊重事情发展规律（做自己该做的），观察事物成熟的因缘条件，在因上努力，而不是在果上纠结。

师说： 虽然逻辑还是坑坑洼洼，不过思考得深一些了。

这一章，我先解一下这两个问题：

1．"长之育之，亭之毒之，养之覆之"怎么理解？（心兰）

大家看一下太极图，道代表乾（太阳），德代表坤（月亮）。

真正有过做事经历的人都明白，做一件事最重要的并不是做这件事的过程，而是事情结束之后的反馈、总结与复盘，以及带着复盘总结的思考，在沙盘演练整个过程的升华与收获，也就是智慧的酝酿过程。

所以，道生之，德蓄之，是一个完整的小周天（道家内功修炼的大小周天的小周天。小周天是指任督二脉的气脉循环；大周天是循着任督二脉将全身所有经脉打通的一个过程）。我经常说看一个人的任督二脉是否贯通，就是看这个人在做具体事的过程中，他有没有习惯性总结，有没有习惯性地把所学运用到所做中；有没有习惯性地有门、有路、有章法地去做一件事（道生之）；有没有习惯性做完一件事之后，去思考复盘且总结，不管这件事成与否，都让它成为自己成长的一个阶梯，一份养料（德蓄之）。

长之育之，亭之毒之，养之覆之。长，是向下扎根。育，是向上生长。亭，是停止外在的生长（长到一定程度都会停止，所有的动植物都是）。毒，是历经时间（经历，沉淀）的荼毒，外在不长了，要开始长内在。

在古代，毒是一种思想，也是价值观的浸润过程。简而言之，就是管理，是为政之道。比如"刚中而应，行险而顺，以此毒天下"，再比如"秦王以无道毒天下"，等等。毒字本意无褒贬，就是看统治者用什么思维什么价值观去"毒"天下人的思想，结果就是一方水土养一方人，天下有道圣人成，天下无道圣人生。

毒这个字，用得甚妙。当下很多企业，文化是文化，人是人。企业文化和企业的人好似完全没关系，这是管理的失败，没有将企业文化的毒，真正"下"（下毒的下）到每个人的心里去。

养，是说毒浸润好了之后，要修养。这个养就是修修剪剪，打磨抛光，养出神。覆，想象一下，一串金丝楠木的佛珠，是怎么来的？

（1）会做佛珠（有道）的工匠，就算是业余爱好者，他也要遵循章法，一步一步去做——道生之；

（2）每做一步，就总结看一步，下一步要怎么走——德蓄之；

（3）雏形打磨出来后，就基本上大框架不动了——亭之；

（4）开始搭配，比如加入佛家的文化，佛家的一些配饰，比如七宝挂件等，让这串佛珠看上去是那么回事——毒之；

（5）抛光，打磨，修边边角角，让这个物件看上去更趁手，让这件事情看上去更完整——养之；

（6）这个覆用得也是极其妙！很多人都知道"包浆"，包浆就是覆着一层氧化物，怎么来的呢？长时间地把玩摩擦的结果。所以覆，我的理解就是从选择金丝楠木开始，就已经决定了最后这个浆，包的结果会是什么水色（势成之，等一下我再单独讲这个），"道之尊，德之贵，夫莫之命而常自然"为什么这里是举例说明（朱玲）。

2.前面对道和德描述清楚之后，老子举例说明，用的大自然界的例子——"夫莫之命而常自然"，因为那个时代，老子能格的物，最唾手可得的也是大自然。

代入大自然这个例子里，道就是种子，德是阳光、雨露、天时地利，因缘和合。长是扎根，育是生长，亭是长到一定程度就不会再长了，但是会变粗；毒，就是接受（假设这是一棵树），它生长在这个地方，就会接受这个地方气候的变化大环境的影响；养，就是接受风吹日晒雨淋，与这个环境融合的过程；覆，就是最后和这个环境融为一体。

你看在自然界里，没有一样生物包括动植物在内的所有生命是脱离这个道和这个德的。

解读完这两个问题，接下来这一章，我只讲一个字：势。

势成之的势，也是本章的核心关键字，要系统地理解这个字，才能抓到本章的核心。

心兰： 势，飓风始于萍末，就是势。

师说： "势"这个字，我相信每个人都认识。然而古往今来，对"势"字感悟最深的应当是春秋时的孙子。《孙子兵法》当中每一章都在讲这一个字：势。（《孙子兵法》后续再讲，这里不展开）可以说，这个天下最擅长兵法的人，一定都懂"势"。智慧的人，懂得蓄势；会行军打仗的人，懂得谋势；一个优秀的管理者，善于借势……

曾听一个朋友说，"造势不如蓄势，蓄势不如谋势；谋势不如借势，借势不如用势"，我深以为意。只是关于"势"这些事，真的要亲力亲为。在我们的人生当中，蓄势是时时刻刻的事。只有自己蓄的势，才是真正的有效力量。有力量，才能谋势；有力量，才能借势；有力量，才能用势，有力量，才能造势。

在这一章中，势是什么呢？为什么是势成之？

道，是势根（种子）；德，是势的生命力；物，是势的载体；势，才是成事的根本。

一棵树的种子，有阳光雨露，也适应了当时当地的环境，出类拔萃地成长了，然后就能天长地久了吗？显然并不一定。一棵树太出类拔萃就是"匹夫无罪，怀璧其罪"，这也是我们老祖宗高度重视"中庸之道"的原因。

中庸之道的智慧就是不落两端，不我执，不着相，心无所住。修身的意义也在这个"势"上体现出来。我们思维上的一粒种子，就有可能成为覆灭的根本。所以佛家讲，关注话头。什么是话头，就是念起。一念升，万物寂；一念灭，万物生。一念天堂，一念地狱。一念永恒，一念神魔。

我前面说在选择金丝楠木开始，就已经决定了最后的成色。这句话怎么理解呢？很多人说，我可以干几年靠出卖色相、靠投机取巧、靠干爹干妈、靠潜规则、靠坑蒙拐骗、靠擦边球……的生意，然后改邪归正，金盆洗手。各位想一想，种子是歪的，无德更无生生之厚，何来改邪归正一说？"我们走的每一步都算数"，这句话放在这一章来理解，更合适。从道开始，你是选择旁门左道还是光明正道，就决定了德"养不养"你，物"形不形"你，势"成不成"你。

朱玲： 毒之，是不是比如商道课程当中"关于内部成本的降低"，也是毒之的一种？

师说： 所有的文化浸润，都是毒。毒是一种状态，一个过程。

朱玲： 读完这一章我才发现，我一直在向外寻，寻一个可以解释万事万物的东西，寻一个放诸四海皆可用的方法……太贪了。现在觉得只要把一件事包出浆，比如只把《道德经》的一章，吃透和运用，也许答案就在那儿。

第五十二章

袭常之明：掌握洞悉一切的能力

天下有始，以为天下母。
既得其母，以知其子。既知其子，复守其母。没身不殆。
塞其兑，闭其门，终身不勤。
开其兑，济其事，终身不救。
见小曰明，守柔曰强；用其光，复归其明，无遗身殃。是为袭常。

传统译文

　　天下万物都有开始,这个起始就为天下万物的源头和根本。既然知道它的根本,把握了其本质,就可以用它来了解自然界中的相关事物,你的人生就不容易失败了,封闭一切外来的诱惑、困扰,专注于内,精心修行,一辈子就不容易有什么烦恼。能够明察秋毫、见微知著才能叫做"明",能够柔弱安忍、韬光养晦才是真正的"强"。运用其光芒反照自己的内心清醒,就不容易给自己招来祸害,这才是真正的自然之道。

经典对话

　　朱玲:"天下有始",这里的始,我认为是一种志向、目标,确定我要做什么。

　　"以为天下母",这个初心志向,是引领你接下来所有选择、战略、战术的一种思想根源,称为母。它是一切行为动机的源头。如果深爱咖啡豆的李绍群,遇到彭秀兵告诉他做快递赚钱,他跑去做快递了;魏晋北告诉他,你这个不挣钱、不行,他卖掉咖啡地,去跟魏晋北做投资……他的一生就会像一片无根的叶子,终究成不了他那棵品牌大树。

　　"既得其母,以知其子",彭秀兵想把快递这件对人们有用的事,搬到家乡去,因为家乡没有这样的服务,那里还是很原始的一种状态。殊不知,他回到家乡发现大家都不需要快递,甚至排外,是不是就不做了呢?他并没有放弃。"得其母"——知道自己要做的是什么,接下来就可以去寻找一切存在的条件,让它成为和自己要做的事有关系的因素。

　　"没身不殆",这样一来,不仅不容易使自我迷失,还能让你的正道会越走越宽阔。

　　"塞其兑,闭其门,终身不勤。开其兑,济其事,终身不救"如果彭秀兵看到人家种咖啡豆很顺利,很有趣,自己也去种。如果他的父亲不让他做,他就不做,而不是去亲自实战和践行,那么必然会导致他"终身不救"

的结果。如何可以终身不勤？不要随意丧失和动摇自己的志向，任何时候都想一想自己当初为什么做这件事，为何而拼。韩信忍胯下之辱，因为韩信有更高的使命。

"见小曰明，守弱曰强"，有一次和甲方谈合作，当我们从一些细节之处发现对方并非好的合作伙伴时，我们理智地选择"明理"——不争对错、不辩解，道不同不相为谋，自己做好自己就可以，这也是"塞其兑，闭其门，终身不勤"。

"俭"：只谋定自己要做的，只选自己要选的。

"慈"：不争，不需要压人一头，自己守住正确的道，知行合一，行的是不言之教——守弱曰强。

"用其光，复其明，无遗身殃"，自己立的这个志、这个目标就是信标塔，就是"道生一"的智慧。所有经历过的一切，都将因为这座信标塔，而有了属于它的特殊意义。"复其明"——成就这个独一无二的"我"。

"是谓袭常"，这就是自然之道。

张倩：天下万物都有其开始（始，本初的样子，或者说最初的样子），这便是天下万物的母亲（母有孕育之意，"母"即"本"——本源）。联想《道德经》第一章的中"无名天地之始，有名万物之母"，本章说的"天下有始"就是第一章中的"无名"，"天下母"则是"有名"。无论是"始"还是"母"，本质是一致的。"无名"是"始"，"有名"是"母"。这句话完整的意思是天下万事万物都有其本初，是这个本初孕育了它们（天下万物）。

一颗种子有其形成的因缘和合，有了这颗种子，如果是树的种子就会成为树，如果是草的种子就会成为草。既然知道它的母体（本源，底层规律和逻辑），就知道了它子子孙孙（规律下的产物）的规律。有句话说："要看这个女孩能不能娶了做媳妇，看看她妈的样子就知道了。"我想这也是其中一个缩影"既得其母，以知其子"的例子吧。

有其母必有其女，无论是身体内的DNA（基因）还是家庭教育环境，基本上决定了其不可分割的关联性。既然知道了这些规律下的产物，当我们寻找发现其逻辑和规律的时候，也就是总结出了一些道理与真知的时候，就要去守护住，坚定不移地相信并且去做，这样子的话就不会有危险。

"塞兑闭门"，前文有讲过，谨慎自己的言语，摒弃外界混乱的信息不被干扰，则终身都不会劳累（勤，《说文解字》解，劳也）；整天夸夸而谈，该说的不该说的都脱口而出，忙于各种琐碎的事务，则不可救药。这一句我理解的是给了我们"知其子"的法门，这个法门是什么呢？就是"塞兑闭门"。

"见小曰明"中的"小"是细微，是不易被发现的规律和逻辑。如果我们发现了，那我们就是明眼人，就能看得通透，见微知著说的就是这个意思。

能够恪守"柔弱"才是真的强大。结合前文的"复守其母"和这里的守柔可以看出，"柔"就是一种"母"。老子告诉我们"柔"的重要性，要抱守，要恪守"柔之道"。

"用其光"，这里的"其"我理解指的是前面说的"小""柔"这样的带有"母"的气质的存在。也就是说如果我们抱有、恪守这些品质，就会让我们回到明晓、通透的境界（言外之意，而不是碌碌无为，浑浑噩噩），也就不会给我们带来什么灾祸。这也就是"常"，也是"和"，也是"名"，总之就是道吧。

赵丹： 关于"天下有始，以为天下母"这一章，我隐约感受到，这里讲了两点。

1. 因果关系。万事万物在开始的时候就有可以遵循的"道"，如果能够及时"守住"，结果不会太坏。

2. 知道有什么"因"，后面会产生什么"果"，就要坚守这个过程中的各种起心动念。我们现在面对的诱惑太多了，无论是人还是事，想要得到的太多，但真正需要的多吗？如果能坚持只做"原本"需要的，而不被多余的诱惑占用自己的时间、身体、思想等，就会少遭受一些挫折。

能否让自己有更多的感知能力，知道自己需要的和想要的是不是一致，能够把自己放在很舒服的位置，守住内心温柔的一面，无论面对什么，都不动摇。让自己的内心充满阳光，温暖自己也照亮别人，这才值得长久坚守。

心兰： "天下有始，以为天下母。既得其母，以知其子；既知其子，复守其母。没身不殆。"在这一段里的前面三句，上一章老师讲过，就是"知其然，更要知其所以然"。

"没身不殆"，应该是这一章老子强调的重点：做到了"知其然，更知其所以然"之后的结果，就是"没身不殆"。我粗浅的理解就是哪怕死了精神也能永存。就好比是当我们熟悉了一个人的行为方式以后，哪怕他肉身不在，他的神识却有一直在的感觉。

"塞其兑，闭其门，终身不勤；开其兑，济其事，终身不救。"老子认为，这个世上只有两种人：一种是对外在世界极其敏感且聪明，但忽略了收敛、内省，这样的人到最后往往会陷入极其危险的境地——聪明反被聪明误。第二种是懂得做任何事都要抱一、专注且能做到极致，同时也懂得为人处事含蓄、内敛，懂得把成绩归功于天下的人，这才是能把命运掌握在自己手中的人，这样的人才不会自造祸患。

人的身体需要静心，就好像是一杯混浊的水，静置一会儿，泥沙会自动澄清一样。人在"塞其兑，闭其门"的静心状态下，免疫功能会自动化修复、清理体内的混浊和垃圾。当我们通过"塞其兑，闭其门"的方法，使自己静下心来，放下所有欲望贪婪的牵引时，我们感受到神性品质的全然亮化，接受更高维度的宇宙集体智慧对自己的祝福。欲望有时可以推动人生的成就，但贪婪一定会摧毁人生的发展。

"开其兑，济其事，终身不救"是老子讲的另外一种人生活法。"开其兑"就是讲话随心所欲；"济其事"是只做于自己有利的事，用有为法去为人处世……这种人生观，从长远来看，必将是终身无救的人生。

"见小曰明"中的"小"就是从一件件小的事情上抓到事物发展的关键逻辑。无所谓外在如何变化，事态如何发展，我自有其"根本"，知道它会如何往下进行，就不会失去方向，这种状态，就是明。这里的"曰明"我认为就是回到前面的"守母"，只有理解了"天地轮常"的天道，那么外在自然能够运化万物，在内做好自己。

"守柔曰强"，柔是内心的柔韧，只有拥有大信心、大勇气、大毅力、大智慧的人，才能真正做到内心的柔韧，才是真正的强。我们做事若能以弱守强，基本上就做到了上善若水，也就具备了以下的强大性能：

1. 极强的柔韧性——百折不挠，任何困难和阻碍都无法击垮他；
2. 极强的适应性——能适应各种环境和人事物；
3. 极强的弹性——做事可进可退；
4. 极强的容纳性——海纳百川，有容乃大；
5. 极强的过滤性——能洗涤精神的污浊；
6. 极强的摧毁性——水能载舟，亦能覆舟。

若同时具备了这么多特质，归结起来，就是一个字"强"。

"用其光,复归其明,无遗身殃。是为袭常。"对此,我的理解就是只要知天道、守天道、遵天道,就不会成为违逆天道的牺牲品。而活出这种状态的人,就是明,就是光,就是知常之人,也就是"袭常"。

第五十三章

大道甚夷：不要轻易舍弃大道，转而追求施和迤

使我介然有知，行于大道，唯施是畏。
大道甚夷，而人好径。
朝甚除，田甚芜，仓甚虚。
服文彩，带利剑，厌饮食，财货有余。
是为盗夸。非道也哉！

传统译文

　　假如我稍微对道有了认识，行走在大道上，唯一担心害怕的是走了歪路。大道虽然平坦，但有的人就喜欢舍弃大道走小路。朝廷已腐败不堪，农田也已经荒芜，仓库十分空虚，而人君仍穿着锦绣华服，佩戴着锋利的宝剑，饱餐精美的饮食，搜刮侵吞民脂民膏，这就是盗魁贼首其所作所为，实在是不合天道啊！

经典对话

　　朱玲：行走在"道"上，是一种"战战兢兢、如履薄冰"的状态。为什么要这么谨慎？对正道需要敬畏，因为很多事情是幻中有真，真中有幻，光是看一面，是很难抓其本质。即便自己发心没有问题，还是需要兼备"菩萨心肠"和"霹雳手段"，才能将这颗心在现实中摆正，使自己走中正之道。而这霹雳手段绝非一朝一夕之功。但霹雳手段的本事从何而来？

　　太多人因为"万事开头难"，于是另辟蹊径。"地转天旋，万事开头难。斗霜傲雪二十年，堂堂剑气尚寒。戎马倥偬一生，多少失败成功？试看大千世界，依旧海阔天空。"这首诗中的"万事开头难"真正要表达的是凡事只要迈出第一步，后面的路就会开始好走。可是世间太多人选择了"径"，看似更好走或者更近的路，没有打地基，没有深扎根，只想拿结果。

　　朝廷里一堆腐败，没有真正为国家为百姓做事的人；田里荒芜、粮仓空虚，百姓生存真正需要的根本没有了；官员们一个个奢靡华丽，米不厌精、财宝奇物一大堆……没有让一个人、一个国家真正"实其腹"的基础，"服文彩，带利剑，厌饮食，财货有余"抓着这些表面的东西，只会加速灭亡，即走捷径的结果。

　　盗夸，我理解为一个强盗杀了人或剥削了他人，还要拿出来夸耀。这不叫正道。正道应该是"实其腹、虚其心"的状态。让田里庄稼茂盛、粮仓有粮——深扎根，积累基础。积累基础，足够的打磨和精进，才能有霹雳手段，才能发扬壮大。

张倩： 我仔细分析（介本义是铠甲，作动词有间隔隔开之意，在《汉书·翼奉传》中有"前乡崧高，后介大河"。组词介然，意思是对事物深入探究其现象和本质，有格物之意）之后有了这样的认知。这里有一个问题就是什么使我介然有知？这里少了一个主语，我理解这里的主语应该是自然万物。老子捕捉自然万物的规律，探究其现象和本质，然后形成了这样一个认知，是什么呢？是行于大道，唯施是畏。大道甚夷，而人好径。在大的道路上行走就怕走入小路（施：通迤，两个意思，一个是弯弯曲曲，一个是斜径），大道相当笔直宽阔（夷，就是弓+矢，把箭射出去，一个含义是笔直，另一个含义是很远，参考第十四章"视之不见名曰夷"），人们却喜欢走小路（捷径）。

这里的"大道"一方面指大路，因为大陆宽阔平坦容易抵达目的地；另一方面指，不是说当你秉道而行的时候就全部都是平坦的大路，有些小路让你吃亏、摔跤的才是"大道"。事实证明，这种"大道"可以让我们成长得很快。所以，在这里"大道"不仅仅指大的道路，还指行在道上的这种感觉。当你真的是走到"道"的时候，你的人生之路是很宽阔的，意味着比较好走，也最容易到达目的地。我记得初中时候听过的一句话（给我很深的影响，一直记到现在）："最远的路才是捷径。"所以，不要害怕那些让你绕的路、让你摔跤的路、让你伤心的路、让你崩溃的路……这些路都是你的"大道"。

那小径是一种什么样的状态呢？朝堂特别整洁（结合后文理解，这里的"朝"应该是名词，指朝堂，或者延伸指相应的管理组织，结合后文"除"在这里应该是形容词，表整洁，一尘不染之意）。我觉得这个"朝甚除"在这里有一层隐含的意思，是排除异己，整体就一个声音，也就是"一言堂"，老大说了算的状态。农田荒芜，农田为什么荒芜？农田荒芜说明战事较多，征兵入伍屋（家）无男丁以耕种。仓库空虚，仓库为什么空虚？一则是连年战事没有余粮；二则可能有官员贪贿，中饱私囊造成国库空虚。

以上这些状态，以及说穿着华美的衣服招摇（见可欲），佩戴锋利的宝剑（人多利器），饱食精美的食物（厌通"餍"，吃饱满足），财产货物多余溢出（贵难得之货）……都是盗夸（歪门邪道），都是好径的行为。

在行道的路上，很多人走着走着就走偏了。这一章老子举例说明了几种常见的走偏的现象，以此告诫世人，行于大道，唯施是畏。坚持走正道，大道甚夷。

师说： 使我介然有知，行于大道，唯施是畏。（中心思想）

大道甚夷，而人好径。（论点）

朝甚除，田甚芜，仓甚虚；服文彩，带利剑，厌饮食，财货有余。（论据）

是为盗夸。非道也哉！（总结）

本章，"介然有知"是关键。

"介"，是一个象形词，甲骨文的字形，人居中间，有物居两侧；介词，就是介于两者之间的词；介然，就是介于两者之间。哪两者？

1. 有知："既知其母，以知其子，复守其母"，母为道，子为天地万物；
2. 介然有知：人是"道"与万物间的中介者，观察者。

人能理解万物，在于人知"道"；知"道"之后，能须臾不离，笃守不失，才能永久地理解万物（上士闻道勤而行之）。如果知"道"了之后不去复守"大道"（知善建，而不善建），就会离"道"愈远。

只知其母，不知其子，不可谓介然；不知其母，也不可能知其子，就更不可谓介然；既知其母，以知其子，如果不能复守其母，一而再，再而亡，也不可称为介然……这便是介然，有知的深意。唯有做到"既知其母，以知其子，复守其母"，这样才能够介然有知，介然有知了之后，才能行于"大道"。

"唯施是畏"，要理解这句"施"字很关键。古本是"唯迆是畏"，施和迆，唯一相同的地方，是都有一个"也"字。古时候"施迆"二字经常一起使用，什么意思呢？事物从刚萌发状态（母），刚从地下拱出来的一个小尖，到伸展出来两瓣子叶（子），到了"也"的状态，上面就开始冒出来了两个头，也就是事物从一（母）到二（子），"子"就是"也"，是复制，是规律，是因果，它既是本身从萌发到生长的纵向演进，也是指从个体到种类的形成。

任何一种事物被演化出来，就不可能是孤立存在的；凡是能被演化出来的事物，它都有类（子子孙孙）。所以"施"是指道这个母体延伸出来的子子孙孙，也指大道上分叉的那些小路。这些小路又往往诱惑极多。所以"唯施是畏"其实是告诉我们，一个很重要又很朴实的道理，已经知其母，又知其子，但是如果不能复守其母，后面再演化出来的未来之物，就无法再去理解他们。要想须臾不离地行于大道，就不可不知其母，更不可不复守其母——不要轻易舍弃大道，而追求施和迤。为什么呢？后面有说，"大道甚夷，而人好径"。

大道是很简单的，它让人脚踏实地，行为人之根本。人之根本是什么？广厦三千，夜眠仅需六尺；家财万贯，日食不过三餐；弱水三千，也只取一瓢饮。而人好径，径的特点就是诱惑太多，看上去是会更快或者比别人更好……然而人一旦偏离了大道，就会"不知其母"。不知其母的结果比较麻烦，比如现在很多人生活在城市，四体不勤，五谷不分，结果呢？不明白一粥一饭来之不易，随手丢弃浪费成风，不会珍惜别人的劳动成果。所以哪怕是"朝甚除，田甚芜，仓甚虚"，也依旧视若无睹，继续我行我素的"服文彩，带利剑，厌饮食，财货有余"。

介然有知是我们每个人都必须明白的道理。我们做学问、格物致知的意义，就在于能够"知其然，更知其所以然"，而不是停留在一知半解层面。否则，我们就会被一点点诱惑所带走带偏或带入旁门左道，从而忘本逐末。

老子只研究事物的底层规律，"菩萨畏因，众生畏果"也是这个道理。然而我们世人往往被表象牵着鼻子走。研究事物发展的底层规律有一个好处，就是在底层规律往往到向上的时候，能够顺藤摸瓜（通过逻辑，抓到本质）——由现象看本质，因此说越底层，越通用。西方哲学往往纠结"对错"，而老子讨论的是"存在"，是更底层的意义——如果一个事物都不存在了，还有对错吗？还需要争论对错吗？所以西方哲学家面对中国的哲学论著，就只能挠破脑袋，想不清楚，到底"道"是什么，"无"是什么，"色"是什么，"空"是什么，"仁"是什么……估计爱因斯坦就是翻破《道德经》，也依旧不得道德。

第五十四章

不拔不脱：治国先从修炼自己开始

善建者不拔，善抱者不脱，子孙以祭祀不辍。

修之于身，其德乃真。

修之于家，其德乃余。

修之于乡，其德乃长。

修之于邦，其德乃丰。

修之于天下，其德乃普。

故以身观身，以家观家，以乡观乡，以邦观邦，以天下观天下。

吾何以知天下然哉？以此。

传统译文

善于为自身制定合乎道德规范的人，是善于秉持自己所认识到的道德准则而行事的人，是不会气馁，丧失自信的。如果子孙能够遵循且守持这个道理，子子孙孙就不会断绝。把这个道理付诸自身，他的德就会是真实纯正的；把这个道理付诸自家，他的德就会是丰盈有余的；把这个道理付诸自乡，他的德就会受到乡人尊崇；把这个道理付诸一国，他的德就恩泽百姓，惠及全国；把这个道理付诸天下，他的德就会无限普及。所以以自身的修身之道来观察他人，以自家观察他家，以自乡观察他乡，以自己的国家观察其他的国家，以自己的天下观察别人的天下。我怎么会知道天下的情况之所以如此呢？就是因为我用了以上的方法和道理。

经典对话

朱玲： 我认为这里说的"善建"不是指有形的建筑或是能看得见、摸得着的某样实物，而是指一种高素质的修养、身体力行的品格、良好的文化与优秀的价值观，建的是良好的为人处世之道，一个能够真正深扎根的根基，拥有的也是这条正道。

"修之于身……其德乃普。"这一段是从修身到齐家治国，再到平天下的过程。当你就秉持积极前行的志向并一点一滴付诸行动，且在不断地积累之下，你就对人生和目标的规划会越走越清晰，你就会越来越分得清楚。身边的人与事，以及哪些是你需要建树培养的，哪些是无关紧要的。穷时独善其身，建树好自己，当积累了一定经验和实力之后，你便可达则兼济天下，从而可以影响乃至率领身边的人，不断扩大自己的影响力。影响力多大，取决于根基打得有多深。一步一步脚踏实地打下的每一个螺丝眼，都将决定你未来的高楼稳不稳。

所以，看一个人对自己要求有多高，以及其做人做事的行为逻辑如何，就可以知道他可以走多远，他的建树和成就有多大。

心兰："善"，是善法，善法就是妙法。《道德经》中对"善"的描述特别严谨。水之七善（第八章），救人五善（第二十七章），为战四善（第六十八章），本章是修筑二善——善建、善抱。这些善都是善法，是无上妙法。善建，建的是道基——文化与精神文明的根基。"善抱"，抱的是人间正道——文明的根基。祭祀不辍，说的是家族血脉传承的生生不息与无穷无尽的种族之源、文化之根；是道，是这精神文明的源泉。文化对于一个族群或一种文明而言，其重要性是不言而喻的。

"修之于身……其德乃普"，放在个人身上，就是一个人的思维模式，是一个人的"天命"。思维决定行为，行为决定结果。你相信什么，你的生命就是什么。一个只有利润思维的人，是不可能做出改变世界格局的伟大事业的。

所以，把文化价值观放在家族（或家庭），就是一个家族的文化；放在企业，就是一个企业的文化；放在一个国家，就是一个国家的文化；放在天下，就是天下的文化。

"故以身观身……以天下观天下。"从企业家的角度来理解这句。我认为看一个人最基本的可以从他的言行举止看出其家庭教养；从他的为人处世与做事能看出他的企业文化；从一个人的眼界格局能看出他的价值观与世界观。

张倩：理解第一句首先要理解"建""抱"和"拔""脱"，字面意思很好理解，但我们要想的是作者让我们"建"什么，"抱"什么，这个要结合前后文来理解。所谓的"建"和"抱"其实指的是建德抱道。

"善建者不拔"，形容一直在修习自己的德行不曾动摇（拔的本义是把物体往上拖拉出来的意思，这里作形容词解，用"不拔"来形容持续扎根）。

"善抱者不脱"，是指一直在遵道而行不曾松懈（脱的本义是肉去皮骨，这里也做形容词讲，用"不脱"来形容没有丝毫的松懈）。

"子孙以祭祀不辍"，在这里是形容绵延不绝、生生不息之意；换言之，就是如果一直能做到，在建德抱道上不曾有一丝一毫的松懈和动摇，就能做到生生不息，一句话点亮本章的核心思想。

如果在"建德抱道"上能做到不曾有一丝一毫的松懈和动摇，就能做到生生不息，这样的话对于修身而言就可以成为一个"真人"。真人是一种修道的最高境界，如之前我们解的赤子这种状态。这也是在老子看来的个人的最高修为。对于修家而言，这种最高修为就能够薪火相传，代代世世有余荫，不绝于世。

"乡"是一种比较小的社会单位，在这里我们也可将它理解为企业。对于修乡而言就能够使自己的企业基业长青，有那种传承上百年的老字号；对于修邦而言，就能够使其邦域丰裕，物产丰饶，百姓富庶；对于修天下而言江山，就会长治久安，道德之光普照。这段是将抱道建德放在我们生活的方方面面，从个人到国家，到天下，都是有益的。言外之意，世人皆需行道。

所以，以修道之身观照己身，对比有哪些不足进行学习和改善，观照那些余庆之家，来照见自己的家族；观照那些可以绵延之乡，来观照己乡；观照那些丰裕之邦来照见己邦；观照那些长治久安的国家（天下），来照见自己的国家（天下）。对此，我的理解还有一层意思就是以小见大，有次第有层次的递进，首先修身，其次修家，再其次修乡，然后修邦，最后修天下。我是怎么知道天下是这样呢，就是因为这些。

这一章我理解主要是让我们对于遵道而行这件事要坚定不移地践行，不要有丝毫的松懈，并以这个为出发点讲了很多关于做到的好处和如何能做到的方法。

师说： 不错！对第五十四章的理解，看来你们都领略到其精髓了。

善建者不拔，善抱者不脱，子孙以祭祀不辍（既是中心思想，也是具体执行方法）。

修之于身，其德乃真；修之于家，其德乃余；修之于乡，其德乃长；修之于邦，其德乃丰；修之于天下，其德乃普。（既是举例说明，也是具体运用）

故以身观身，以家观家，以乡观乡，以邦观邦，以天下观天下。吾何以知天下然哉？以此。（既是总结，也是点题）

这章就是换了一个角度，告诉我们如何修身，如何齐家，如何治国，如何平天下。这个角度是哪个角度呢？就是"以身观身……以天下观天下"。核心心法是什么？就是"善建者不拔，善抱者不脱"，朱朱、心兰、倩倩的解读都不错的，各有千秋，为你们点赞！

这句话是什么意思呢？我说我的理解，你们可以在感悟的时候再升华。先找到一些有用的点：

1.自己能做上且明确的。

2. 最好还是正确的（什么是正确，就是实践过，可行，有结果……哪怕我就卖个烧饼，为什么武大郎可以，我不行？哪里不行？如果不行，就说明肯定有哪里不正确，把它找出来）。

3. 最好再是自己喜欢的事，所以我们可以在这件事上反复打磨精进，在这个过程中，去反复推敲，看别人如何做，然后反哺，升华精进自己的当下，让自己在这一件事上简单作用（善建），重复用力（善抱），形成规模效应（祭祀不辍），或者用当下的话说就是成为这个领域的专家……如果是治身，就观身；如果是治世，则观世；如果治天下，则观天下……

天下人其实真的很可悲，因为大多数人都把生命的功能急速地消耗，去做无谓的牺牲，无谓的消耗，无谓的担忧，被无谓的声音左右……却从未认真思考到底自己要什么？所以，人要能够真正"以身观身"，然后脚踏实地地去接触生活的实际，必然能挖掘到生命的本源。

"以家观家"，要了解家之道，如何可以齐家，要观察自己家庭本身兴衰之道，洞察先机；再观察社会上每一个家庭，每家人的道德行为，就会发现都有其必然的因果律。同样的道理，"以乡观乡，以国观国，以天下观天下"，有大智慧的人，对天下国家的未来，根本不需要迷信地去问什么鬼神，只要用智慧去观察，"以天下观天下"就很清楚了。

所以这一章，如果要我说，其实就是一句话：拒绝一切远离目标和结果的事。这不是一个人最高级的自律，而应该是一个人最基本的素养。如果你做不到，必然一生无所成。

认知重要，执行更重要，知行合一，止于至善。

第五十五章

和常益生：开放、和谐、共生

含德之厚，比于赤子。
毒虫不螫，猛兽不据，攫鸟不搏。
骨弱筋柔而握固，未知牝牡之合而脧作，精之至也。
终日号而不嗄，和之至也。
知和曰常。知常曰明。
益生曰祥。心使气曰强。
物壮则老，谓之不道。不道早已。

传统译文

道德淳厚的人，犹如赤子。毒虫不咬他，猛兽不伤他，凶鸟不攻击他。他筋骨柔弱但把握东西很牢固。他虽不知男女交合之事，但小生殖器时常勃起，这是因为精气充足所致。他成天啼哭但嗓音不哑，这是因为元气冲和所致。明白阴阳两气赋形于物叫常，明白常就叫明。扰乱自然生长会引起凶祸，心中使气就是逞强。事物发展到强盛就会转老，这是不符合道的。不合道很快就会死亡。

经典对话

朱玲： 赤子，我理解是性本善，一颗纯洁无瑕的心。

毒虫、猛兽，这些看似凶猛之物，如果不去刻意侵犯和攻击它们，它们是不会主动攻击人的。它们对危险与平和的感知，也是非常直接的。我们人其实也是如此，我们可以很清楚地感知到对方是来者不善，还是怀有善意（但问题很多时候人会被自己的欲望遮蔽双眼和心，造成错误选择）。

一个赤子之心的人，让人感受到的是开放、接纳、积极的状态。就像倩倩前面说过，自己心里有什么，就能呼唤到外界的什么，所以可以"毒虫不螫，猛兽不据，攫鸟不搏"。

婴儿虽然很柔软，但是握力很强大。这一句我理解为一种自然和专注的力量，一种发自内心的状态，而非外界刺激或者欲望驱使，所以它可以状态满满。一种自身本源的状态表达，就像金融课程第二周讲的"发自内心之下，精力越用就会越多"。所以我认为，我们更应该了解的是自己，了解自己是一个什么样的人。想要什么样的人生？发自内心地去感知它，让它成为生命中力量的源泉，这是属于生命自然的力量。

张倩： 内在德行深厚的人，就像刚出生的婴孩一般，通透、天真，没有任何尘世的沾染，完完全全就是一张白纸；没有辨别心、没有自我意识，就只是一种存在，没有任何防备，对任何人都是一样的。他想怎么做就怎么做，想睁眼就睁眼，想睡觉就睡觉，想哭就哭，就是一种简单的存在。这个时候就算有需求也只是身体本能需求。

我想那些修炼极高的道人也差不多是这样吧。之前在寺院禅修的时候有幸接触过几位佛家的智者，那感觉就是你站在他跟前就很舒服，像是能净化心灵一样，让人立马能安静下来。所以我就老往他跟前凑也不讲话，就是坐在旁边或者站在旁边就很好。就像现在我和我的小孩一样，和她在一起可以放下所有杂念，内心充盈、清澈。我想这应该就是和赤子待在一起的感觉吧。

进一步形容赤子（含德之厚之人）毒虫不螫他，猛兽不伤他，凶禽不抓他，这个其实很好理解。历史上也有很多类似于狼孩一样长大的小孩，因为那种纯粹、天然、无害，在大自然里那些猛禽尽然愿意像抚养自己的小孩一样抚养小婴童。他们（赤子）骨头很弱，筋很柔软，但是手握得很牢固；还不知道男女之事，但是生殖器能翘起来，是因为先天精气没有受到损耗；整天嚎啕，但是声音不哑，可能是因为中气十足（这个"和"我不甚理解，可能是调和，冲和之意，应该指的依然是气）。上面这些都是在描述新生婴孩的状况。

知道并且做到了"和"，就能达到"常"（常有固定不变，恒定的意思，《易·系辞上》有"动静有常，刚柔断矣"）。知道并且做到了"常"，就能达到"明"（日月交辉大放光明），所谓"明"就是知晓了通透了。

（结合底下作者要表达的观点理解上文）过分地关注（益，水满欲溢之势）自己的生命（去养生，去吃各种保健品）是不好的，（查了一下"祥"在古代既有吉祥的意思，又有凶邪、不吉的意思），用心去支配气也是不好的，老子的观点是柔弱胜刚强。"强"，在老子看来是一种即将要衰败的景象（婴儿能得到大家的喜爱，是因为他无为无欲，气也是柔弱的，假如有意为之，用心支配气，气场就会混杂，就会有弱化）。事物壮大到了极点就会走向衰老，这不是道的行为，不符合道的行为，就会早早结束。

这一章我理解是讲为人处世的真谛，如果成年人能像赤子一样天真、纯粹、无欲无害，则这个世界也不会有人伤害你（除了那些拐卖儿童的人贩子）。有人说，做到像赤子一样，怎么可能？但我们可以向其靠近。只要我们简单下来了，你的世界和你周遭的一切都会简单下来。不信，你可以试一试，当你凝视深渊的时候，深渊也在对视你。

这章是讲人修行的状态吧，最好的状态犹如赤子——初生时的状态。

婴孩时期的孩子最惹人喜爱，无论亲人还是陌生人，就连动物都有爱子之心。这时的孩子处于"无我、无为、无欲"的状态，见谁都一样，不分亲疏远近、贫富高低，在他眼里没有任何分别。就连见到猛兽都不会有分别心，都会亲昵地接近抚摸。动物们感觉不到任何危险，也不会伤害他。孩子没有欲望，做什么事都是本能，不会为了什么而去获取，没有过度消耗，看起来柔弱，但中正之气相合，自然流露精纯之气。

如果人能知道这种状态就是人的最好、最和谐的状态，人就不应该随着时间的延长而日渐增加各种贪欲，觉得可以更好，更多，更强。动了这样的心思，就丢掉了最宝贵的本真，物极必反，人就会一步步走向下坡路，离"原本的自己"越来越远。一个人也就这样从最天真无邪走向了欲念横生，一旦觉得自己有力掌控的时候，就开始慢慢衰老了。

心兰："上药三品，神与气精"，每个生命体都自带长生不老之药，就是精、气、神。要知道如何养精、如何养气、如何炼神，以达到长生不老，也就是老子所讲的"以身观身"。

老子这一章先用婴儿来比喻，先讲养精，修养到如婴儿时"骨弱筋柔而握固，未知牝牡之合而朘作"，就是"精之至也"。在气的修养方面，能达到婴儿般的"终日号而不嗄"，则"和之至也"。神呢？"知和曰常"，就是有一个天然的灵知之性，这个"知"不是意识的知，而是神，神是永远的、恒常的。有时候说，修道明白了就是神，是灵感的发现，神灵的发现，才叫做明白，所以说"知常曰明"。真正懂得保养自己便"益生曰祥"了，就是懂得自己的生命以及这个精气神，而能祛病延年，也就是人生的大吉祥了。

"物壮则老"，生命一到中年，精神、体能、知识到了高峰的时候，下一步就是下坡了。所以这一章的宗旨是教我们如何把握自己生命的精气神的修养，否则"物壮则老，老则不道，不道早已"。

小兰＆勇增：一个人的德行很好，就算遇到毒蛇猛兽都不会侵害于他，而这种人又温暖又贤良，内刚外柔。他遇到了问题都能想到，哪怕当配角也只为让一件事情圆满，皆大欢喜为最终目的。遇事就以这样的行为处事的人，其内心一定会很自在。而一个人的好习惯与坏习惯也不是一天两天练就的，是在细节，在每时每刻。

张倩：再解五十五章，如果要站在管理的角度来看这一章，还是需要从

"赤子""精""和""常""明"这几个点开始。整个团队是一种比较自然的状态，怎么理解这种自然呢？每个人都呈现出一种自性的状态，没有那么多束缚和条条框框，这不可以、那不允许。

物壮则老，就像倩倩说的一上来就搞一堆条条框框，按死规定只能办死事，甚至把人也能办死。规章制度本身就不应该是死的，由心所发出的合道的做法，围绕合道的做法列出的规定，则可以在实践中不断修订、调整，使其越来越合乎当下的需求、合乎长远的目标。柔，则可以不断修正，成长。

师说：这一章是从个人管理、企业管理两方面展开解读。倩倩和朱朱从企业管理来解读的，解的都很有自己的亮点，非常棒。我再提练讲三个关键点：

1. 含德之厚，比于赤子。（中心思想）

2. 知和曰常。知常曰明。益生曰祥。（关键的三个概念：和、常、益生曰祥）

3. 心使气曰强。物壮则老，谓之不道；不道早已。（行为指导）

含德之厚，比于赤子。老子用这个"赤子"来比喻一个人修为的最高境界，这个境界体现在自身管理、企业管理以及为人处事、待人接物的方方面面。

首先，从个人管理上讲，精气神是什么？古话说："树无根不长，人无志不立"，何解？其实都要归源于此。志，就是一个人精气神的根与源，没有根的人生，注定是郁郁不得志的。所有的精气神要养，就是要梳理清楚属于自己的"命"。

人有三条命，共同构筑了人的精气神：生命，精（肉身）；天命，气（一口气吊着的就是天命）；使命，神（规划好如何使用这条命，神就来了）。

知和曰常。知常曰明。益生曰祥。"和"讲的就是太极图中"冲气以为和"的那种状态。那种状态是什么呢？大家想象一下太极图。太阴里面有少阳，太阳里面有少阴，而且它一直没有停止过运转，否极泰来、乐极生悲；祸兮，福之所倚；福兮，祸之所伏。孰知其极？永远不知道它的转折点（极点）在哪里，其无正也——这就是和的状态。

所以，"知和"是什么状态？就是明白这个世界没有任何事情是绝对的。我们真的没有必要非得分出是非对错，非得分出亲疏高低贵贱，没有绝对的黑白，不要总是一竿子打死所有的可能性。

开放、共生、和谐（这些都是益生的表现），顺其自然、无为而治，才是常态，才是明策。

心使气曰强。物壮则老，谓之不道；不道早已。心使气，我们经常说一句话："某某某心气儿很强"，其实很多时候都是贬义词，我们心知肚明，那种状态不好。一个人在什么情况下会心气儿很强呢？不服的时候，不顺的时候，非要硬扛的时候，就是面对最亲的家人，都非得分个是非高低对错的时候……"强"，死之徒也！

"物壮则老，谓之不道；不道早已"，这一段很重要。我们要如何长生，如何不到那个极点，转而为下呢？我们都知道不管男人女人，到了一定的年纪就不再生长了，反转而下，开始衰老。但总有一些人，可以一反常态。在八九十岁的时候依然能够保持赤子之心，保持年轻态，保持积极向上还在成长的状态……包括企业也是，要如何基业长青，绵延不衰竭呢？我们能够看见的是很多企业都会经历一个历史最高点，随之便转而向下……物壮则老，如何不老呢？不壮则不老！

师说： 为什么说"世间本无事，庸人自扰之"？道有自我调节的功能，"天之道损有余以奉不足"，根本用不着我等凡人担心，管它外界是"察察"还是"缺缺"，我们只管做好自己，其他的尽管交给时间。所有的内卷、所有的战争、所有的绩效管理、所有的鸡血满满……最后都是浮尘，不过是天道轮回自取灭亡的加速器而已。

不以物喜，不以己悲。天太大，活好自己，才是自己最应该负责的事。安步以当车，无罪以当贵，清静贞正以自虞。

师说： 虚其心，实其腹，弱其志，强其骨。

第五十六章

玄同天地：明道之人均复万物

知者不言，言者不知。
塞其兑，闭其门，挫其锐，解其纷，和其光，同其尘，是谓玄同。
故不可得而亲，不可得而疏；
不可得而利，不可得而害；
不可得而贵，不可得而贱。
故为天下贵。

传统译文

真正的智者不夸夸其谈，高谈阔论的并非智者。堵塞其欲望，关闭其欲门，削弱其锋芒，消解其纷争，使之收敛光芒混同于尘世之间，与万物浑然一体。这就是奥妙的玄同大德。有"玄同"境界的人，不分亲、疏、利、害、贵、贱，已经超凡脱俗。所以为天下人所尊崇。

经典对话

张倩：有智慧的人（知者，知在这里通"智"，意为知晓道、懂真知的人）不轻言，说话少（参考第二章：处无为之事，行不言之教）。一天到晚侃侃而谈，自诩知晓天机的人反而不是一个智慧的人。为何智者少言呢？我的理解是一方面要下功夫，没空说那么多话；另一方面就算说也是一语中的，直指要害和本质，不会说那么多废话，就像老师每次说我们一样。

堵塞墙壁上的缝隙（兑，参考帛书校勘本，应为"垗"指墙壁上的缝隙），关上门，锉掉尖锐的部分，解开纷扰，融合进光里，同尘土一样，这叫做"玄同"。总之它就是一种很奇妙的感觉。这一段我理解是在用举例子的方式来为我们更好地理解什么是"不言"，真正的"不言"最后是"玄同"，是很高深莫测且不可言说的一种融合。

不会因为得到它而显得亲近，也不会因为得到它显得疏远；不会因为得到它而获利，也不会因为得到它受到伤害；不会因为得到它显得尊贵，也不会因为得到它显得卑贱。因此，受到天下人的珍惜（不言）。

我理解这一章的核心要点在"不言"上面。开头点题，智者是"不言"的，结合其他章节，想要表达的也是"行不言之教"。什么是不言？"塞其兑，闭其门，挫其锐，解其纷，和其光，同其尘，是谓玄同"，我理解这句话说的就是"不言"，该说的说，不该说的不要说（塞其兑，闭其门）；不要加入自己的主观臆断（挫其锐，解其纷）融入对方，能够站在对方的角度，深切地理解对方；想对方所想，念对方所念（和其光，同其尘）。当你能做到这些时再张嘴，为什么？很多人都站在自己的角度评价他人很简单，但是每个人都有自己的过往、有自己的独有的性格特质和生长环境，因而在你对对方完全不了解的时候，切记不妄言。

"不可得而亲，不可得而疏；不可得而利，不可得而害；不可得而贵，不可得而贱"（不言）就是一种状态，是一种中立的状态，不会因为知晓并秉承就会得到好处或者伤害，这也是天下人都很珍视它的原因。这给我的感觉是这里的"不言"完全就是道的化身，就是我什么都不说，就只是运转，"塞其兑，闭其门，挫其锐，解其纷，和其光，同其尘"的运转。

朱玲："知者不言，言者不知"这句一是对合道者的状态描述，二是对"不善者"即未合道者进行"道可道"的释义。一个思想、行为合道的人，对万事万物都存有敬畏之心，不会轻易下结论和判断，更多的是具体问题具体分析、具体执行。而用放之四海而皆准的道理来套用各种情况的时候，就是"言者不知"的状态。

"塞其兑，闭其门，挫其锐，解其纷，和其光，同其尘，是谓玄同"这一段也是描述"知者不言"的状态，不侃侃空谈，而是具体问题具体分析，具体情况具体对待；不妄下结论，修好自己的起心动念和身体力行的以身作则，行不言之教（连"教"都不要去想，做好自己）那么便可合道了。

"故不可得而亲，不可得而疏；不可得而利，不可得而害；不可得而贵，不可得而贱"，当你能够洞察到事物真相的时候，可以在里面斡旋、博弈，甚至扭转乾坤的时候，你就不能因为自己的爱恨情绪、自己的高低贵贱之分而从中去偏离正道，或者说偏离应该做的事的方向。

"故为天下贵"，拥有这样的品质，是天下之君子、圣贤。

赵丹：这章呈现的是一个修行得道者的状态吧。越是知"道"，越不会随便说、做，因为有了敬畏之心。虽然知"道"了，但他又与众人无异，不会故意显露自己，总是在别人不知不觉间解决了问题，反而不动声色地隐退其后，并不想成为最耀眼的那个。所以这种人你能拿他怎么办呢？他不在乎你亲近还是疏远，是好事还是坏事，是富贵还是贫贱，这些对他来说，都是没有分别的。他的可贵之处就在这里，他始终如一。

师说：知者不言，言者不知。（中心思想）

塞其兑，闭其门，挫其锐，解其纷，和其光，同其尘，是谓玄同。（举例说明）

故不可得而亲，不可得而疏；不可得而利，不可得而害；不可得而贵，不可得而贱。

故为天下贵。（实践指导）

老子阐述无所偏倚、泯灭彼此的"玄同"观，其方法是塞兑闭门，挫锐解纷，和光同尘。以此推向社会人生，也就能无亲疏、利害、贵贱之别，能为天下所尊重。

中心思想：智者不言多，言多未必智。

有道者均复万物，不分彼此，无所偏执，玄同于天地。常人总是与人相接，或以言亲，或以貌疏；与物相接，或贵于此，或贱于彼……明心见性的人心性上不会如此。如果一个重要人物或者有社会影响力的人，他对待人、事、物，分亲疏、贵贱，则必然带来一系列的负面效应，民众就会以重要人物好之而好之，以重要人物恶之而恶之，长久以往社会就必有所偏倚，也必导致有人"抱阳"，有人"负阴"。时间一长也必导致"负阴者"忿怒不平心态之形成，社会也就有利害之争。因此，老子提出"玄同"。

玄同之人，无所为同也，安有所异？如此"政，不得有亲疏利害贵贱之分也"。而"玄同"的具体方法则就是"塞兑闭门，挫锐解纷，和光同尘"，塞兑以谨其言出，闭门以闲其杂入，挫锐以治其内，解纷以理其外，和光以抑其在己，同尘以随其在物。如此则无出无入，无内无外，无我无物，是谓玄同。既得其同，则谓之亲而远，谓之疏而近，谓之利而不喜，谓之害而不惧，谓之贵而不高，谓之贱而不一，故凡物不足以拟之也。

所以，老子提醒我们：很多事物此一时彼一时，始一理卒一理，久而浊以徐清，犯不着一定要是非、荣辱、利害、贵贱、欣厌计较分明，最好的办法是"智者不言"，即塞兑闭门，挫锐解纷，和光同尘，齐物玄同。能做到这些，才是真正的智者，贵于天下。

第五十七章 治国用兵：怎么才能得天下

以正治国，以奇用兵，以无事取天下。吾何以知其然哉？以此天下多忌讳，而民弥贫。人多利器，国家滋昏。人多伎巧，奇物滋起。法令滋彰，盗贼多有。故圣人云：『我无为，而民自化。我好静，而民自正。我无事，而民自富。我无欲，而民自朴』。

传统译文

以无为、清静之道去治理国家,以奇巧、诡秘的办法去用兵,以不扰害人民来治理天下。我怎么知道是这种情形呢?根据就在这里:天下的禁忌越多,老百姓就越容易陷于贫穷;人民的锐利武器越多,国家就越容易陷于混乱;人们的技巧越多,邪风怪事就越容易发生;法令越是森严,触犯法律的人越不断增加。所以有道的圣人说:"我无为,人民就自我化育;我好静,百姓自然就会走上正道;我若无事,百姓自然富足;我无欲望,百姓自然就变得淳朴。"

经典对话

朱玲:"以正治国"就是以正确的价值观、文化认同,作为自己行动和思考的底层基石。有这一杆正道的秤在心中,可以以奇用兵,面对什么样的人、什么样的情况、事态,就可以做出最适合的选择和判断。这样在选择和行动的过程中,就是建立在强大的系统逻辑基础之上的步步为营,那么好的结果自然呈现,无须再在结果上强求(法其自然、辅其自然、最后顺其自然)。

我为什么会知道其中的奥秘?当你不是去认真观察事情发展规律、他人思考逻辑、辅其自然、顺其自然地做事,而是夹着自己的情绪、欲望、恐惧,去思考和行动,自然不容易看到真相,也就很难做出正确的调整和选择。

不论是从修炼自己、管理企业,还是治理一个国家,上有为(以恐惧、欲望、贪婪等为主导)的行动,最终会导致偏离大道的。当人民不断遭受来自企业或者国家的伤害,自然对自己的企业或国家就会变得怀疑、愤怒,甚至是毫无信任。如此一切成为恶性循环,最终导致其毁灭。

故有德的圣人说:"我无为——不动歪心思;我好静——不攀比、反观内心良知;我无事——时刻警惕自己的起心动念和行为,是出于什么目的;

我无欲——警惕自己滋生出的欲望；自己先心怀一颗正道、向善的心，再以奇用兵——用各种各样的智慧去辨别是非、解决问题、选择道路。"这样自然而然就可以使民自化、自正、自富、自朴。

赵丹： 老子真是一个神奇的人。我真向往他所描绘的世界，尤其向往成为他说的这样的人！

"正"和"奇"又出现了。这里告诉我们平常如何治理国家或企业，遇到突发状况如何"用兵"平定乱局，又告诉我们"打下江山"如何赢得信任和坐得安稳。怎么指导的呢？用"正常的，顺应季节、民意的，大公无私的，公平公正的"这些"正气"来治理国家，以"安定、平稳"发展为主。一旦你遇到突发状况，就要用出其不易的对策来速战速决，争取一招制胜，而不可盲目应对，以免使自己陷入困境。

当功成名就、江山已定时，国家领袖及将帅要收回"杀伐之心"，用一颗"无我、无分别"的心来对待一切。同时，当权者还要约束好自己的"疑心和私心"，为大家创造一个安稳的生活与发展环境。一旦人心安定了，自然就有了各行各业的发展。

为什么要这样做才行呢？因为你越限制这个限制那个，别人就越束手束脚不敢做事，就没法发展，也就越来越穷。人们穷了就会出现各种冲突，明争暗抢，这个告那个抢劫，那个告这个偷盗，国家必然就会动用各种手段打压，最后就容易导致分不清好坏而过度乱抓，从而使国家慢慢陷入混乱。人们为了讨生活，如果没有正常渠道去营生的话，就会出现求人办事、求官发财、买通商路等而不择手段，拿各种稀奇古怪、奇货可居的东西去吸引那些为难他们的人，这样就会造成各种不良风气，恶性循环，直到使一个国家或企业最后坏死。当一个国家或企业靠各种法律条文或制度来管理和约束时，该国家与企业中的人就必然会产生更多犯罪和违法的行为。因为被教育的是"不能做这不能做那"，就没人知道"能做什么""做什么好"，所以最后出现了既然怎么做都不对，那么就想做什么的结果。所以在"无我"的时候，处处为民，民也就处处为你，用不着忌讳；在"无疑"的时候，处处信民，民也处处信你，用不着"利器"；在"无役"的时候，处处安民，民可安心生产，创造财富，用不着"法令"；在"无欲"的时候，处处体恤民情，不搞特殊，与民同乐，人民自然简单淳朴，用不着"技巧"和"奇物"。

张倩： 正，这里指符合道的，能立于天地，又无愧于心的道来治理地方。奇：异也，这里指不同的、让人意想不到的、意料之外的兵法来带兵打仗，以无事则取天下。

在老子的文字里，天下是一个是比国家大很多的概念，天下不仅包括很多国家（大国小国，大邦小邦），还包括一切无情有情的众生，是一个很广泛的概念。是什么手段这么厉害，可以获得天下，答案就是"无事"。这里的"无"是一个名词，既符合大道的，一般让民众感知不到的一种做法，也是本章的核心要点。"无事"在这里的意思为，用"无"来从事、行事，具体怎么体现"无"呢，下文有具体描述。

我怎么知道是这样呢？是因为以下这些（现象）：忌讳越多，老百姓就越穷困，意思是为政者以"有事"的方式来治理，这也不可以，那也不允许，为什么这么多忌讳？因为层级森严，难以逾越，当权当政者把持资源，不给老百姓机会，所以老百姓越来越穷困。

民众拥有的利器（本义指锋利的武器）多了，国家就混乱。为什么这么说呢？搞清楚这个问题之前我们先来思考，民众好好地安居乐业劳作、孝老敬亲不好吗？为什么要拥有利器？民众拥有利器一定是认为自己人身财产安全得不到保障时，才需要有利器防身。这从侧面说明了政府无法保障人民的人身财产安全。这样的国家怎能不昏乱呢？所以，圣人说："我以无为来治理国家，人民便会自然开化；我喜好清静，人民自然就会走正道；我没有那么多要求和束缚，人民自由贸易，人民自然会很富裕；我没有那么多私心，民众自然便会淳朴。"

在这一章，老子对"无"做了更加细致的阐述，归纳出四个观点：无为、好静、无事、无欲，各自对应政治、军事、经济、文化等各方面，给出了指导思想，特别是对于经济方面，他提到了两次"无事"。而我们现在的经济就是市场经济，自由买卖，看似无序，实则有序的一种经济方式。对比计划经济，就是有事的做法，故计划经济被市场经济取代。

师说： 以正治国，以奇用兵，以无事取天下。（中心思想）

吾何以知其然哉？以此天下多忌讳，而民弥贫；人多利器，国家滋昏；人多伎巧，奇物滋起；法令滋彰，盗贼多有。（举例说明）

故圣人云："我无为，而民自化；我好静，而民自正；我无事，而民自富；我无欲，而民自朴"。（总结，执行指导）

第五十七章 治国用兵：怎么才能得天下

要理解这一章，首先要理解什么是正，什么是奇。

正有三个意思：第一，与"根正苗红"的"正"同义；第二，"不歪"；第三，"不偏不倚"的意思。

根正苗红，比如说我们讨论"他是怎么样的一个人"的时候，往往是指他的做事风格或为人处世的方式，而本质上说的就是他沿袭的是什么样的文化。

不偏不倚的根本就是一句话：该偏的时候偏，该倚的时候倚。一旦确立了一家企业文化的根，最重要的事就是需要在管理的过程中不断地调整具体的执行方案，以使企业文化真正成为团队成员内心深处共同的价值指导，而不仅仅是挂在墙上的字或口号，进而形成一个团队的集体人格。

国，是一个人内心深处的根，也是一个家庭的根，是一个企业的根。一个国家的根，就是民族文化。以正治国，就是说"根"得正——源头上就不能出现问题。当下有许多组织是"屁股决定脑袋"型的根，真正在做事的人没有决策的权利，或是利益群体完全掌控了话语权，真正了解实情的群体却连开口的资格都没有……这是非常危险的组织。

国正了之后，兵就可以奇用，也就是说只要道正了，术可以随机应变——以道御术，则应物无穷。奇也有三个意思：①出奇制胜——知胜而后战；②不按常理出牌——出其不意；③基于"辅其自然"之上的顺势而为——四两拨千斤。如果没有必胜的把握，宁可不战，也不妄动；战，就要出其不意，一举制胜，达到四两拨千斤的效果。

兵，放在今天，可以理解为"能为我们所用的资源"。不要认为资源永远是你的，所以就随便用。所有的资源，只要你无法附加价值，很快你就无法再动用这些资源。所以你做任何事，都要谋全局，从一隅启，谋定而后动——以正治国，以奇用兵，而后则能"以无事取天下"。

"天下多忌讳则民弥贫，民多利器则国家滋昏，人多智巧则奇物滋起，法令滋彰则盗贼多有"，以天下、国家和民来举例解读"以正治国，以奇用兵"的重要性。不管是用在政治上，还是用在兵法上，或者用在经营管理上，道都有其无穷能量。

为政者给人民自由，将权力下放，要什么忌讳？最好是百无禁忌，百无禁忌真的是最好的状态。官为民用，民为国想，人民自由、平等，弱化行政权力，去中心化管理，让组织效率提高……

故圣人云：我无为而民自化；我好静而民自正；我无事而民自富；我无欲而民自朴。

第五十八章

直而不肆：无限接近圆满的为人处世思想

其政闷闷，其民淳淳。其政察察，其民缺缺。祸兮，福之所倚；福兮，祸之所伏。孰知其极？其无正也。正复为奇，善复为妖。人之迷，其日固久。是以圣人方而不割，廉而不刿，直而不肆，光而不耀。

传统译文

政治宽厚包容，百姓就会淳朴忠诚；政治严厉苛刻，百姓就会狡黠、抱怨。灾祸啊，幸福依傍在它的里面；幸福啊，灾祸藏伏在它的里面。谁能知道究竟是灾祸还是幸福呢？它们并没有一个确定的标准。正忽然转变为邪，善忽然转变为恶。人们迷惑而不知其理太久了。所以有道的圣人方正而不生硬，锐利而不伤人，直率而不放肆，光亮而不耀眼刺人。

经典对话

朱玲：当一个人心中有正道并践行正道的时候，他的精力和注意力便更多的是放在自己要什么上，而不是去在意那些"自己看不顺眼或不爽"上。因为来自贪、嗔、痴、慢、疑的心念，它们会一直干扰自己的视听，只要我们意志坚定，就可以"以道莅天下，其鬼不神。"他所表现出来的，别人感受到的就是"闷闷"，是有德的、海纳百川的、有承载力的。那么在身边的、管理下的民众，自然就有安全感。

"淳淳"，只要上面的管理者合道，原则与思想符合人心中良知、正道的价值观，下面的人就能自得其乐。因为人人心中都有杆秤，什么该做、什么不该做，什么符合良知。不用一天到晚想着自己又触犯了什么、如何在为政苛求之下，劳心劳力动用巧智，只求一息尚存。

"其政察察"，管理者什么都要管，不仅意味着管理者无法洞察自己的妄念、妄作，也意味着管理者没有很明确的目标，才会什么都想要插手。结果就是民不惧死，你上有政策，我就下有对策。嗜欲深者天机浅，大多数人只看得到自己想看到的（欲望），而忽略自己该做的、需要的事实和条件是什么。所以他们总是喜欢分出好坏、高下、福祸。比如看起来越顺的发展，更容易使当事人放松警惕，进而使其失去注意力。因为过于符合目标反而容易让人失去常识判断力，所以我们若遇到这种情况时就需要我们更加谨慎小心。

做到"人低为王"的大前提是明确我要的是什么，要的是确不确定。确定自己要的是什么之后，那么所有的发生，都可以取到你所需要的那一面。但大多数人都被世事表现迷惑着，眼睛看着杂色、耳朵听着杂音，慢慢沦为乌合之众、丧失自己的独立思考能力，失去自我意志，更别说去践行自己认为应该做的事。所以对于这些迷失了太久的人，有德之人或者说管理者，并非会直接去要求、去介入、去砍除恶习（其政察察）而是廉而不刿——自我修身和自我要求，而非刻意要求别人甚至中伤他人；直而不肆——自己认定正道，不动摇、自我践行，不被杂音干扰，而非看谁都不顺眼，要去教导一番；光而不耀——此生成就，不是为了炫耀，我只关注自己的志向与理想——莫知其极，可以有国；有国之母，可以长久。在这样领导者的无为之下，其民可淳淳。

张倩： 为政的不过多表明自己的主张，少说话少干预，民众就自然淳朴；上有政策下有对策，上面政策太多，下面对策就更多。这样的民众怎么会和淳朴有关系？另外，这里的闷，也指闷头做事，少说话多做实事，人民自然就淳朴。为政的明察秋毫，什么事情都要弄清楚，民众就会反感就想要出逃，因而便会心生机诈，或做投机取巧钻空子的事。

你别看出现灾祸啊，实际上好事紧挨着已经要临近了；你别看是好事，可是距离祸事已经不远了（伏：潜藏）。谁知道这期间的转折点（极：极端，做转折点解）在哪里？它（转折点）是不固定的，刚开始走的是正道，走着走着就走歪了。

我们来看看圣人是怎么做的。虽然有棱有角，却不会划伤他人；有自己的坚持和原则，却不会用自己的坚持和原则去裹挟他人；锐利而不刺伤人（刿：本义刺伤），能一眼看穿本质，但以此来拆穿，会在合适的时机，用合适的方式表达出来，然而不会伤及他人颜面；直率而不显放肆，一语中的却又不失恰当，不会有冒犯他人的感觉；光亮而不会耀眼，自带光环，却不会闪到别人的眼睛。为人低调，所以圣人披褐怀玉。

这一章我理解是在诠释"中"的概念，就是凡事不要极端，"差不多"就好了。因为一到极端就会发生转折。为政者察察，为民者就要缺缺，唯有做到了闷闷，民众才会淳淳，凡事不要太过，满月之后就是残月。同理，当你在谷底的时候，任何一个方向都是在前进。很多挫折我们回过头来看，恰好是这些坑让我们成熟和成长，那你说这些坑是好还是坏。凡事没有绝对，不要去追求完美，因为完美就意味着已经开始不完美了。当我们放过自己，就会活的豁达、开朗、乐观。

"祸兮……其日固久。"我们总是痴迷于追求"正"和"善"。一旦我们认定了某种事情或某种行为，一定要符合某种标准才是"正"或"善"的话，就说明已经误入歧途了。世俗的眼光是短浅的，但是这风气又是其日固久的。所以我们既不能用世俗的标准去看待问题，也不要被世俗的标准同化。

"方、廉、直、光"是公认的优秀品质。然而当我们盲目去追求的时候，往往会误入歧途，将自己逼入死角。所以圣人（成熟的人）怎么做呢？有自己的原则、价值观（方、廉、直、光），却不会强行将自己的原则和价值观去衡量（割）、绑架（刿）、评判（肆）别人，或炫耀自己的高尚（耀）。

"方而不割，廉而不刿，直而不肆，光而不耀"，不仅限于是哲学上的思考，更蕴含着一种无限接近圆满的为人处世思想，不追求极致的圆，保持事物固有的棱角，求同存异。不因一己之私，一人独大，肆意妄为，才有仁义天下。

第五十九章

长生久视：创建正向的价值体系，种下积极的能量种子

治人事天，莫若啬。
夫为啬，是谓早服。
早服谓之重积德。
重积德，则无不克。
无不克，则莫知其极。
莫知其极，可以有国。
有国之母，可以长久。
是谓深根固柢，长生久视之道。

传统译文

治理国家,就要管理好百姓与奉天敬地,而做好这样没有比重视民生、积累与储备人民所需更重要的了。而国家治理者,要想做到这样,就要行善积德。这样,伴随个人的逐步成长与精进,其德行与能力也会得到增强与提升,自然不会有什么事情做不到,做不好的。这样的话,国君(国家治理者)就能顺应天时,顺服民众,进而引领时代潮流。也就是说,国君既要注重民生,积累财富,让民众无忧,更要教化于民,不断提升其修养与能力。这就是治国安邦之道。

经典对话

张倩: 修身养性,治理天下莫过于要"啬",也就是要"藏"与"收"。就个人而言,对我们精气神的储蓄,晚上不要熬太多夜。很多人一玩就是一晚上,以为年轻无所谓,其实这样就是在透支自己的身体健康。年轻的时候拿时间换钱,不懂得健康的重要性。因此,在资金方面,要重视资金池与现金流管理;在人事方面,应多方引入及培养人才;在政策方面,以休养生息为主。

什么是"啬",这里的意思就是要早做准备。在丰收的时候,多储备;储备下来的粮食、财物,在灾荒年就能用上。这里有眼光长远、未雨绸缪之意。"啬"就是让我们从因上去寻求答案,进行有效防治,遵道而行即为德,比如按时作息、锻炼身体等。上文提到的多多行道积德就会长驱直入,做什么事情就非常顺利,就不会到极限(这里的极,指极限,是一种由盛而衰的转折点),没有极限便可以拥有疆域(进行治理),保有治理的根本(也就是"啬")便可以长久。这一段主要在循序渐进地对"啬"进一步解读,以及"啬"对管理好自己的日常生活及治理好国家的意义。

"深根固柢",就是长生久视之道。树的根系深深地扎进土里吸收水分,牢牢地抓住土壤(那些具有百年千年树龄的大树为什么能获得如此长久的生机，是因为它深根固柢）。对于"治人事天"就是要"啬"，它和树木的深根固柢有着异曲同工之妙，也是要我们像树木一样要扎根，要深藏。只有这样，无论是修身还是治国，才可以长生久视。

心兰：吝啬两个字经常被放在一起用，但其实吝就是吝，是小气的意思；而啬，有"贪而不施"及"不妄费"的意思。古之解说，"凡贪而不施谓之乱，或谓之啬"，《韩非子·解老》中说，"少费谓之啬"，"少费"或是"不妄费"，也相当于现代说的不浪费。所以"吝"是应该付出而不付出，"啬"则是俭省。

"治人"是管理，"事天"是指效仿天道，"莫若啬"是说没有什么比"啬"更重要了，就是不做消耗精力、耗损精气与精神之事，要集中精力做应该做的事（君子务本）；"服"，古时吃药是服药，所以我的理解早服就是早早保养好自己的身体。从哪里开始呢？就是从珍惜自己的精气神开始，这也是一种"治未病"的体现。这里也很好地体现了老子的无为精神（法其自然，辅其自然，顺其自然）。不要妄为，不要做无谓的斗争，要做顺势而为、水到渠成、顺理成章的事。

所以早服，就是啬；早服就是积德。积德就是在正确的事情上不断重复，然后我们在这件事上可以持续闪耀光芒，找到自己持续不断的闪光点，将之发扬光大。

母是什么？我认为母是根。于家而言，母亲是一家之文化，一个家庭的文化就是母亲的文化。不同的种子在相同的一片文化土壤之下，生长的结果也都是不同的。一家企业的根就是企业文化、企业的愿景和价值观。一家公司的愿景会驱使团队的每一个成员迅速找到自己的位置以及迫切想发力的点，这很重要。

朱玲："啬"，我的理解是不妄想、不妄动、不做多余的功。春耕、秋收都有其规律，种早了，种子烂在地里；收割晚了，谷物烂在田里。这些都是妄想、妄动的结果。中国历法中的二十四节气，都是告诉人们按照规律做事；管理、治理，同样也是如此。

"早服"，按照规律做事，稳住，别慌，顺应事物发展规律所需而行动，尊重事实、实事求是、按规律做事，这个行为就是积德。

在重积德、良性发展、遵道贵德之下，不论是小家还是国家，有良好的价值观作为引领，有良好的文化底蕴所积累起来（深根固柢）的组织，则可以长治久安。

师说： 这一章，最重要的一个字是"啬"。这个牵扯到很多的修行法门，是深根固柢、长生久视之道体。我们必须深刻剖析"啬"的根本意义，才能时刻立足当下，去做"正确"的事和选择。

在本章里"啬"的真谛是什么呢？

1. 我们如何处理外界一切不同的声音？
2. 我们如何处理一切消耗我们能量的人与事？
3. 我们如何专注于自己所追求的未来（活在当下的能力）？
4. 我们如何更好地利用自己有限的生命和有限的精力？

这四个问题其实和我们的人生，和我们生活是息息相关的。大多数人的不成功，仅仅是因为他不知道要如何为自己的理想努力，所以，他选择了不开始。还有一些人，他们急切于寻找更好的开始，所以一直在等那个所谓的"更好的时机"。还有一些人，只要有一点点"异样"声音出现，他们就会立刻"随波逐流"放下自己的追求；还有一些人，会因为别人的一句反对的话，而怀疑自己的选择……所有的这一切，其实都是消耗自己能量的选择。

外界所有的一切都是虚幻，我们唯一可以依靠的只有强大的自己。对外界一切的依赖都只会带来痛苦与烦恼。当你愈发强大，外界的一切会自动为你匹配。所以当一个人开始"啬"，就会像懒残一样"啬到没有工夫为俗人擦鼻涕"，他们会自动对消耗他们能量的人物敬而远之，他们不会浪费精力去纠结一切无意义的事——有那等闲工夫还不如啃一本书，陪家人吃顿饭，或者精进一下自己的专业……

他们不会在选择题上摇摆不定，因为内心有未来的人，他们要的一切都是明确的。选择题于他们而言，无非是哪一条路更想体验而已。

内心的笃定是：条条大路通罗马。

他们不会恐惧，因为他们内心有定海神针；他们不会犹豫，因为他们手里有金箍棒。因此他们不会被世俗所束缚，更不会被人类文明所牵绊。他们极简、抱朴、守拙、自律、克己复礼。他们爱的时候，不辜负人；旅行的时候，不辜负风景；孤独的时候，不辜负自己……所以，问问自己：和世界交手这么多年，你是否光彩依旧、兴致盎然？

人心是不待风吹而自落的花，命运不会厚待谁，悲喜也不会单为谁准备。愿我们余生不倾国、不倾城，倾其所有认真活，让未来可期，让回忆可忆。

第六十章

道临天下：这个世界，除了你自己没有人能伤害你

治大国，若烹小鲜。
以道莅天下，其鬼不神。
非其鬼不神，其神不伤人。
非其神不伤人，圣人亦不伤人。
夫两不相伤，故德交归焉。

传统译文

治理大国就好像烹调小鱼,油、盐、酱、醋等佐料要使用恰到好处,不能过头,也不能缺位。用"道"治理天下,那些鬼神就起不了作用。不仅鬼怪起不了作用,神祇也不伤害人。不仅神祇不伤害人,圣人也不侵越人。这样鬼神和有道的圣人都不伤害人,所以,就可以让人民享受到德的恩泽。

经典对话

师说: 古人讲鬼神二字,含义是很深的。

鬼者,归也。归,就是一种回归的状态,就像天道的流行,冬天自然就潜藏;在人体就是入肾,肾是水,是汇流成海的回归状态,所以出阴,出鬼。

神者,伸展也。是一种生发的状态,就好像夏天的发展壮大;在人体就是入心,心是火,是闪耀发散的放射状态,所以出阳,出神。

这鬼神二字包含很多层意思:

1. 是一种相对的描述,也可以是对一种无相境界的描述,是一种信仰;

2. 是一种相对论,清静无为的心是智慧的代表,所以出神;肾水不出,则出妄念,妄念一动,必然出鬼;

3. 魔由心造,妖自人兴。

什么是魔(魔鬼)?什么是妖(妖鬼)?自己的心,自己的思想,一念之间,就是生魔之源,所以本质上说走火入魔就是自己的心理作用。"妖自人兴""妖魔鬼怪"都是人把他兴起来的。前几年报纸上讲,乡下的石头是土地公,乡人对石公一拜,香火就旺起来,而且说是很灵。这是"妖由人兴",都是人玩的把戏,人的唯心作用。

我们其实只要时刻谨记"天地与我同根,万物与我一体"这一条,就足够坚守自己内心的光明大道了,光明大道附体,则鬼神不近。

张倩: 治大国,就像烹调小鱼一样,谨慎,不要去翻动它(河上公言:

第六十章　道临天下：这个世界，除了你自己没有人能伤害你

烹小鱼不去肠、不去鲜，不敢挠，恐其靡也）。这恐怕就是老子将治大国比作烹小鲜的缘故了。对第一句的理解重点我认为在"小鲜"上面，为什么不是猪肉、羊肉、牛肉或者菜一类，是因为这些都是部分，是经过解剖之后的食材。而只有小鱼是完整的，五脏六腑都在，只要洗洗干净就可以烹调。这条小鱼就像是一个国家，有鱼鳞、有鱼刺、有鱼肉、有五脏六腑，有净的东西也有脏东西（这样也能理解接下讲的鬼神之说）。更重要的是就如河上公所言，烹小鱼是不去肠、不去鲜，不敢挠，恐其靡的。也就是说在烹调之前不要去动它，烹调的时候也不要去动它，因为一动鱼就烂了，就吃不了了。这也印证了老子的"无为"的治国理念。

如果以道来治理天下（莅，在此处做治理解），言外之意就是无为而治，那些神神鬼鬼的就不会出来（就好像小鱼，如果你不去动它，它肚子里的脏东西就不会出来）。不是说那些脏东西出不来，而是出来了也伤不到别人；不是说它出来了伤不到人，归根结底是因为圣人（圣人，也就是大治之人，秉道而行的治理者）也不会去伤害众生（这里的人，我理解为众生，那些神神鬼鬼都属于众生）。圣人为什么会伤人呢？圣人是一身正气的，自然就会对一些比较阴暗的鬼祟之气有天然的威慑力，这里我感觉到了老子道的"有情"。也就是说如果圣人不去针对、收服鬼魅，鬼魅也是不会害人的。

任何事情都是相对的，这里的两不相伤，指的是正与邪的相伤，也就是上文中圣人与鬼之间的争斗。如果没有正邪之间的较量，那么天地自然祥和一片，这也就是老子所说的要治大国若烹小鲜的缘故。

也许在老子看来，就没有正、邪之分，都是天地之气，是一体的，他用了一条鱼来进行生动的比喻。为什么会有圣人和鬼祟？那是人心的不同，一念为正，一念为邪，这都是一个人很正常的反应。不是说好人一辈子只做好事，从来没做过坏事，也不是说那些恶人一辈子只做坏事，从来没做过一件好事。这世界没有绝对的好坏，有好有坏才是完整的，才是完美的。

所以，对于个人而言，允许自己的优秀，也应接受自己的缺点和不足，做一个无愧自己良心的人就好了；对于管理或者治理者而言，允许有忠，也要允许有奸。俗话说，烂人自有烂人治。允许一切地发生，就像烹小鲜一样，不要随意去翻动它们，任它们自己去行事就好了。

心兰： 烹小鲜，就像赵丹讲的故事那样，烹小鲜要"清静无为"，静候时机，一举成功。"法其自然，辅其自然，顺其自然"应该也是这个意思，

不妄动，伺机而动很重要。治理国家和烹小鲜一样，要清静无为，要做的事都需要伺机而动。

有道的管理者内心是光明的，所以妖魔鬼怪那些根本就近不了身（平时不做亏心事，不怕半夜鬼敲门，大概也是这个意思）。也并不是说那些妖魔鬼怪近不了身，而是自己内心坦荡磊落，不会被那些外在的东西中伤和受影响。也并非是外在的那些东西不会中伤和影响自己，而是自己的内心足够成熟（圣人，内心成熟的人，内心强大的人：这个世界上没有人能伤害你，除了你自己）。所以"内圣外王"才是抵御一切妖魔鬼怪的根本。

一阴一阳，一内（心神）一外（外鬼）。小时候生活在乡下，乡下到了晚上就一片漆黑，有的人一到了晚上就不敢出门了；有的人就不怕，他不仅不怕妖魔鬼怪，更不怕牛鬼蛇神。如果仔细观察就会发现，那些晚上不敢出门的人多多少少心里面都有小鬼。比如说平时恶语伤人的，背后论人是非的，不孝敬公婆的，等等。再看另外那些不怕的人，他们几乎无一例外都是一身正气。所以，"两不相伤"我认为是一个人有道的结果，就是德交，是大道焉。

师说： 感受到大家的力不从心了。大家都有一个误区，觉得老子只要说大邦小邦，就是在讲国家，讲大国小国，就是在讲治国，其实不用刻意划分那么清晰。国也好，邦也好，在古代都是领域、地域的意思。老子其实更多时候指的是不同地方的不同文化背景之下的治理方式——道法自然，要如何与这天下众生，相处、治理、邦交。然后，我们再系统地来看第六十章。

这一章的基本释义，看完心兰和倩倩的解读基本上就很清晰了，我再提炼几个点：

1.治大国若烹小鲜。以道莅天下，其鬼不神。

这两话有两个含义，一是管理要清静无为，然后伺机而动；二是说，大到治理国家，小到管理自身，都是一个道理。什么道理呢？以道莅天下，其鬼不神。

2.这个世界，真正的铜墙铁壁，一定是人心筑成的。

于个人而言，内心的强大，可以无敌于天下；于家族而言，一家人的团结友爱，就是外人无法破得了的护城河。即使小家内，也是有很多的说法，比如兄弟齐心其利断金，有的说夫妻同心其利断金。于企业而言，如何铸就公司的防火墙和护城河，一定是创始合伙人的齐心协力；于国家而言，一个

第六十章　道临天下：这个世界，除了你自己没有人能伤害你

政党或者一个朝代是怎么覆灭的，一定是从内部开始瓦解的。

3.鬼神，我们一定要敬畏，敬畏的是不止是神，更是鬼。什么是鬼？面对自己内心那些"贪嗔痴慢疑"所延伸的小心思，一定要慎之又慎。

一念起，可以天涯咫尺；一念灭，也可以万水千山。心兰那句话说得好：这个世界，除了你自己没有人能伤害你。

心中无鬼，则天下光明；心中有正义，神自然升起；神升起，则六神护体，鬼怪不侵。

第六十一章

大国下流：正确的人生值得拥有『下』的品质

大国者下流。
天下之交，天下之牝。
牝常以静胜牡，以静为下。
故大国以下小国，则取小国。
小国以下大国，则取大国。
故或下以取，或下而取。
大国不过欲兼畜人，小国不过欲入事人。
夫两者各得其所欲。

传统译文

　　治理大国要像居于江河下游那样，使天下百川河流交汇在这里，处在天下雌柔的位置。雌柔常以安静守定而胜过雄强，就在于它既能以静制动又安于居下。所以，大国对小国谦下忍让，就可以取得小国的信任和依赖；小国对大国谦下忍让，也能取得大国的信任和支持。所以，大国对小国谦让而取得大国的信任，或者小国对大国谦让而见容于大国。这样大国小国都可以达到各自的愿望。大国应当谦让。

经典对话

　　张倩： 越是大国，姿态越要低（这里的下流，指水流向下而居，告诉世人要放低姿态）。为什么呢？一方面，是"为大者"实力强大、武力强大等原因，弱小的一方就会很容易猜疑、害怕。这个时候如果为大者还如此强势，作为弱小的一方就会搞乱，两者的关系就会破裂，格局就会紧张，两个国家之间就会有很多生灵涂炭。所以只有大国能做到谦下、安静，才能去掉小国家的顾虑。另一方面，姿态越低越容易汇集百川。大自然界中那些成熟的道的践行者，比如说水、成熟的稻谷，无不是放低自己的姿态，向世界默默贡献自己的一份力，那样别人才会认可，才会获得拥戴。

　　进一步说明，大国为"下"的好处，会成为天下万国交汇的地方，也就是天下人才都向这里聚集，更会成为孕育天下的地方（牝，原指母牛，这里延伸指雌性）。母性常常以"静"胜过雄性（牡，本义是雄性的鸟兽，这里延伸指雄性），凭借"静"这样的特质处下，也就说想要做到"下"就需要先做到"静"。这里的"静"指的是一种谦逊、不张扬的状态。

　　因此，大的国家如果以"下"去和小国家打交道，就会获得小国家的认可和归附。这里的"下"指的是不压迫、不强权，是放低自己的姿态去帮助对方。

　　小国家如果以"下"去和大的国家打交道，就可以从大的国家那里获取好处。这里的"下"指的是认可、承认、支持的意思。所以，不管是大国家取小国家，还是小国家取大国家，这里的"取"更多的是指从对方那里获得好处，都是用了为下的主张。

为大者，更应该谦下，这里的"大"，指的是对有实力的，地位比较高的，身形比较壮硕的一方的状态。既然已经具有这样的优势了，就更应该去"处下"，去思考"为下"的智慧，去做到"下流"。

这是一篇关于"处理关系"的宝藏篇章（人与人的关系，组织与组织之间的关系，国家与国家之间的关系），宝藏的核心就是这个"下"字。

朱玲：这里的大国，我认为不仅单指体量上的大，更指怀德的国家（所以后面提到"小国以下大国，则取大国"）。

我理解的"怀德"，即心中有自己、有他人。孔子提出仁者爱人，克己复礼为仁，己所不欲勿施于人，皆同此理。

这里的静，我理解为守住自己的本分，而非什么都不做。本分是什么？穷则独善其身、达则兼济天下，有多少能耐、就办多少事，不足的补之。看清事实，务实进取。君子务本，则能兼容并济、海纳百川。不论是大国、小国，强者、弱者，务本（不是盲目扩张或者一味认怂、依赖……）则不仅受到尊重，还能迎来更多务本之人的相互帮助。

无论大国还是小国，务实务本，就是怀德之流。地低为海，人低为王。不论大、小、弱、强，应守住良知且脚踏实地。鲁迅曾说："厚泽深仁，遂有天下。"

师说： 大国者，下流。（中心思想）

天下之交，天下之牝。牝常以静胜牡，以静为下。（论据）

故大国以下小国，则取小国；小国以下大国，则取大国。大国不过欲兼畜人，小国不过欲入事人。夫两者各得其所欲。（举例说明）

大者宜为下。（首尾呼应）

本章的核心思想是说一个优秀的人如何待人接物，一个有文化底蕴的家族如何与外界相处，一个真正的大国如何邦交天下。

大国者：指有道之国、有道之人（天下皆谓我道大）；下流：拥有"下"之品质之流；下：参考"地低为海，人低为王"；牝：为雌，雌为慈，为慈悲，慈悲则明有所为、有所不为，则此心光明清静——静为下；牡：为雄，雄为争为弈，为争为弈则动、则浊。

天下所有的关系最终都会流向牝处；所有的关系都以"下"为尊。德高望重必然是为牝、为慈悲、为下所积累到的结果。所以本质上而言，无论当下是大国还是小国，只要内心以下为尊、以牝为怀，就更容易收获自己想要的结果。

大国不要想"过欲"的事情，对待小国能力范围内可以兼爱照顾。小国也不要想"过欲"的事情，对待大国能力范围内该帮忙的时候要帮忙。人与人、人与宇宙，本来就是一体，互助有爱，人间就是天堂。

第六十二章

善人之宝：谨记谦卑与敬畏，君子披褐而怀玉

道者，万物之奥。

善人之宝，不善人之所保。

美言可以市尊，美行可以加人。

人之不善，何弃之有？

故立天子，置三公，虽有拱璧以先驷马，不如坐进此道。

古之所以贵此道者何？

不曰：以求得，有罪以免邪？故为天下贵。

传统译文

道是荫庇万物之所，善人视之为珍宝，也是不善之人得以保全的唯一途径。美好的言辞可以取得人们的尊敬，美好的行为可以使人器重。不善的人怎能舍弃它呢？所以在天子即位、设置三公的时候，虽然有拱璧在先、驷马在后的献礼仪式，还不如把这个道进献给他们。自古以来如此重视道是什么原因呢？不正是由于有求于它的就可以得到满足，犯了罪过的也可得到它的宽恕吗？就因为这个，天下人才如此珍视道。

经典对话

张倩：古时候的人，为什么珍惜且珍重"道"呢？不是因为有求必应，有罪可以免除（是因为他们真的相信有"道"的存在，并且坚定不移地遵循它），所以，（天下人）会如此珍重它。

对于这一章，我理解是在向我们强调"行道"的重要性，劝诫世人秉道而行，就算天子和三公，也不及行道的魅力大。给我的感觉就是行道者最贵，他内心的充盈和踏实，就算你腰缠万贯，良田千顷，为一国之贵，看起来无比尊容，也是不及的。

人的一生真的是一场修行，外在拥有也只是助力于修行，而不是要执着于此；还有就是行道之心要干净和纯粹，不要抱有其他目的。道是如如不动的，对谁都会发挥它应有的作用，不要搬起石头砸自己的脚。

朱玲：万事万物发展循环背后的规律所在——道。

一个真正的明白人并不看表面上的好坏、善恶，而是思考整个事物的逻辑出发点在哪里。这种人从务实的角度出发，而不是沉浸在贪嗔痴的轮回中不能自拔。一个尊重事实发展规律的人（善人）能得到道庇佑，因为道不远人。一个陷入贪嗔痴慢疑当中的人（不善人）——人远道矣，因为偏离了认清事实发展的轨道，而不断遭遇挫折和危机，从而让人可以在错误的路上刹住车或者回头是岸——不善人之所保。

符合道的言辞、行为，可以带来价值，带来学习和借鉴意义；而犯错的、出问题的行为和言辞，同样是可以从中让人得获得启发的。看到问题，从而让人选择走到正确的道路上。为什么我们总能轻易地看出别人的问题在哪？因为群众的眼睛是雪亮的——道不远人。

　　所以人民拥立天子、设立三公九卿、驷马拥簇，把所谓"圣人""天子"推得高高在上地去模仿、学习、崇拜，不如"坐进此道"——不要搞个人崇拜，因为我们每个人都可以看明白、做得到。只要顺着章法做事，又何须大动干戈？

　　古往今来，道都在指引着明白它的人"求仁得仁"；而看不明白它的人，违反规律的人，走错路的人，也因此而得以修正，放下屠刀立地成佛。故，道为天下贵，为万物之奥。

　　心兰： 道者，万物之奥。善，人之宝不善，人之所保（中心思想）

　　美言可以市尊，美行可以加人。人之不善，何弃之有？（举例说明）

　　故立天子，置三公，虽有拱璧以先驷马，不如坐进此道。（执行指导）

　　古之所以贵此道者何？不曰：以求得，有罪以免邪？故为天下贵。（总结）

　　奥： 本义为主宰，君主。道是万物的主宰。善人视之为珍宝，也是不善之人得以保全的唯一途径。

　　善者： 按正确逻辑，做事靠谱的人。不善：指肆意妄为、主观武断、不明道之人。不善之人如果想得以保全，唯一的途径就是放下执念，摆脱心魔，从善如流，依道而行。执念会控制一个人的思想和意识，让当事人不知道自己是对还是错。很多时候明明已经错得离谱，他却还认为一切都是天经地义的。所以坏人从来不会觉得自己理亏，也不会认为好人正确，他的心里只有自己的利益和执念。"我执"是不善（无明）之人一步步走向毁灭的罪魁祸首。

　　说到底，何为善，何为不善呢？道有道纪，国有国法，单位有规章，团队有制度，所有的规则和法则，只要是正确的，就应该遵循遵守。这样的行为，就是老子所说的善。所谓的不善，无非是目无法纪、背道而驰。

　　"美言可以市尊，美行可以加人。人之不善，何弃之有？"悦耳动听的话可以换来世人的尊重和礼遇。让人愉悦的行为，可以获得别人的尊重。这一段我是这样思考的，"人之不善"放在"美言、美行"这句话之后，是不是想否定？也就是老子其实是不认可"美言和美行"的，他惯用的词是"善言""善行"。所以这一段，我的理解是就算是通过美言（花言巧语）和美行（欺上瞒下）获得成功的人，也无非是因为不善（不明道）而已，何弃之有？只要不是大奸大恶之徒，犯了错改过就是，都有机会重新得到大道的加持。不善之人与善人于大道而言，是一视同仁的，并无分别。

三公指的是古时候地位仅次于天子的三种官职，多指太师、太傅、太保。拱璧就是双手捧着璧玉。驷马，四匹马拉的车。这里是说，在古代管理天下需要立天子，置三公，天子乘坐驷马，车前会有人捧着碧玉开路（天子仪仗）。在老子看来，这样的威仪尊贵却不及体悟大道更能"燕处超然"。所以每当天子即位、设置三公的时候，虽然有拱璧在先、驷马在后的隆重仪式，都是浮华不实，还不如把无为而无不为的道进献给他们。

从古至今，遵此道者，都怎样了呢？所求必得，就算犯了错误，如果及时改正，也可以得到大道的救赎！所以此道才是天下人应该珍视和重视的。万物遵循道的法则，就可以各得其所。即便你曾经做错事，只要肯及时改过，让自己的一言一行合乎道的准则，就可以将损害降到最低，及时止损，避免更多不良后果的出现。

说到底，所谓的不善不过是心底的妄想杂念导致胆大妄为，利令智昏。若可以放下执念，清静无为，并遵循客观规律和世间法则来做人做事，约束自己的一言一行，则人人都可以与大道同在。因为行为是正确的，结果自然圆满。

师说： 这一章是关于"美言可以市尊，美行可以加人"的理解，张倩和心兰都解读得很好。我接着再补充一段。

第六十二章论述的是老子的人生观及政治观。核心思想是：道是万物的主宰，任何人遵循这个道，则"有求以得，有罪以免"。统治者遵循这个道，则可以使恶人化为善人，国家无为而自治。

古代政治，立天子以统领，置三公以平衡，有拱璧、先驷马以威慑天下……但是这些统统不如让老百姓明理来得更重要。我们立足当下，执古御今，系统思考立体看待古往今来，如何让老百姓真正地明理？只有教育，弘正法。什么是正法？大是大非，就是正法。常识，就是正法。能够让老百姓真正自强自立自信的法，就是正法。

第六十三章

无为无事：只要你用心，没有做不成的事

为无为，事无事，味无味。
大小多少。
报怨以德。
图难于其易，为大于其细。
天下难事，必作于易。
天下大事，必作于细。
是以圣人终不为大，故能成其大。
夫轻诺必寡信，多易必多难。
是以圣人犹难之，故终无难矣。

传统译文

以无为的态度去有所作为，以不滋事的方法来处理事物，以淡泊无味当作有味。不论别人对自己的怨恨有多大，都要用清静无为的道德来应对。处理事情的时候最好从简单的入手，实现"远大"要从"细微"的地方入手。处理难事的时候一定要从简易简单的方面入手，处理大的事情一定要从细微的地方做起。因此，有道的圣人始终不贪图大贡献，所以才能做成大事。那些轻易许诺的人，很少有能够兑现的，必然会失去信用。把事情看得太容易，势必遭受很多困难。因此，圣人总是去想会遇到困难并且很周到地考虑解决问题的方法，终于就没有困难了。

经典对话

心兰：处无为之事，事情要在无事的状态下就解决好。味无味，这个实在不理解。

所有的大，是从小开始的；所有的多，也是从少累积的。再难的事，也一定有一个相对简单容易的切入口；再大的事，也一定是由很多个小小的事情组成的。所以要找到那些每一件重要的小小的事情，一件一件做好，这件大事也就水到渠成了。

真正靠谱、成熟稳重的人，不会盲目追求大，只会专注在当下可以完成的事上，尽可能去完善它。轻易许诺的人，在别人眼中是寡信的，就是不太容易取信于人。因为真正沉稳的人，一定不会轻易许诺。总是追求容易而逃避难事的人，一定是会越来越难。即使圣人也总会有面对难题的时候，但是他们会选择认真对待，脚踏实地去做，去解决问题，而不会逃避，所以终无难矣。

朱玲：为无为，无为的事，要顺应逻辑规律去做事。

事无事，取天下常以无事，有事不足以取天下。无事，就是把逻辑抓回来看当下。

味无味，这里的味，我认为是一种五味在心的味，是情绪，是人的七情六欲。

　　大起于细，多起于少，这是规律。依照规律办事，以谋定大方向为目标，在细处、小处不断着手、修正、完善，那么达成目标是水到渠成的事。

　　其意思用"道"的方法，循道的轨迹，解开困惑、难题或疑难杂症。因为看起来的难事，都起于细、起于易，所以会做事或事业有成的人就从会做的入手，按照其目标需求，不断打磨、学习与精进。为大于其细，每天用心观察，有目的地学习，才是用心的开始。假如我们做到了这些，不知不觉中，就可以成为所在领域的专家。

　　很多人说"读过很多道理，却仍然过不好这一生"，道理真的懂了没有？最重要的是实际做到了没有？真正的道理甚至不需要读那么多，哪怕只做到一条，人生也会大不一样，所以最重要的还是实践——学以致用。轻，也表明看轻、轻视，有一句话说"道理是道理，你是你"，什么都被看轻了，什么也做不透，那做什么都是困难重重。故，多易必多难。

　　要做的事情之所以难，一定是各种细节简易之事还没搞定，任由它的小问题恣意发展，才至于难为。要完成的事虽大，又必是由很多细小之事萌发，任其兴作发展，方成为大事。所以怀道之人，从始至终，都怀有慎终如始的态度对待任何细节，在学习中增长见微知著的本领，以胸有成竹，才能若无其事，终成大事。

　　张倩： 为无为，事无事，味无味。（核心思想）

　　大小多少。报怨以德。

　　图难于其易，为大于其细。

　　天下难事，必作于易；天下大事，必作于细。

　　是以圣人终不为大，故能成其大。

　　夫轻诺必寡信，多易必多难。（举例说明）

　　是以圣人犹难之，故终无难矣。（实践指导）

　　以无为去作为（我无为而民自化），是治理国家最好的状态。无为，不掺杂人为的因素在里面，让道去运转，自然而然发生，人民自然会受到感化。以无事去做事（以无事取天下，我无事而民自富），什么是无事，不尚贤、不见可欲、不贵难得之货都是无事的表现。以无味去品味（五味令人口爽）各种美味，接触多了就会败坏自己的味觉，使自己追求更加复杂的味觉，因此丧失了对原有美味的感知能力。老子在这里提到的无味意味着我无

331

欲而民自朴，是一种朴的意味。

知道了上面的原则之后，多多少少都会产生一些（那些看不懂道的人而言，）怨恨，那怎么办呢？以德报怨。知道了怎么处理那些怨恨、情绪，就可以开始做事情了，该怎么做呢？筹谋难事要从容易突破的地方开始着手，做成大事，要从最细小、最底层的事情开始着手；天下的难事必定先从容易的事情做起，天下的大事必定先从细微的事情做起。难事和大事在这里可以看作是一种好的结果。

如果按照上面的教导来做事情，肯定是会有好的结果的。因为会有好结果，所以老子最后提醒和嘱咐。圣人从来不会为了大而"大"，而是明白"合抱之木，生于毫末；九层之台，起于累土；千里之行，始于足下"的道理，所以能做成大事（初心很重要）。

说多了轻率的话，就会失信于人（做一个靠谱的人）；做多了简单的事，也会遇到很多挫折（温水煮青蛙，不要凡事都挑最简单的做，那样没有成长）。所以圣人一般会先看到难的一面，然后用"作于易"去化解，事情最后便会很顺利，也就是"终无难"（抱最好的希望，做最坏的打算）。

《道德经》是一本修身和治国（管理）的书。这一章教导我们怎么使用"无为""无事""无味"的原则，去成就难事、大事，内容很全面，不仅考虑到出现怨恨怎么处理，还有温馨提示。

师说：为的时候，无为；事的时候，无事；味的时候，无味。这是一种处在本性中的状态，不会动后天的意识，不会妄想。人生在世总有一个又一个的目标需要你去"为"，也总会有一件又一件处理不完的事需要你去"事"，总会有各种想象不到的味，需要你去"味"……这里的"为"和"事"都好理解。什么是味呢？就是五味杂陈那个味。

无为，无事，无味如何解呢？其实是心态的事。无为的心态是竭尽全力对以后的结果不执着。无事呢？"泰山崩于前而面不改色，麋鹿兴于左而目不瞬"，大概就是对这种状态的最好诠释——他强任他强，我自明月照大江。有道之人不会被外界的任何事影响而迷失，他只会专注在自己当下应该做的事情上。那么无味呢？人生纵有百味，都是经历，只要自己这个容器足够大，自然也就没有什么可以让你觉得困苦（当然，这也需要智慧的沉淀与累积）。

世间的事物都有两端，都是相对。大小、多少、怨德、难易等，它们互为一种对立，所以有大一定有小，有多一定有少，有怨一定有德，有难一定有易，而衡量的尺子在哪里呢？就在左右不离方寸的心田。很多人还没做事之前，心里就想着"我要做一件大事了"，或者"这件事情很难"……还没做就已经落识了（被自己的感官经验，也称为偏见、有色眼镜，总而言之就是被"我执"带走了）。然后你的心里就一定会有一个结论，有了这个主观的结论，事情是无论如何也做不成的。因为人很难违背自己的心意，要么牵动欲望，要么动了妄心，接下来肯定就会开始人为地去朝着内心那个结论去努力。

很多人之所以被外界的环境牵着鼻子走，原因就是其内心的尺子不够明确、不够坚定。用现在的话说就是没有原则。没有原则的人究其根本，会发现底层原因是不明因果。不明因果就会盲目求其大，不知道大来自小（事物的发展规律，合抱之木，生于毫末；九层之台，起于垒土）。不明因果就不知道多累积于少。不明因果就不会知道怨的开始是因为德行不够，所以要解开怨，先种福田——修德（这才是老子的"报怨以德"，不外求，内修福田，从来不是让大家去当老好人）。不明因果就不会知道天底下所有的难，都是因为没有从简单的事开始训练。就像教育孩子，如果从小就使唤他、用他，长大了他就是有用的人物；如果从小就宠他、惯着他，长大了就是没用的废物；不明因果就不会知道所有的大（强大）都源自细（弱小）。

如果不明理，我们就会落到别人的尺子上（外界的标准），不论落在哪一端，都已经离开了自我。一旦落在识上（佛家认为：识为六欲之根，五毒之源），就必然开始分别、开始计较，计较大小、多少、怨德、难易、大细……一切烦恼都循此而生。而圣人，他们超越意识分别的状态，由此解脱而不再受限，一切圆融自在逍遥法外。

明白因果的人不会从一开始就找大事，而是从小事开始，从自己能做到的事开始（图难于其易，为大于其细）；不断地打磨自己，让自己不断成长，那么大事和难事，就自然而然不在话下。

轻易承诺的人必然是因为不明因果，也必然会失信于人（因为真正有谱做事的人，通常会有敬畏心，更明白世事无常的道理），所以明道之人不轻诺。

总是选择更容易的那条路，只会让人生这条路越来越难。智慧的人怎么做呢？他尤其喜欢挑战自己，尤其喜欢向困难开战，他会勇于面对所有的难题，故，终无难矣。有道之人不会被外界的任何事物或人情世故影响而迷失，他只会非常专注在自己目标上，专注在自己当下应该做的事情上。

第六十四章

千里之行：你再能干，做事也得一步步来

其安易持，其未兆易谋。其脆易泮，其微易散。

为之于未有，治之于未乱。

合抱之木，生于毫末。九层之台，起于累土。千里之行，始于足下。

为者败之，执者失之。

是以圣人无为，故无败。无执，故无失。

民之从事，常于几成而败之。

慎终如始，则无败事。

是以圣人欲不欲，不贵难得之货，

学不学，复众人之所过，

以辅万物之自然，而不敢为。

传统译文

安定的局面容易保持和维护，没有迹象的事物容易图谋，脆弱的事物容易消解，细微的事物容易散失，所以做事情要在它尚未发生时就处理妥当；治国理政，要在祸乱产生以前就早做准备。合抱的大树生长于细小的根芽，九层的高台是由一筐筐的泥土垒起来的，千里的远行是从脚下第一步开始走出来的。妄为要失败，强行把持一定会失去。以圣人不妄为，所以不失败圣人不强行把持所以不失去。人们做事情的时候总是在快要成功时失败，所以当事情快要完成的时候，也要像开始时那样慎重，这样就不会失败了。因此，有道的圣人追求人所不追求的，不稀罕难以得到的货物，学习别人所不学习的，补救众人所经常犯的过错。以辅助万物按其自身规律自然发展而不会妄加干预。

经典对话

心兰： 其安易持，其未兆易谋。其脆易泮，其微易散。为之于未有，治之于未乱。（中心思想）

合抱之木，生于毫末。九层之台，起于累土。千里之行，始于足下。为者败之，执者失之。是以圣人无为，故无败；无执，故无失。（举例说明）

民之从事，常于几成而败之。慎终如始，则无败事。（总结点题）

是以圣人欲不欲，不贵难得之货。学不学，复众人之所过，以辅万物之自然，而不敢为。（实践指导）

"合抱之木，九层之台，千里之行"，某种意义上都是世人眼中巨大的"成功"。但如果忽略了"生于毫末，起于垒土和始于足下"的"因"，就会忘记脚踏实地走好当下正确的路，从而盲目去"造像"（为者），或者执着于追求外表的现象拔苗助长（执者），结果必然是事与愿违。

所以圣人（成熟的人）只会专注做好自己当下的事，不会活在未来，更不会活在过去。活在当下，也就不存在失去，也不存在失败。就像老师说的:"当下每一件事,都应该有收获,不要想着做了这件事,就能怎么样。我们应该思考,做这件事我们能有哪些提升和成长。不要关注外在,应该关注内在。那么事情上的得失、外在的评头论足,自然无法影响我们自己的心态,从而秉持初心,脚踏实地做好自己。"

为什么很多人,都总是在事情快要成功的时候出现问题?根本原因就是其太过于在乎成败,太过于关心外界的声音,心智被影响,就容易随着外界的舆论跌宕起伏,从而做出不理智或盲目的决策。正确的做法是什么呢?慎终如始。把每一个当下,都当作是全新的开始。每一天都是全新的一天,都应该全力以赴地对待。如果能做到这些,又何来败事一说。

"欲不欲"是什么,就是不贵难得之货。当大家都去贵"难得之货"的时候,民之妄念,随之而来,就容易被欲望带着走。"抢"到"难得之货"之人,傲慢心也就来了;"抢"不到的人,嗔恨心来了,因而棘手的社会问题也随之而来。到处攀比的现象越来越多,理智地抱朴守拙的人越来越少,结果社会越来越功利,社会因此陷入恶性循环……

最后,"学不学"是什么?学不学就是:复众人之所过。真正会学习的人会从别人的失败经验里吸取教训。在大众眼中,别人的失败就是茶余饭后的笑谈。别人的成功呢?虽然你心心念念想"企",却又不可及。所以普通人的一生,都在别人的故事里。而真正优秀的人早就学会了学别人不学的——真正的智慧、聪明的人,看的是别人的故事,思考的是自己的人生;智慧的人,成全的是别人的故事,成就的是自己的人生。

以辅万物之自然,而不敢为。真正有大智慧的人,只做水到渠成、顺势而为之事。

张倩:我将这一章看作是做人做事的指导方针。通过上下三段,让我更加领悟这三点:防患于未然;细节决定成败;慎始如终。

1. 俗话说,上医治未病。真正厉害的高手都是在问题发生之前就已经解决掉了。为什么是上医,因为这需要功力,就像先知一般地存在,需要极度明理以及洞悉万事万物根本法则之后,做出判断和决策,以救人于未病,防患于未然。而这个人最后和光同尘,世人根本感受不到他的存在。这就是道的化身,无处不在地发挥效用,但让世人感受不到。

2. 任何的大、高、远,都是由小、低、当下形成的,所以不要忽视那些当下以及最细微的事件的力量。如果你想做得大、站得高、走得远,就从最细微的事情开始，水滴石穿。现在很多企业提到的"日拱一卒"，就是这个概念，因为这才是根本。如果舍本逐末，只是追求和执着大、高、远，而不去修炼细微、细小和当下，最终都会是空中楼阁，眼见起高楼，再眼见楼塌了。

3.知道了这些（前面所提到的防患于未然和注重细微以及当下的力量）就需要做到以终为始，起点决定了终点。你怎么开始的，你的初心和你的格局已经决定了最终的结局。这些看似人在做，实则是"道"在运转。如果是遵道而行，就会呈现出无为，感觉就像是大自然在辅助万物生长一样无声无息，无所不在。

这一章充满了对时间和空间的想象，充满了立体感，老子思维的缜密让我辈望尘莫及。

师说：不信任是人类所有关系的致命天敌。之所以不信任，是因为没有经过"价值观的约法三章"。所谓价值观的约法三章，就是我们今天讲的文化教育。文化教育的根本目的在于知行合一。圣哲教育只做一件事：耕耘植根于人心智之中的价值观。只用了两个问题：①心里领悟了吗？②实际做到了吗？（知行合一）

师说：以道莅天下，其鬼不神。作为"价值观约法三章"的首要任务，是行不言之教，其他的就交给时间。

第六十五章

道者治民：没有大智慧，必然无法做好管理

古之善为道者，非以明民，将以愚之。民之难治，以其智多。故以智治国，国之贼。不以智治国，国之福。知此两者，亦稽式。常知稽式，是谓玄德。玄德深矣、远矣。与物反矣。然后乃至大顺。

传统译文

从前善于行道之人，不是教人民精巧，而是使人民淳朴。人民所以难治，是因为他们使用太多的智巧心机。所以用智巧去治国，是国家的灾祸。不用智巧去治理国家，是国家的幸福，认识这两种差别，就是治国的法则。常守住这个法则，就是玄德。玄德好深好远啊！和事物复归到真朴，然后才能达到最大的和顺。

经典对话

赵丹：这段话我还不能很好地领悟，大概联系到"言传身教""以身作则""上行下效"这三个词。我们的古圣先贤竟然早早地告知他的子孙后代，如何才能"有福报"，如何"大顺"。我却到现在才肯翻开这样的人生指南，真是羞愧啊。

师说：有一点，要明确：老子从来没有也不会要求别人，他只是"万物并作，吾以观其复"的一个观察者，然后将自己观察到的结果，通过《道德经》跟大家略作分享罢了。

张倩：自以为自己是世界上最聪明的人，天算地算也算不过他，最终只会是自掘坟墓。有一句话是这么说：当你凝视深渊的时候，深渊也在凝视你。迟早有一天你会被深渊吞噬，自尝恶果。所以让自己内心简单一点，纯粹一点，自己也快乐，身边人也觉得舒适。放过别人，也放过自己。

师说：古之善为道者，非以明民，将以愚之。（开篇点题，亮出中心思想）

民之难治，以其智多。故以智治国，国之贼。不以智治国，国之福。（举例说明）

知此两者，亦稽式。常知稽式，是谓玄德。玄德深矣、远矣。与物反矣。然後（后）乃至大顺。（执行指导）

古之善为道者，会用大是大非来给民众树立正确的价值观。为什么只

第六十五章　道者治民：没有大智慧，必然无法做好管理

有"非"，没有"是"？给大家举个例子，国外的媒体，会铺天盖地的报道某人做了什么"大非"之事，并处以重罚，以此来警告与教诲民众，此事不可为，进而使民不敢为——非以明民。而国内呢？铺天盖地的新闻都是表扬"大是之事"，而那些做了错事的反而都悄悄掩藏，要么敷衍了事，要么大事化小小事化了。前段时间那个草菅人命的医生，听说只是停职六个月，如此轻描淡写地处罚，结果是大家明目张胆地干坏事，反正处罚不重……

如果敢于用"非"来让老百姓明理，让老百姓意识到问题的严重性，这里需要将领（指地方统治者）要有大智若愚的智慧，用心、用情、用理、用法，实实在在地为老百姓谋福祉。

民之难治的根本原因是将领"智"多，（这里和前面的"愚"刚好是反义词），智之多的根本原因是私欲过盛，启用了人为有为的管理方式。这于社会风气而言不是好事，乃国之贼。

本章强调为政在于质朴。老子认为政治的好坏取决于统治者的初心和为政之道。如果统治者真诚朴质，必然形成良好的政风，有良好的政风，社会才能趋于安宁；如果统治者机巧黠猾，就会出现败坏的政风。政风败坏，人们就互相伪诈，彼此贼害，社会就没有安宁。

老子所说的"愚"乃是真朴，大智若愚的意思。一个有道的统治者应该是一个有大智慧的思想家，就像管理名句说的：一个伟大的管理者一定是一位伟大的哲学家——没有大智慧，必然无法做好管理。第二十章有"我愚人之心也哉"的话，也在强调真朴的重要性。"愚"是老子认为一个优秀的伟大的统治者，应有的人格修养境界。

"知此两者……乃至大顺"，在中国古代文化中，法家主张法治，儒家主张礼治，老子主张无为而治……其实无论哪种主张都有道理，聪明与愚笨也只是一种形式的两端。人聪明过度时会疲惫，最舒服的时候，是什么都不想的时候。所以我认为老子是说，一个有道的管理者，不会执着于任何一端——既不执着于"愚"，也不执着于"智"。老子明白物极必反的道理，一个事物的两端并非完全对峙的关系，而是相辅相成的关系。老子是一个很"柔"且很灵活的人。我也敢说，天底下最不呆板、最没有条条框框约束、活得最洒脱的人，非老子莫属了——随心所欲而不逾矩。

玄德，思考一定是深刻的，也一定是为之计深远的。即使在表面上看，与一般的常理、事理、人情是相反的。比如身边很多朋友都说我是后妈，就

是因为我对孩子做很多事情,有悖"常理";比如我们看这个世界上,几乎所有真正伟大的人物,他们的所作所为几乎是世人无法理解的,答案只能交给时间。

张倩: 所以,第一句前半部分重点不在"明"上面,而在"非"上面,也可以是"以非明民",这里的"非"不是"不是"的意思,而是大是大非的"非"。

朱玲: 大概感觉就是"顺境中看到问题,逆境中看到希望",再进一步就是哪有顺、哪有逆、哪有好、哪有坏、这样的论断,背后都可以有智慧在调整。

精彩拓展

张倩:老师,我对之前说过"国家只要遵循人道治理与天道运转,不需要对国家过多干预,天下自然会大治。"这句话有看法。天之道、地之道、水之道,乃至花鸟虫鱼之道,都是不需要人为过多干预的。即便如蝼蚁,因它们能遵守它们的蝼蚁之道,也可以绵延数载,生生不息,为什么?因为它们都没有过多的主观思想(人类的思维),也就不会有像人类的那种贪嗔痴慢疑,自然也就不需要我们人类过多的管理与干预。因此,它们每天只需要按它们自己的规则生活与规律运行,该吃,吃;该喝,喝;该搬东西时就搬东西;该繁衍时就繁衍;该死亡时就死亡。但人道不同,人之道,损不足以奉有余,有自己形形色色的想法,有贪嗔痴慢疑,所以需要治理。就像孙悟空(此处指有人类智慧的孙大圣,而不是猴子),本事很大,但他就需要戴紧箍咒,这也就是孙悟空所谓的"修身求道"。

心兰:天道轮回,自有定数。就像老师前面说的,就算人类灭绝了,地球也照样运转。那我们作为人,应该做什么,应该如何做?这两个问题在我看来都取决于一个问题,那就是"我们要什么。"只有我们想明白了我们要什么,我们才知道我们要如何顺势(顺应天道的趋势)而为。所以,修身求道不是目的,而是用修身求道所得,去服务于我们终身所求,才是目的。如果修身求道的结果使自己的生活变得一塌糊涂,那么我想,这也不是古圣先贤想要传达的意义。

师说:既然如此,那么你的疑问是什么?

张倩：我的疑问就是朱子说遵循人道而不进行过多干预，我的看法是还是需要干预。

师说：老子说"法其自然，辅其自然，顺其自然"，当中的"辅其自然"就是从当下的条件出发，综合考虑因缘和合，在统筹时间、空间、环境等各方面因素之后，做出因势利导的判断。不需要过多的干预，不代表不干预，而是要遵循天道的指导，在需要的时候做相应的调整，在过程当中不断的适时调整。@张倩，我们要追求逻辑的严谨性，但不要追求语言的严谨性。因为追求语言的严谨性是永远没有尽头的，那样说话得多累啊！不要揪着一字一句去看问题，要多系统地思考，多去理解其背后的逻辑。还有疑问吗？

张倩：老师，没有了。

第六十六章 百谷之王：越是王者，越与世无争

江海之所以能为百谷王者，以其善下之，故能为百谷王。
是以圣人欲上民，必以言下之。
欲先民，必以身后之。
是以圣人处上而民不重，处前而民不害。
是以天下乐推而不厌。
以其不争，故天下莫能与之争。

传统译文

　　江海之所以能够成为百川河流所汇聚的地方,是因为它善于处在低下的地方,所以能够成为百川之王。因此,圣人要领导人民,必须用言辞对人民表示谦下,要想成为人民的表率,必须把自己的利益放在人民的利益后面。所以,有道的圣人虽然地位居于人民之上,而人民并不感到负担沉重;居于人民之前,而人民并不感到受害。天下的人民都乐意拥戴他而不厌弃他。因为他不与人民相争,所以天下没有人能和他相争。

经典对话

　　张倩：大江海之所以能成为百条小江海汇集的地方(谷王,江海的别名),是因为它善于将自己放得很低,因此能成为汇集之地。圣人(这里的圣人指遵道而行的人)想要带领好民众(带领民众做什么呢?带领民众遵道而行),就要为"下"发声,就像国家领导人,时时不忘老百姓,处处为老百姓的生计着想。

　　想要跑到别人前面,不落后于人,就需要先让自己落后于人(不争)。我的理解是老子不是说教大家怎么去上民和先民,而是在"降维"传教。如果只说言下和身后,世人看不到好处就不会这样去做,就达不到老子传授的目的。所以这句话只是用我们自己的话讲给我们自己听,而真正的上民和先民是要看其发心。你上民和先民是为了什么,无论为了什么,这句话就像一个法则一样都会奏效,只不过拿这句话做好事的人会有好的结果。用这句话满足私欲的人,最终也会被自己的私欲所吞没。

　　如果做到了我上面说的,圣人就算身处高位,人民也不会觉得负重,走在最前面(名声在外),人民也不会觉得妨害了他们的利益。因此,天下人欢呼雀跃地跟随。为什么能达到我刚刚说的这种效果呢?是因为他们"不争",所以天下没有什么能与他们相争。

　　我理解这一章的核心要点依然是"不争",并且用"百谷王"举例,

"圣人要言下和身后"来向我们具体阐述和说明怎么去践行"不争"。对于有些人而言"不争"才是"大争";对于有些人而言"不争"就是"不争",是一种心怀悲悯和通透的"不争"。第二点可能才是老子真正想让我们去践行的。

心兰:江海之所以能为百谷王者,以其善下之,故能为百谷王。(中心思想)

是以圣人欲上民,必以言下之欲先民,必以身後(后)之。是以圣人处上而民不重,处前而民不害。(实践指导)

是以天下乐推而不厌。以其不争,故天下莫能与之争(争)。(总结)

"欲上民、欲先民",这里我的理解是真正的领导者总想着把功劳和利益让给身边的人(欲上民),面对利益把大家往上推,把过错和责任往自己身上揽(欲先民),面对责任自己主动承担。

"言下",作为领导者把利益让出去,然而"言"(代表一言一行)要让大家接受得心安理得;"身后",负责任要身先士卒,更要挺到最后。很多时候,我们发现办公室最后一个走的往往是公司的负责人;战场上留到最后的一个人,一定是全军最用心最操心的那一个。有这样的领导在,大家各得其所,且不会有压力,各安其业。因此,被管理的每个人的权益也都可以得到有效保障。天下人愿意推举和支持这样有道的管理者。

朱玲:江海之所以这么大、这么广、能汇聚千万或纤细或雄阔的支流与干流,是因为江海很低。有多大自己要做的事,就需要对应的德行和能力去承载。

正言若反,"上民"和"先民"是圣人放低自己的欲、彰、显后,不被欲望一叶障目,从而使他们能深层地洞察他人与了解民众的需求,真心实意做出对人民有用的事。在这个过程中他们强大了自己,也做出了应有的贡献。

这样的圣人,在人民心中的"高",才是真的"上"。这样的话,领导带领大家为实现共同目标愿望而往前冲闯的时候,就不会陷大家于不义。这样心怀正道、为正道努力和奋战的人,就会得到越来越多的人支持。这样不把时间精力放在自现、自彰、自伐而是脚踏实地做事的人,天下没人能与这样的人争锋(没有能力与这样不断夯实基础的人争、没有理由争、没有办法争)。

第六十七章

守持三宝：慈、俭与不敢为天下先，就是管理者的道

天下皆谓我道大，似不肖。
夫唯大，故似不肖。若肖，久矣！其细也夫。
我有三宝持而保之：一曰慈，二曰俭，三曰不敢为天下先。
慈故能勇，俭故能广，不敢为天下先故能成器长。
今舍慈且勇，舍俭且广，舍后且先，死矣！
夫慈以战则胜，以守则固。
天将救之以慈卫之。

传统译文

天下人都说"道"太广大了，大到不像任何具体的东西。正因为它伟大，所以才不像任何具体的事物。如果它像任何一个具体的事物，就显得很渺小了。我有三件宝贝应当永远珍重：第一件叫做慈爱；第二件叫做俭朴；第三件是不敢居于天下人的前面。有了慈爱，所以能勇武；有了俭朴，所以能大方；不敢居于天下人之先，所以能成为万物之首。现在丢弃了慈爱而追求勇武；丢弃了俭朴而追求奢华；舍弃退让而求争先，结果是走向死亡。慈爱用来征战，就能够胜利，用来守卫就能巩固。天要援助谁，就用柔慈来保护他。

经典对话

朱玲： "道"到底是什么？总是没有一个确定的事物可以来形容它，听起来好像很玄乎与空泛。正是因为"道"本身的底层逻辑可以包罗万象，所以大音希声，大象无形。

老子是怎么用"道"指导自己的思想和行为呢？他有三宝：慈爱、从俭、不争。老子主张贵生，从长远来看，人与人、人与环境的共生共荣的发展理念，就能使人类将各种资源应用在实现目标的刀刃上、不为短期获利，故能冷静与深谋远虑且专注目标而不断夯实基础，创造目标所需要的一切资源和能力。这样的话，其行动和思考的目的，就不是为了与人争锋，而是服务于自己的志向和目标。

没有远见的莽夫之勇，对未来不是未雨绸缪而是铺张浪费，不专注如何自强不息地夯实基础，而是陷入在人与人之间争名夺利的幻境之中，必将死矣。

心怀慈、怀远，以终为始，围绕梦想目标前进的过程中不断强大自我，以正道为思考和行为指导，天将辅之。凡事问心无愧，行事坦荡，则可久矣。

第六十七章 守持三宝：慈、俭与不敢为天下先，就是管理者的道

师说： @朱玲，慈，是佛祖说的"慈悲为怀"，是孔夫子说的"仁"，如果理解成慈爱，就狭隘了。

张倩： 天下人都说，"道"很大，包含很广，几乎涵盖一切。看起来没有与之相似的存在，正因为和万物都不相似，所以才会如此广博。如果有相似的，它的范围就小了很多。

我有三个宝贝，长久秉持并且一直在护持它，一个是"慈"，一个是"俭"，一个是"不敢为天下先"。"慈"，从心，从兹，兹是草木茂盛之义，慈的本义是有助人之心，也就是我们所说的慈悲。"俭"，从人，本义为自我约束，不放纵，《说文解字》曰，俭，约也，束也，作节俭解。我理解的这个节俭不是省吃俭用的节俭，而是好钢用在刀刃上的"俭"，这个俭的核心是"值"，不用刻意地去节俭。比如说一个富人明明很有钱，他的消费是可以帮助到其他人的，但他就是很"节俭"，甚至有时候还和穷人因为几毛钱而大打出手，这就不是真正的"俭"；"不敢为天下先"的重点是"敢"字，之前解过，指不理智下的冲动行为，不敢为天下先，是要让我们三思而后行，谋定思动。

能做到有慈悲之心以待万物，那么这个人是很有正义的，这个人也充满了勇的气场。能做到节俭的人就可以把盘子铺得很大，凡事深思熟虑。思虑周全才去做事的人，也会更能成为大器之材。

现在的人没有慈悲心，放胆做很多出格的事情，比如猎杀野生动物，以为自己很勇敢，很爷们；没有做到"值"就盲目扩张，比如现在有些企业，没有为用户创造真正的价值，有资本在后面撑腰和追赶，就盲目扩张开店，最后以惨败收场；不经深思就贸然行事，其结果往往也是功败垂成。

心系苍生，这场战役就已经分出了胜负。得道者得天下，这里的道就是慈悲。心怀天下，上天有好生之德，怀有慈悲心，打仗就能胜利，防守就会牢不可破；心怀慈悲，老天爷都会帮助他。

这一章我的理解是重点在于对"三宝"的理解和践行，但我不知道第一句和后面的有啥关系。

朱玲： 我对第一句和后面关系的理解是当时众人问老子所谈的"道"是什么，听起来玄之又玄。老子用三宝来对"道"如何指导他的思想和行为，做一段陈述吧！

张倩： 我在想，后面这些是不是对"细"的阐述，他前面讲"若肖，久

矣，其细也夫。"

朱玲："其细也夫"，我理解是形容琐碎不堪、难以久矣。

张倩：不知道"其细也夫"想表达啥？

朱玲：在原来基础上理解"慈"这一段，慈：仁者爱人，人与人之间的心灵相通，感知对方的需要，感知生灵的共同渴望，指导自己追求人与人共同的幸福，故能勇。这样理解感觉更加通顺了。

师说："若肖，久矣！其细也夫。"这句话和上一句是连贯的。我想，这句话正确的断句应该是这样的："若肖，久矣，其细也夫！"

"细"对应第一句中的"大"；道大，道无所不包，无所不容；细，则反之，指事无巨细的细，指具体的相似之处。所以，与前面一句合在一起，老子应该想说：道是非常"大"的，大到无所不包，所以看上去和什么都有相似之处。也正是因为大，所以在天地万物之中，又找不到完全相似的地方。"若肖"，如果真的找到相像的，像得越具体、越具象，就会发现它越经不起时间的考验。

师说：若肖，久矣，其细也夫。这是一个倒装句，"久矣"是一个前缀，表否定的前缀。或者你也可以理解为：越是相似的时间越久，越经不起细节的考验。

朱玲：我认为中心思想应该是围绕"慈"展开的。"道"这么宽广，无所不包，作为人本身，合"道"的出发点，应是心怀仁慈。佛家讲"发心"，一个人发心的动机、目的，决定了做一件事、活一世、心中有没有力量，（慈故能勇；有菩萨心肠，敢霹雳手段）慈是一种行动力量源泉和指导方向。举个可能不太恰当的例子，在《白蛇传》中，白蛇是妖没错，但是她相夫教子，接济苍生，因而众生都受益于她。因此，法海说的虽有头有尾有理有据，但其还是很难得到众人心的支持。

这里也许还可以这样理解：慈生爱，爱生容，容生广。地低为海，人低为王，不是说让人低下和卑微，而是要心中常怀敬畏与慈悲。我想，心怀慈，才能真正体会"人不知而不愠""君子以厚德载物""己所不欲勿施于人"这些智慧吧！

张倩：这节的中心思想还是在阐述"道"，只不过用"慈""俭"和"不敢为天下先"，这三个比较重要的特质来具象化广博浩渺的"道"。但前面也说到这些特质也只是像，而不能真正代表道。

第六十七章　守持三宝：慈、俭与不敢为天下先，就是管理者的道

心兰：我认为这一章是在讲兵法，也是管理，不过都是从道的层面来讲。

我感受的核心价值观是老子想表达有道的管理者（一国之君，三军之帅）会怎样去行道。老子生活在战乱时期，他看到的世界是满目疮痍，老百姓民不聊生。所以，老子说："慈故能勇，俭故能广，不敢为天下先故能成器长。"

慈悲为怀的军队（有这样价值观的军队），一定会得到民众的支持。军队当中因为每个人都行"慈"，所以每一个人都是很有能量的。就好像我们做好事会发自内心地高兴，能帮助到别人，也会由衷地开心。所以有正义的军队也会得到"道"无形中的支持，故能勇。这种勇是奋不顾身帮助弱小群众时所发自内心的勇。

"俭故能广"，这句我理解"俭"的是内心的欲望。

"不敢为天下先"，我理解的和"不敢进寸而退尺"是一个意思。天下先，先的是主动进攻，攻略城池是为了掠夺更多的资源，以满足自己的欲望。不敢为天下先，就是不敢进寸。

"故能成器长"，就是一个有道的军队，必然能培养出"大器之长"，为什么呢？因为他不会"退尺"，"退尺"就是失去主动权，陷入被动。所以"成器长"，需要这样一个"不退尺"的环境，时刻掌握主动，这是成大器的领导者必备的品质——掌握主动权。

师说：这一章是兵法，是道法，是管理心法。这一章讲的心法是有道的管理者所必备的品质。老子主张的道是什么？是大道，是无所不包、无所不容、无所不可用的道。真理一定是"条条大路通罗马"，却又条条大路各不同的。慈、俭、不敢为天下先，就是管理者的大道。

慈：慈悲为怀看众生，是孔子说的"老吾老以及人之老，幼吾幼以及人之幼"，是佛祖说的"众生平等"，所以有道的管理者应该明白"仁"的道理。"仁"是公平公正，"仁"是"己所不欲勿施于人"，"仁"是"来而不往非礼也"，"仁"是"远小人近君子"，"仁"是"中庸"。

俭：是在我执（贪、嗔、痴、慢、疑）上俭，是在私欲上俭，是在管理行为上俭，是在控制欲上俭……管理者要想做好这个管理，不仅要三缄其语，更要三俭己欲。这样我们才能多看看身边的人需要什么，多看看天下的人需要什么，多看看在我们的管理之下能多为这个社会做些什么……

不敢为天下先：多解决问题，不要想太多天边的事；很多企业（集团）做大了就会失去方向，盲目扩张；妄想做大、做强、做行业第一、做天下第一……由此忽略了企业本来应该走的路。强兵必败，也在此列，以为自己强，就想争霸天下，而忽略了多务实事、务本才是关键的道理。很多企业忙于随波逐流，别人做大数据，他也做；别人做平台，他也做；别人做人工智能，他也做；别人做直播，他也做。他却从不思考自己企业是否需要做这些所谓的扩张与跟风项目，是否适合，是否可行？

很多人都问过我这个问题，走到正道上是一种什么感觉？大概就是以下几种。

1.勇：你不会害怕，不会退缩，不会胆怯，不会徘徊。你就是有用不完的精力，就是有面对一切的勇气，就是有解决一切问题的毅力，就是有用不完的好运气。

2.广：天下万物，不为我所有，皆为我所用。你会发现所有一切你需要的，老天爷刚刚好就准备好了放在那里等你去用。

3.成器长：只要创始团队能够秉持初心，一步一个脚印去走，我们发现做大做强、做上市、做到世界百强，只是时间的问题，是"以道莅天下"之后必然的结果。心中有风景，满眼皆光芒。

第六十八章 不争之德：在真正需要下功夫的方向持续不断地努力

善为士者不武。
善战者不怒。
善胜敌者不与。
善用人者为之下。
是谓不争之德。是谓用人之力。是谓配天之极。

传统译文

善于带兵打仗的将帅,不逞其勇武;善于打仗的人,不会轻易被激怒;善于战胜敌人的人,不与敌人正面冲突;善于用人的人,对人总是表示谦下。这叫做不与人争的品德,这叫做运用别人的能力,这叫做符合自然的道理。

经典对话

张倩: 我的理解是这一章在教我们怎么秉道做人,怎么做一个真正有德行的人,具体在"为士者""战者""胜敌者""用人者",在从政、从军以及管理方面给了我们正确的指导。

我对"下"的理解最开始是谦卑,是放低姿态。但当我这样去做的时候,真的很难,特别是在下属很不争气、偷懒,还要找各种借口,一问三不知的时候,我很难做到谦卑。所以每当这个时候,之前做的所有"下"的举动在这个时候都转变为了"上",变得咄咄逼人。直到有一天,我看到一个人手捧着一盆花,我当下就觉得这只手的行为就是"下"啊。"下"不是让我们凡事都谦卑、谦虚,真正的"下"是托住、托起别人。这也是我们经常讲的管理的价值在于成就别人,如果出发点是成就对方,那么偶尔"上"一下也是可以的,并不是说要一直"下"。从那以后我才释怀了。当然,这是我个人的理解,和大家分享一下。

师说: "善",经常,总是。

"士",是指真正有理想、有愿意为之奋斗终生的目标、未来或愿景,并以此为荣的人,称为士。"武",既指武断,就是没有全局观、没有稳操胜券的易武断,也指武力(手中的权力,也在这个范畴),泛指那些因为没有远大理想,所以沦入"滥用职权"之列的人。其实就是鼠目寸光,缺少胸怀与远见。心中有愿景、有使命之人,一定会步步为营且步步为赢,稳扎稳打地为自己的愿景所努力,哪还有空余精力浪费自己的生命?

第六十八章 不争之德：在真正需要下功夫的方向持续不断地努力

"战"，就是一场博弈，它存在于任何地方；"怒"，真正的高手喜怒不形于色。

"胜敌"，取得胜利的人；"与"，有"争"之意。明白取胜之道的人，不会争，他只会在真正需要下功夫的方向持续不断努力，结果是自然而然地就摆在那里。如果争，他的对手永远在外面，而努力务自己的本，则不断超越自己。一个不断超越自我的人，没有人可以与他为敌。

"下"，除"推功揽过"之外，还有"礼贤下士"之意。比如刘备三顾茅庐、曹操惜才爱才以及刘邦对萧何、韩信的推心置腹，再比如李世民和杜如晦、房玄龄的患难与共，才有了他们的舍生忘死，以及后来"房谋杜断为世民"的千古佳话，也才有了大唐盛世……君有道，则天下平！

第六十九章

兵法权谋：谋的是大局观，是眼界，是格局

用兵有言,吾不敢为主而为客。
不敢进寸而退尺。
是谓行无行。攘无臂。扔无敌。执无兵。
祸莫大于轻敌。
轻敌几丧吾宝。
故抗兵相加哀者胜矣。

传统译文

用兵的人曾经这样说,"我不敢主动进犯,而采取守势;不敢前进一步,而宁可后退一尺。"这就是说,虽然有阵势,却像没有阵势可摆一样;虽然要奋臂,却像没有臂膀可举一样;虽然面临敌人,却像没有敌人可打一样;虽然有兵器,却像没有兵器可持握一样。祸患再没有比轻敌更大的了,轻敌就要丧失"三宝"。所以两军相对,满怀悲愤的一方必胜。

经典对话

朱玲:前两句我理解为不主动攻击、进犯。外交,用耐心与不厌的态度面对;对内,不断夯实基础。

看着别国、他人的弱小,就想着轻视、侵犯、霸占,反而会让自己失守,遭受沉重的打击报复。从现在美国不断发生的枪杀案、恐怖袭击可以看出,失去道义的侵略和发动战争,迎来的是对方更坚强的生存意志和打击报复。这里也可以和前几章联系起来理解,为人民应该创造什么样的生存环境——给予人民希望,而不是为了统治者的一己私欲导致民不聊生。

所以心怀敬畏、怀有仁者之心(己所不欲勿施于人)在不得不保卫自己的国土、人民时,即便是发动战争也是一场道(正)义之战,自然也会获得民心。

通过侵犯、扩张、掠夺等强硬的强行手段,去满足贪欲和膨胀的欲望,被外面的攀比、虚张声势、各种声音牵着鼻子走,不如静下来关注自身缺什么要怎么努力才能做得更好。

张倩:带兵打仗有这么一说,不要去主动进犯,而是应该根据对方的情况来调整自己的策略进行防守,宁愿后退一尺也不要去前进一寸。这里的"进寸"依然指的是进攻,为了寸土之地去进攻。国器需不需要有?需要!需不需要强?需要!但具备如此强大的军备不是为了进犯,而是为了自保。不为"主"反为"客",不"进寸"反而"退尺",看起来好像是居于下风、处于弱势，但仅为自保不去进犯的强大军备才是真正的"强"，得民心的"强"。

所以，排兵布阵就像没有排兵布阵一样（行，作军队编制、布阵解），挥舞了双臂却好像没有臂膀一样（攘，作挥舞解），对付敌手就好像没有敌手一样（扔，作应对解），使用兵器就好像没有使用一样（执，作使用解）。

骄兵必败，一旦轻敌，就会出现不理智，做出错误判断，贪功冒进，那就有违"不敢为天下先"的"吾宝"。这一句我的理解是对战术上的重视。因此，当交战两方势力相当时，柔弱者胜矣。这里的"哀"是指看起来比较"哀伤"，好像处下风，但实际上是一种沉稳的低调，不与之争的实力。

这一章我的理解是在教我们"不战而屈人之兵"，就是实力已经到了那种，给你一个眼神，就知道对方的厉害，你还是乖乖走人吧。从哪几个方面，打造自己的实力呢？首先是行无行、攘无臂、扔无敌、执无兵（虽然我不知道是什么意思，但我感觉是很厉害的方法论），其次就是不轻敌。

师说： 易经师卦的卦象，是地水师：地在上，水在下。水在地下流，无声无息无影无踪，象征"水无常形、阵无常势"，用这一卦来解第六十九章的兵法恰到好处。

师说： 用兵有言，吾不敢为主而为客。兵有兵法，不主动挑起战争，更不会被动卷入一场战争。

"不敢进寸而退尺""战略上藐视，战术上重视"，这两句话确实有异曲同工之妙，说的是两军对峙，既不会轻举妄动（不敢进寸），更不会被动挨打（退尺）。

是谓行无行。攘无臂。扔无敌。执无兵。

行无行：行军打仗讲究"兵无常形"，排兵布阵讲究"阵无常式"，无声无息无影无踪，行踪诡秘，兵不厌诈，不战而屈人之兵。

攘无臂：形象一点去理解，攘是一种能量的比拼，真正的较量不在臂，真正的较量都在暗处，高手过招从来不在乎招式。

扔无敌：军队，自古以来都是千军万马，人声鼎沸……古时作战指挥千军万马，就需要很多设备，比如号角、鼓声、烽火台、军旗、黑旗、白旗等。扔什么呢？扔的就是这些东西。如果扔掉这些东西，基本上是没办法指挥军队了。可为什么老子说"扔无敌"呢？我想，老子想表达的是一支真正有道的军队，即使在特殊情况下不得已丢掉了这些设备，军队依然能够上下同欲，攻于一方，使自己立于不败。

执无兵：执掌兵符，指手握兵权的人，通常指三军之首。这句话直接翻译就是这个执掌兵权之人，不觉得自己手上有兵。什么意思呢？就是说一个真正（这里参考第三十一章："夫兵者，不祥之器，物或恶之，故有道者不处。兵者不祥之器，非君子之器，不得已而用之，恬淡为上。胜而不美，而美之者，是乐杀人。夫乐杀人者，则不可得志于天下矣。"）有德的将帅不主兵，兵是不得已而为之；如果举兵，胜了也没什么好炫耀或者庆祝的，因为举兵一定会牺牲很多人命，天道贵生。所以就算手握重兵，也不会主动或轻易为战。会做什么呢？会重视每一次的战事来审慎且审时度势，善用每一个天时地利或掣肘天地的机会。若必战，也会思考如何不战而屈人之兵……若不然，则思考如何用最小的代价取得理想的结果……也就是后面这两句话：祸莫大於（于）轻敌，轻敌几丧吾宝。

"故抗兵相加哀者胜矣"，这一句里最重要的就是一个"哀"字，在这一章它对应的反义词是什么呢？是"轻敌"。哀，这里应作"深思熟虑"解，是"战术上重视敌人"的一种表现。胜利了觉得开心，而庆祝或杀俘虏的，都是因为他认为杀人没问题的（而美之者，是乐杀人）。

此章讲兵法，兵法就是权谋。权谋，谋的是大局观、眼界、格局、深谋远虑、国泰民安。

这一章的兵法也呼应老子另一句名言"以正治国，以奇用兵，以无事取天下"。所谓正，就是正道，以正道来做国家文化（企业文化、军队文化都一样）；所谓奇，是指以道用兵，别人看过去就是"神出鬼没"的军队。以无事取天下，是说最好不战而屈人之兵。

第七十章 被（披）褐怀玉：不信口雌黄，不肆意妄为

吾言甚易知，甚易行。
天下莫能知，莫能行。
言有宗，事有君。
夫唯无知，是以我不知。
知我者希，则我者贵。
是以圣被褐怀玉。

传统译文

我的言语很容易理解,很容易施行。但是天下竟没有谁能理解,没有谁能实行。言论有主旨,行事也有依据。正由于人们不理解这个道理,因此才不理解我。真正理解我的人很少,能取法于我的人就更难得了。因此有道的人总是外表穿着粗布衣服,而怀里却揣着美玉。

经典对话

周弘文:本章强调认知的重要性。"道"并不难知,遵"道"也并不难行,那为什么"天下莫能知,莫能行"呢?因为"道"看不见、也摸不着,一般人很难认识到规律的重要意义,也认识不到"道"在生活中的重要作用。

固定的思维模式,就是一个人命运之因,有怎样的命运之因,生命就会绽放怎样的人生之果。如果读懂自己生命的道,就可以改变本性,提升意识维度,让自己化茧成蝶,成为更好的自己。

所以,道不在外面,道在我们思维里面,我们自己就是道。《道德经》很多章节中都在讲人贵自知之明。也就是说,能了解别人,这是智慧;但比了解别人更重要的,是了解自己——自己,是我们认识得最少却总认为了解得最多的那部分。因为对自我的认知,经常会被假象迷惑、被情绪所左右,所以老子说"知人者智,自知者明"。

心兰:我说的话很容易理解,也很容易做到。天下的人呢,却很难理解,很难做到。为什么呢?因为每个人讲话做事,都有各自的立场。为什么同样的话,给不同的人听,就有了不同的意思?就是因为每个人各自的"宗"和"君"不同。

宗是什么?宗是自己的宗旨,自己内心的价值观。君是什么?君是自己内心那个主心骨,或者说是"心魔"。如果一个人在正道上,他必然有自己的主心骨。如果一个人走在了偏道上,他内心也必然有心魔。比如说面对一个优秀的人,他身上到处都是闪闪发光的亮点。正道的人会怎么看待这个人:他会总结,思考,得出一个属于自己的结论,然后去学习,深化,再有

第七十章 被（披）褐怀玉：不信口雌黄，不肆意妄为

意识地去练习……直到这个闪光点完全融入自己为止。

而一个不在正道上的人呢？他会怎么做？他会羡慕、会嫉妒、会贬低自己或者贬低别人，甚至把别人的亮点拿来要求自己身边的人，他从来不会去把这些亮点用来要求自己。这也是"天下莫能知，莫能行"的原因。

这里的"无知"是虚心向学的意思。只有抱着虚心学习的心态，才有可能做到"不我知"，就是不固执己见，不自以为是，不以固有思维看问题，不以成见论英雄。

能理解道的人本来就少，能以"道"为行为准则的更是稀有。

张倩：我说的话很容易理解，也很容易做到，但真正理解的人却很少，也很少有人能按照我说的去做。我说的话都是有根据的（这里的"宗"作"根源、根据"解），《道德经》每一章节也都有自己的主题（这里的"君"作"主题、中心"解）。正因为很多人不知道（知道什么呢？知道'言有宗，事有君'），不清楚我想表达的真实想法。所以真正懂我的人很少，效法去做的就更少了（则：效法；贵：稀有、可贵）——响应"天下莫能知、莫能行"。因此说真正的有道之人看起来总是好像深藏不露（其实是我们没有看到对方的价值）。

我的理解是在这一章老子教我们学习的重点是，"言有宗，事有君"。我们在读《道德经》的时候，需要思考他说这句话的原因是什么，进而去找到他每一章要表达的主题（这也是老师每天引导我们在做的）。

朱玲：真正有敬畏的人会抱着"我不知道"的心态去学习和了解。因为真正能够明白和看懂我所说的话的人很少，所以一个上德之人反而是不容易被识别出来的。

师说：吾言甚易知、甚易行。天下莫能知、莫能行。（举例说明）

言有宗、事有君。夫唯无知，是以不我知。（论证论据）

知我者希，则我者贵。是以圣人被（披）褐怀玉。（结论）

"言者不如知者默"，在这个世界上夸夸其谈的人很多，人云亦云的很多，随波逐流的很多，"大师"和"专家"很多……但真正"知其然又知其所以然"，愿意去格物、去探寻究竟的却很少。

大道理大家都会说，其实真的要做到也不难。只是真正明理、通达大道的人却不多。大多数人关注外在，他们只求外界的评价和风声，活在"别人的眼中"，或者活在"欲望的漩涡"里无法自拔，因而他们忽略了真正应该

做的是脚踏实地走好每一个当下，做好正确且重要的事。

说任何话做任何事都要有根可查有据可依。言外之意就是我们说话做事一定要靠谱，不能信口雌黄，就像某些专家，信口胡诌，不顾后果，没有逻辑，只为博得大家的喝彩和掌声……人要时刻怀有敬畏心（夫唯无知），才能时刻关注自己的一言一行，从而不妄言、不乱行。

所谓"不我知"就是不以"一己之见"去衡量"天下事"。做到"不我知"就做到了拥有平常心，就不会戴有色眼镜去看待问题；就做到了敬畏心，不会自以为是与刚愎自用；就做到了平等心，对万事万物有一个明确的主张，内心是充满力量和希望的。这种状态，大概就是王阳明所说：此心光明，也是《易经》中"朗朗乾坤昭昭日月"的现实写照。

能明白这个道理的人很少，能这样去做的更是稀有珍贵。因此我们必须擦亮眼睛，保持独立的思考，不要在浑浊的世界里迷失自我。

真正的圣人（真正有真才实学的人）并不外露，只是踏实做自己的事。活在当下，依心而行，求的是内心光明，在有意义、有价值的事上琢磨；不虚度光阴，不怨天尤人，不关注外界的言论（不惧千夫所指，只求无愧于心）；不在无意义的事上耗费精力，只关注自己想要的未来，去思考如何做好当下，拿到自己要的结果……这种人，看上去是不显山不露水的——披褐怀玉。正所谓真人不露相，露相不真人。

在这一章"宗"和"君"所表达的是一个意思，就是言出有根据，做事有逻辑。当下很多人，特别许多自诩是"大师"级的"人物"，他所说的自己都不甚理解（莫能知），自然也就不可能真正做到（莫能行）。然而为了博粉丝一笑，他们竟然把古圣先贤贬得一无是处，以此来彰显他的"高明"……

繁花锦簇和硕果累累都需要过程，停止消耗和内战，一起向上努力。让我们一起去遇见那个做梦都想要成为的自己！

第七十一章 圣人不病：体验病痛，认识病痛真相，当可消融病痛

知不知，尚矣；不知知，病也。
圣人不病，以其病病。
夫唯病病，是以不病。

传统译文

知道自己还有所不知,这才算是高明有见识。不知道却自以为知道,这就是很糟糕的。有道的圣人没有缺点,因为他把缺点当作缺点。正因为他把缺点当作缺点,所以他没有缺点。

经典对话

张倩:"知不知,尚矣;不知知,病也。"宇宙之大,无穷无尽,知道自己的无知,永远保持谦卑,永远保持饥渴,这才是修行的最高境界;不知道却表现出来自己知道,不懂装懂,自以为是,这是有很大问题的。

"圣人不病,以其病病。"圣人不会有这种问题,是因为他不断地去调整和改正自己已经出现的问题(比如自大)。第一个"病"是动词,有批评指责、自我反思之意;第二个"病"是名词,作毛病、弊病、问题解。

"夫唯病病,是以不病。"因此,我们要经常进行自我反思,总结去调整自己的自大和自满,这样才是"不病",才是好的状态。

总结:这一章老子主要想表达的是我们永远要保持空杯心态,要谦卑,不要自满,怎么做到呢?就是后两句说的,要时常"病病",要复盘,反省,吾日三省吾身。

心兰:"知不知",不是什么都不知道,而是知道还能一如既往地像不知道时一样谦虚。一个人学识越丰厚,他的态度就越虚怀若谷,真正透彻的智者,他表现出的是大直若屈、大巧若拙、大辩若讷的境界。

"尚",是极致的良知,是敬天爱人的良能。只要在"知不知"上清澈了,良知的光芒自然普照到生命其他方面。

1. 圣人之所以没有病,是因为他们知道自己所知有限,所以永远保持低调,总是表现出大智若愚、求知若渴的状态。幸福的第一法则就是对于知道的事仍能保持谦虚谨慎的态度,对于不知道的事常存敬畏。

2. "夫唯病病"就是不断"自知"和"自胜"的过程,是不断"静之徐清"和"动之徐生",不断接近道的过程。圣人的不病是以不断主动的"病病"为代价而取得的,每天用"道"的准则来觉知自己且审视自己的得失,三省吾身。觉知,是清理生命负面情绪的法宝,就是老子的"夫唯病病,是以不病"。

3.人生有三种东西必须思考:生命、死亡和永恒;有三种品质必须尊敬:精进、善良和谦卑。人的修为有两个目的:调和身体,收摄妄心。忍辱不是咬紧牙关,而是以平常心接受事实,觉知自己。每个人生命内部都可以找到伟大的根基——内圣外王的博大谦卑,每个人都有天地大道的基因。

4.任何人都是自己行为的镜子:看人优点,自我鞭策;看人缺点、自我反省。埋怨、谎言、反复的错误都是绊脚石,它阻碍我们命运的脚步,甚至让我们离幸福越来越远。从外在看内心,从别人看自己,透过别人,才能认识真正的自己。

5.为了面子坚持错误,是最没有面子的事情。人生之大病,乃自见、自傲、自彰的"争"字在作怪。去除执念,让生命回到本真,才能好自生长。

6.有时候放下所谓的自尊,承认自己的错误,这不叫放弃,而叫成长。谦虚与敬畏可以让一个人和他的事业走得很远。谦虚与敬畏就是最好的疗愈神医。

7.就算所有人都背叛我们、伤害我们、抛弃我们,我们都不要以为这是真相——真相是他们在疗愈我们,督促我们成长。有习气就会有烦恼痛苦,但只要有向善之心、内观之心,习气、烦恼、痛苦就会变成我们走向成功的最大助力。

8.没有时间关注运动、内省,最终就必然有时间生病和住院,生命与名利哪个更重要?习性往往很难改变,事物源头往往难以了知,但生命的病痛往往可以撞醒生命,让我们得以与生命相遇。体验病痛,认识病痛真相,当可消融病痛,这是体验人生的功夫。

师说: 这一章用一句话来概括,这句话是个定理,也是心法,大家可以用心去感受一下:当你觉得没问题的时候,往往就是出现问题的时候;当你能察觉到问题的时候,往往就是问题消失的时候。

"知不知,上(尚)",是说当我们意识到自己是人,是人就有很多自己不知道的、不清楚的、察觉不到的问题,当带着这样的觉知去说话做事,基本上出现问题的概率就大大降低了——尚矣。

"不知知，病也"，抱着"自以为是、刚愎自用、无所不知，一副一切都在我的掌握之中、胸有成竹"状态去做事，这种心态就是滋生"满虫"，即自满之虫的温床，病也！

所谓圣人，是指思想成熟、行事稳重之人。有一句话说：这个世界最大的麻烦，就在傻瓜与狂热分子对自我总是如此确定，而智者的内心却总是充满疑惑。这表达的和本章的核心思想一模一样。

想要不出现问题，首先寻找自己身上有没有问题。如果自己身上没有问题，自己的团队有没有问题，自己的产品有没有问题，自己的模式有没有问题，自己的逻辑有没有问题……为什么圣人都有吾日三省吾身的习惯？是因为圣人清楚"人非圣贤孰能无过""知错能改善莫大焉"的道理。而愚者，就觉得我不可能有问题，出现问题都是别人的问题——病矣，病入膏肓矣。

不能侮辱"老子"二字。所以本章核心在传达"敬畏"，老子希望我们明白：宇宙之苍穹，人类之渺小。

心兰："这个世界最大的麻烦，就在于傻瓜与狂热分子对自我总是如此确定。"这种人真的无可救药，因为他们偏执地认为全世界都有问题，只有他一个人什么都好。

师说：敬而远之就好，我们救自己尚且不易，谈何救别人。

赵丹：病入膏肓的人，难救啊！

精彩拓展

张倩：本期懂得了很多做人做事的原则及心法，在老师智慧的解读中，使我对老子的"曲解"得到了矫正，先简单提炼一下自己的所学心法。

1.在第七十一章中捋出了心法：当你觉得没问题的时候，往往就是出现问题的时候；当你有能力察觉到问题的时候，往往问题就解决了一大半。

2.在第七十章的"言有宗，事有君"中学会了要说靠谱的话，做一个靠谱的人。在"不我知"中反思自己不要陷入"我执"去看世界，要有平常心、敬畏心和平等心。

3.在第六十九章的"行无行，攘无臂，扔无敌，执无兵"中得到了用兵之法里的"活"，兵无常形，阵无常势，兵不厌诈，不战而屈人之兵，感受到水的力量,也理解了为什么老子如此推崇水,说它故几于道。

4.第六十八章,我对"下"的理解又多了两层:"推功揽过"和"礼贤下士"。我对此自觉,如果做管理能把这个"下"字做好,也就差不多了。

5.第六十七章,我对"俭"有了更深入的理解。我之前认为的"俭"可能就是节俭,而更深一层的是相对性的"俭"。但老师注解的"俭",是在我执(贪、嗔、痴、慢、疑)上俭、在私欲上俭、在管理行为上俭……管理者要想做好管理,不仅要三缄其语,更要三俭己欲,这样才能多看看身边的人需要什么,多看看天下的人需要什么,多看看在我们的管理之下能多为这个社会做些什么。这个"俭"太伟大了,换言之,这个俭就是"利他"。原来,老子在几千年之前就已经教给我们了。

6.第六十六章,我们用袁老这个活生生的例子,诠释了这一章,江海之所以能为百谷王者,以其善下之,故能为百谷王。

7.第六十五章,纠正了我对"非以明民"的谬解,"非"不是"不是"的意思,更多的是大是大非的"非",非以明民的意思是以"大非"之事来让民众明理,教诲民众。另外,知道了"常知稽式,是谓玄德"老子想表达的含义,教导我们要活用。所谓活用就是要"对症下药",犯了什么病,就用适合它的方法去治。而不执着于"智"或者"愚"本身,即该"智"时候就要"智",该"愚"的时候就要"愚",明白这个道理,才是玄德。

说完以上几条心法,接着谈一下我的几点感受:

第一,我最大的感受就是"道"无处不在。虽此言是两千五百年前的言,但其言的内容,无一不在我们如今的日常生活和学习中体现。因此,我们不得不赞叹老子的"道",对我们当代人好像是一场穿越千年的教导。

第二,在有感于老子之道的千年教导同时,我的更切身感受就是老师之道及他的精准与全新解读。从老师身上,我不仅学到了他的"道",而且更明白了对一本经典书籍价值挖掘的大小,与解读人的功力、眼界、视角、格局、高度、深度等太有关系的道理。幸运的是,我的老师就是这样有道之人,因为老师的引领与解读,打开了我很多阻塞的穴道,所以老师的很多解读对我可以说是醍醐灌顶。我想,老师和老子就是知音吧!因此,老师才能如此深悟老子之道。

第三,学习且持续不断地学习和精进太重要了 。在没有看老师注解之前,我感觉有些亵渎了老子的智慧,没办法,井是好井,可是我没挖到能滋润我思想与心灵之圣水。为啥？因为自己功力太浅。所以如果不学习，就是一块金子放在眼前，也会被当作垃圾视而不见。可见，修炼一双能"看见"的眼睛太重要了。

第四，说一下自己的同学，玲姐和心兰成长的速度很快，特别是心兰。学习力和领悟力非常强，特别是对篇章的注解，真是顶赞！

玲姐对于《道德经》的触类旁通值得我学习，她总是能看到不一样的视角，以及将之前和之后的一些内容联系起来，向玲姐学习！

朱玲：第七十一章我最大的感受是，在让我看到一件事、一本书、一段话、一个人的时候，不再用单纯的思维与片面的眼光来评价。同时，也促使我深入思考"这是如何导致这样"的道理。带着疑问去求证和查阅其背后的内涵时会发现，原来自己不知道的竟然有那么多，因而促使我对未知的敬畏。

在第七十章让我看到，凡事"张嘴就来"，是自己身上最致命的弱点，铭记"言有宗，事有君"，让我说话做事前想想出发点是什么、逻辑是什么、要达到的效果是什么，进而锻炼了我审慎思考的能力。

第六十九章让我感受到，做成一件事最重要的不是思考我有多少兵、能打多少仗，而是思考如何用最小的代价而达到不战而屈人之兵目的。用长远眼光来规划当下，做这件事对未来的意义，值得现在付出多少代价。

第六十八章让我思考，如何将注意力从"盯着现实与理想之间的对比不放"转移到"为了达到我要的效果"，我可以做些什么。前者是在做无用功，后者则是推动事情发展。

在第六十七章，有人问我学《道德经》这么努力，是要断绝七情六欲吗？我认为《道德经》从未教人断绝七情六欲，而是让我们把欲望摆正，放到它们真正可以创造价值的位置上。慈、俭、不敢为天下先，并非一味地柔弱、退让，而是慈故能勇，俭故能广，不敢为天下先故能成器长。如果摆不正七情六欲的位置，就仿佛任由其"各自为政"，让我们在自我拉扯与牵绊中毫无意义的内耗。

不要为明天担忧，因为今天的所作所为，可以创造明天；也不用对过去伤感缅怀，因为所有的经历都是宝贵的财富，它为我们当下的思考，提供如此多的宝贵资粮。

谢谢老子！谢谢老师！

第七十二章

自知自爱:高明的领导者一定懂的道理

民不畏威,则大威至。
无狎其所居,无厌其所生。
夫唯不厌,是以不厌。
是以圣人自知不自见。
自爱不自贵。
故去彼取此。

传统译文

当人民不畏惧统治者的威压时,可怕的祸乱就要到来了。统治者不要逼迫人民使人民不得安居,不要压榨人民使人民难以生存。想要不被人民厌恶,就不要压迫人民。所以有道的圣人有自知之明,不固执己见,不自我表现,但求自爱而不自显高贵。所以舍弃自见、自贵才能获得自知、自爱。

经典对话

张倩:"民不畏威,则大威至。"民众不惧怕统治阶层的威严,为什么不怕?《道德经》第十七章:太上不知有之,其次亲而誉之,其次畏之,其次侮之。这四种统治结果,第三是畏之。民众不畏惧统治者的威严,要么是因为"亲而誉之",要么是因为"不知有之",这是一种非常好的治理状态。统治者不任意施威,老百姓生活安乐,对国家颁布的法令严格遵守,才是真正的大威。

"无狎其所居,无厌其所生。夫唯不厌,是以不厌。"真正的威严是不干扰老百姓正常安居,不干扰老百姓生活。正因为不打扰百姓生活,所以老百姓才会服从管理。

"是以圣人自知不自见。自爱不自贵。故去彼取此。"圣人一般都是做好自己,自知不显摆自己,自爱不自显高贵,国家治理就应该是像这样才对。

本章主旨在解说什么是真正的"威",如何正确地"树威"。"威"不是凭借手头的权势、武力去获取的,而是通过让百姓安居乐业,不干扰其生活,让老百姓认可国家的治理而建立起来的威严。

师说:权威不是说让每个人都心生畏惧,而应该是大家都不怕这个当权者,甚至想亲近这个当权者,内心真正地认可这个国家的管理,才是一个国家真正的大威风。

心兰:"民不畏威,则大威至。"如果民不畏惧强权,才是一个国家真正的管理成功。

"无狎其所居，无厌其所生。"老百姓不会时常更换居住的地方，不讨厌自己生活的环境，安居乐业。

"夫唯不厌，是以不厌。"统治者只有让每个人都安居乐业，老百姓才不会讨厌这个国家或制度。因此说，"不厌"表达的应该是对生活充满美好的期待吧。

"是以圣人自知不自见。"所以真正有大智慧的管理者都会自知，不会过多干预老百姓的美好生活，让老百姓在国家给定的生活中，自得其乐、自给自足。

"不自见"，我的理解是如何实现国富民强，如何内圣外王，而不是让老百姓居无所安。如果"自见"，就是眼里只有自己，只看得自己的安逸享受等。

"自爱不自贵"，应该和上一句表达的是一个意思，"去彼取此"，就是去自现和自贵，取自知和自爱。这样子老百姓才能不畏威，每个人都能活出自己理想的样子。

张倩："民不畏威，则大威至。"国家有国家机器，执行统治者的命令，统治者高高在上，以此来建立国家的威严。理论上来讲，威严只有让民众感到畏惧才是真正的威严。但此处老子说，对于统治者来说的"大威"恰恰是人民不惧怕统治者高高在上的威严。

"无狎其所居，无厌其所生。夫唯不厌，是以不厌。"人民为什么不惧怕统治者的威严呢？因为统治者从来不干扰老百姓正常安居，不压迫民众，所以人民自己也感受不到压迫。人民自然会好好地活下去，并且遵纪守法，支持以及信赖国家。

"是以圣人自知不自见。自爱不自贵。故去彼取此。"知人者智，自知者明，能够做到自知是很难的。只有圣人能够做到自知，不自欺且没有主观成见，能够做到自爱和爱人。国家治理如果像这样，就会建立真正的威严，首尾呼应。

天上会打雷，但不会随意劈死人。每天太阳东升西落照耀四方，老百姓对上天是又敬又威又爱又亲。相同的，执政者手握重兵，吓唬人是很简单的，让人害怕是很简单的，不简单的是身居高位，却俯身亲民；走进民众，心系万民；还民以太平，建立真正的威严。

师说： 所谓因果循环不过是父债子还，所谓父债子还，不过是父母"以身作则"行了旁门左道，子女们模仿尝了恶果罢了。

这一章核心就一句："夫唯不厌，是以不厌。"夫，指管理者；第一个厌指只有管理者不厌其烦地为民生着想，为民众的利益制法，老百姓就可以"无狎其所居，无厌其所生"。

"是以圣人自知不自见。自爱不自贵。故去彼取此。"管理究其精要，任何一家企业如何"得民心"，如何"不战而屈人之兵"，都要效仿这一章。刚愎自用、自以为是、闭门造车在哪里都是行不通的，没有真正从"市场痛点""用户真实需求"出发，商业模式再精致，产品再高科技，也一样是没有生存空间的。

第七十三章

繟然（从容）善谋：天道，从不辜负每一个在道上持之以恒的人

勇于敢则杀；勇于不敢则活。
此两者，或利或害。
天之所恶，孰知其故？
是以圣人犹难之。
天之道，不争而善胜，不言而善应，不召而自来，繟然而善谋。
天网恢恢，疏而不失。

传统译文

勇于表现刚强的人容易送命，善于表现柔弱的人反而能够生存。这两种勇的结果，有的得利，有的受害。这就是自然规律，可又谁知天意呢？有道的圣人也难以解说明白。自然的规律是不斗争而善于取胜，不说话而善于应承，不召唤而自动到来，宽缓从容而善于安排筹划。自然的范围宽广无边，虽然宽疏但并不漏失。

经典对话

张倩："勇于敢则杀；勇于不敢则活。此两者，或利或害。"这是本章的点题句，告诫人们要有敬畏之心。勇和敢是两个不同的概念。"勇"气也，从力；"敢"指胆量。"敢"与"不敢"都需要勇气，一个是要破坏自然法则寻求自己的"利"，另一个则是遵守自然法则。破坏自然法则的自然没有好下场，遵守法则的会受到老天的眷顾，会活得比较好。这两种表现想得到好处的（敢）反而得不偿失，没想到好处的（不敢）反而得到了好处（遵道而行）。

"天之所恶，孰知其故？是以圣人犹难之。"上天讨厌什么，谁能说得清楚呢？就连圣人也不敢事与愿违，言外之意。道是用来行的、遵守的，不是用来揣测找漏洞的。

"天之道，不争而善胜，不言而善应，不召而自来，繟然而善谋。"天之道，不去争辩反而会赢得对方；不用感召，自然会显应；不用招手，该来的自然也会来，一切都自有发生。"繟"是一种很细很细的丝线，"繟然"，就像一些看不见的丝线一样，看起来松松垮垮，但实际上都被计算在内。

"天网恢恢，疏而不失。"这句是总结也是主旨，"恢"大也，从心；"疏"通也；天网大而密，内部有自己运作的逻辑，看起来没什么联系，但万物都凭此运作。

这一章用天之道举例子表明天网无所不在，以此警醒人们有些事情能

第七十三章 繟然（从容）善谋：天道，从不辜负每一个在道上持之以恒的人

做，有些事情不能做，面对万事万物都应谨存敬畏之心。

朱玲： "勇于敢则杀，勇于不敢则活"，比如自伐者、自彰者、自现者，我理解为勇于敢，也就是"刚强"，则容易枯槁；勇于不敢，是柔弱的体现，则活。为什么呢？因为人的精力都是有限的，我们只能专注在自己要去全力以赴的事情上。而自显、自彰、自是、自伐、居功的人，做事的目的、发心都是有问题的，把精力放在这些上面，反而没有精力去做其应该要做的事。

"此两者，或利或害。天之所恶，孰知其故？是以圣人犹难之。"所以发心和初心决定了我们做事情的时候是否能无愧于心，不论表现出来的是什么表象。也许有的人看起来十分善意，做出来的事或目的却是损人利己。

"天之所恶，孰知其故？圣人犹难之。"被"道"仲裁的时候，就是连圣人可能都难以分辨出真假。

"天之道，不争而善胜，不言而善应，不召而自来，繟然而善谋。"所以成人达己，行天之道，不需争辩、不需刻意强求，做好自己的事，无为无不为，自然水到渠成。

"天网恢恢，疏而不失。"尽管连圣人有时也不一定能分辨明白，但心中有道，无愧于心地做事，自然会得到心地指引，和"道"的不离不失。

师说： "勇于敢则杀，勇于不敢则活。"

这句话的核心就是要理解一个"敢"字。"敢"字左边是耳朵上面一个丁字，意为把耳朵塞住，充耳不闻；右边是反文旁，意为违反自己内心的声音。从中医上讲，耳为肾脏之窍，肾管恐惧，胆生勇气。"敢"，就是把内心的恐惧盯住，充耳不闻，有敢无恐。

我相信大家都会有一个感受：当我们对一个东西越明朗越清晰的时候，对它的恐惧就会越少；当我们有恐惧存在的时候，意味着还有无明、未知的地方存在。既然有无明与未知，就应先正名，以求明明德，而绝不是贸然行"敢"之为。

老子说："吾有三宝，一曰慈，二曰俭，三曰不敢为天下先"。三宝之一的"不敢为天下先"和本章的"敢"，表达的是同一个意境。老子认为，"敢"为刚强的表现，是不理智的；"不敢"则为深思熟虑的表现。

我们做任何事情都需要深思熟虑、谋定而后动。贸然行事徒有勇之虚名而于事无补，非智者所为。所以老子告诫我们在面对抉择、面对机会、面对挑战、面对变局时，并非要勇往直前。恰恰相反，在大家都扎着头往里面跳

的时候，我们要做的是静下心来思考，不随波逐流。

"此两者，或利或害。天之所恶，孰知其故？是以圣人犹难之。"敢或不敢，没有绝对的利或害，因为往往看似相同的事，不同的人做了相同的选择，结果却完全不同，为什么？上天难道是随机让有的人这样选择给他成功，有的这样选择却给他一败涂地吗？显然不是。看似相同的路背后，有的人是"勇于敢"之下的选择，有的人则是"勇于不敢"之下的选择，自然结果是不同的。在"俗人昭昭"的众生当中，这是没办法说清楚的。有理智思考的人，就并不会有此烦恼。然而这样的法门给"昭昭俗人"讲了，也照样是"天下莫不知，莫能行"的结果。

天下有人不知道学习重要吗？天下有人不知道磨刀不误砍柴工吗？天下有人不知道思维大于一切吗？天下有人不知道思维源于见识吗？天下有人不知道文化的重要性吗？然而，有几个人能真正虚心向学？都在干"勇于敢"的事罢了。

"天之道，不争而善胜，不言而善应，不召而自来，繟然而善谋。"这一句我们主要去理解天之道，也就是说当我们选择的是符合天道的情况下，所有的一切不需要去争，我们只需要做好自己的"本"。所谓"君子务本，本立而道生"，自有"水能载舟"的结果。所以老子还是在谆谆教诲我们做好自己，务好本分。真正对的人说清楚了就会跟上，不对的人言多也必失；所以不言而善应，真正的感召是不需要太多言语的。"繟然"，就是坦然舒适的状态，就是我一直讲的"力所能及、游刃有余"的状态。只有长久维持这样的状态，才能稳坐中军、从容谋划，不会为外面的嘈杂所扰，更不会为短期的利益所惑。

"天网恢恢，疏而不失。"天之道这张网，从来就不会辜负每一个在道上并持之以恒的人。也同样不会让一个不在道上的人，穿过这张天网，到达成功的彼岸。

第七十四章

民不畏死：法出必行，就是树立威信、树立榜样

民不畏死，奈何以死惧之。
若使民常畏死，而为奇者，吾得执而杀之，孰敢。
常有司杀者杀。
夫代司杀者杀，是谓代大匠斫。
夫代大匠斫者，希有不伤其手矣。

传统译文

如果人民饱受暴政的逼迫，到了连死都不怕反抗的时候，统治者又怎能用死来威胁到他们呢？假如人民真的畏惧死亡，对于为非作歹的人，我们就把他抓来杀掉，那还有谁敢胡作非为呢？经常有专管杀人的人去执行杀人的任务，代替行戮者去杀人，就如同代替高明的木匠去砍木头，那代替高明的木匠砍木头的人，很少有不砍伤自己手指头的。

经典对话

朱玲："常有司杀者杀"，我理解为那些作妖的人自然有老天收拾，群众的眼睛是雪亮的，或者理解为有专门的司法机构会对这些人定夺裁决。这也就是说天道自然法则会让不得人心的人，没办法在一个顺应天道的发展趋势的环境下侥幸逃生的。

张倩："民不畏死，奈何以死惧之。"如果民众连死都不怕，又如何能让死亡（代指较重的刑法）使其畏惧呢？这一节我们需要考虑的是为什么民众不怕死。试想什么样的人不怕死，在现实生活中活不下去的人（这一章和第七十五章是前后呼应的）当苛捐杂税、穷兵黩武、大兴土木等让民不聊生时，结果会怎么样呢？他们就会作奸犯科，揭竿起义。老百姓都成这样了，又岂是什么刑法能吓唬得住的。比如在18世纪的法国为推翻封建君主专制发起的攻占巴士底狱起义，可见，在活不下去面前，任何刑法都会形同虚设。

"若使民常畏死，而为奇者，吾得执而杀之，孰敢。"如果能够让民众"贪生怕死"，我们试想一下人为什么想要活着不想去死？那肯定是现实中他们还能活下去，如果有他们眷恋的东西，就说明他们还没有丧失对生的希望。我们如何能做到这一点？那定然是政府能够使得人民安居乐业，那么在百姓都遵纪守法畏惧刑法的治理下，如果有谁依然不怕死祸乱乡里，就可以将他依法惩治，这样谁还敢闹事捣乱啊？

第七十四章　民不畏死：法出必行，就是树立威信、树立榜样

"常有司杀者杀"，老子又说，但如果这样，就会有司杀者经常进行刑杀。为什么？"反者道之动"，在老子看来如果需要经常刑杀，说明国家的治理也是有问题的，而且生杀大权更多的应该在上天手里，而不是在人手里，所以"常有司杀者"进行刑杀是有问题的。

"夫代司杀者杀，是谓代大匠斫。夫代大匠斫者，希有不伤其手矣。"这一句的司杀者更多指的是上天，是真正掌管人生杀大权的"司杀者"。那些掌管刑法的人就犹如代替真正的"拿事人"去执行死刑，就像代替大木匠去砍伐木头，很少有不伤到自己手的。

这章的主旨是想表达国家治理不需要也不应有过度的刑杀之举，一方面杀是为了不杀。如何做到不杀（让人民能够安居乐业，不触犯刑法）才是统治阶层需要考虑的实质问题。另一方面严刑峻法会砍伤自己的"手"。

师说： 民不畏死，奈何以死惧之。（中心思想）

若使民常畏死，而为奇者，吾得执而杀之，孰敢。（举例说明）

常有司杀者杀。夫代司杀者杀，是谓代大匠斫。夫代大匠斫者，希有不伤其手矣。（实践指导）

"民不畏死，奈何以死惧之"，这一句传达的是老子对人性的敬畏。

老子这里用了一个"死"字，是一字概全的表达方法。如何让已经确定下来的法律、军法、公司规章制度、家法、原则等在老百姓心中形成真正的震慑力而使其无条件服从，而不是让这些法典被管理者最终认为是无所谓的摆设。因为遵不遵守，其结果都差不多。

"若使民常畏死，而为奇者，吾得执而杀之，孰敢。"这句好理解，如果做到了使民众常畏死（老百姓对国法，家人对家法，军队对军法，做到心中有数且敬畏的状态），执法者对那些犯上作乱、试图以身犯险、挑战权威的人（为奇者），就可以执而杀之，以杀一儆百。

"常有司杀者杀"，既然制定了法，就要有执法部门（司杀者），就应该由司法部门去执法；倘若要让民众信服，遵纪守法，就需要司法部门公平公正地执法。

"夫代司杀者杀，是谓代大匠斫"，这里的"夫"指除"司杀者"以外的任何人，"夫代司杀者杀"，就是说有人或部门越俎代庖。人犯法自有"司杀者"来依法处罚，任何人都没有权利伤害别人的性命。当然也指执政者、当权者不能徇私枉法，不能滥用职权、草菅人命，否则就是代"大匠"斫。

"夫代大匠斫者，希有不伤其手矣。"如果有人越俎代庖，这本身就是在破坏法的公平公正性，破坏法的威信，破坏法的形象。无论破坏者是谁，都会带来不可磨灭的伤害。群众的眼睛是雪亮的，一旦法被破坏，无论是怎样的破坏，首先坏的就是执法者的可信度。执法者若失去可信度，法就没有公正可言了。

这一章是在讲法，亦是讲管理。为什么老子说"治大国若烹小鲜"？因为在老子看来，治理一个国家和治理一家企业，或治理一个家庭，乃至自我管理都是一样的。就算是我们给自己定目标，也一定要根据实际情况来制定，做到了就奖励，做不到就应该及时复盘。给自己定的原则如果自己破坏了，惩罚是什么一定要明确，让自己对自己的人生负责，对自己的未来负责。

《孙子兵法·始计篇》有云：主孰有道？将孰有能？天地孰得？法令孰行？兵众孰强？士卒孰练？赏罚孰明？吾以此知胜负矣。其中"法令孰行，赏罚孰明"说的就是本章的核心。法出是否必行？赏罚是否分明？这都决定了民不畏死还是民常畏死。

"明令禁止，法出必行"，就是树立威信，更是树立榜样。有威信，就有威望；有威望，就有敬畏；有敬畏，就好管理。

第七十五章

贤于贵生：为上者不要得寸进尺

民之饥以其上食税之多，是以饥。
民之难治以其上之有为，是以难治。
民之轻死以其求生之厚，是以轻死。
夫唯无以生为者，是贤于贵生。

传统译文

人民所以遭受饥荒,就是由于统治者吞吃赋税太多,所以人民才陷于饥饿。人民之所以难于统治,是由于统治者政令繁苛、喜欢"有所作为",所以人民就难于统治。人民之所以轻生冒死,是由于统治者为了奉养自己,把民脂民膏都搜刮净了,所以人民觉得死了也不算什么。只有不去追求生活享受的人,才比过分看重自己生命的人高明。

经典对话

朱玲: "民"是体用,"其上"是自己的心。"心"欲望越多越强追逐的东西越多,就越"饥";心中强求的越多,那肯定看哪哪儿都不顺眼,故"难治";越想去大富大贵的外在积累,加大自己的存在感,反而容易失去自己的"本",轻死重利。

"夫唯无以生为者,是贤于贵生",最后这一句我理解是"无为",不在扩张、贪欲、掠夺上面做文章,不用巧智去治理国家、企业,指导自己的行为,不在眼前的利益驱使下使自己走向昏乱。

心兰: 因为统治者施加的赋税太重,所以使人民陷于饥饿。因为统治者政令繁苛,所以人民难于统治。因为统治者过于搜刮民脂民膏,以致百姓生活困苦,所以感觉死也许才是解脱。因此说,不去追求生活享受的人,比过分看重自己的人高明。

师说: 我们厘清每一章要表达的意义,是要学以致用,而不是学到最后发现《道德经》是《道德经》,我还是我。

婧婧:《道德经》的基本规律是前面举例讲故事,浅显而易懂。"民之饥、民之难治、民之轻死",在这里都说了主要原因是"以其上",都在效仿上面。"食税、有为、求生厚"不是指上面的压迫,更多的是指上面吃的山珍海味太多,民一对比,就自然会觉得自己家的菜永远不够丰富。

上面总是没事找事地把各种面子工程安排起来,下面如此效仿着自然不得安生；上面的崇尚活着的享乐、品质奢侈的物质，下面的也追随着都忙着增加活着的成本，极致地追求金钱为让生活变得更加美好而舍命追钱。

最后论点来了：这个社会开始把金钱作为主要判断标准，在追随金钱至上的时候，人们已经顾及不到可持续发展的长治久安了，再多的德行也比不过一个富贵家庭的背景吸引人，整个社会的价值观都开始变得畸形扭曲了。

所以，价值观的引导和建立，确实是每个领导者需要重视的。看完这一章，我感觉老子太厉害了，为什么不管什么事他都可以一针见血地看到本质？都是人，人家咋那么通透？这大概就是哲学的力量，思想的伟大之处。

心兰：老子这一章讲的是人的原始动力问题。所以这一章的主线应该是说如果要发展经济，首先解决"上税"的问题，要合理化，不能让老百姓干着没动力；其次是"以其上之有为"的问题，当局的管理、时下的环境若是人为操控过多，必然难以服众，老百姓不服，则难治；最后是解决"厚生"的问题，让每个人看到自己能"厚生"的希望，结果就是"贤于贵生"。

"夫唯无以生为者，是贤于贵生"，这样看来前面那个解释，我要推翻一下。无以生为，并不是"不追求生活享受"，而是比"贵生"更"贤的状态"。这个状态是什么？这句话是总结，前面讲的是在"以其上求生之厚"的基础上，以至于民"轻生"。

这总结是说只要管理者能够"无以生为"，结果是比"贵生"更好。也就是说如果围绕解决"轻生"，未必能有好结果；如果直接朝着"无以生为"的状态走，老百姓自然会珍爱自己的生命。

张倩：从这个角度再来看第七十五章，"饥""难治""轻死"是程度递进的关系，从人民无法解决生存问题到发生种种社会问题（出现难以治理的情况），然后发现无论怎么样都无法摆脱底层的境地和命运，直到最后丧失求生的希望……

这一切都和统治者（管理者）从民众中攫取过多，只为统治阶层（管理层）的利益考虑有关系。老子举的这个例子是一个反面的例子，让我们看到逆天（道）而行是一件多么可怕的事情。

"夫唯无以生为者，是贤于贵生"，作为统治者（管理层）首先需要心系民众，让大家有能够生存且生活下去的基础条件。这样统治阶层（管理层）才能获取尊重并赢得民心。怎么样让民众安心生存下来呢？轻徭薄赋，公天下，统治阶层不过奢靡的生活。

师说："民之饥以其上食税之多，是以饥。"饥，不仅指饥饿，更指饥荒。人会饥饿是没有东西吃。中国自古是农业大国，农业大国会饥荒是因为农民没有下地干活。为什么老百姓不下地干活，导致饥荒？"以其上食税之多"。为什么食税之多？战乱才会重增赋税，强征劳力从军……种种原因，造成饥荒的结果。

"民之难治以其上之有为，是以难治。"民之难治，是说老百姓不服从管理。为什么不服从管理？因为"上之有为"。什么样的"上之有为"会让老百姓不服？必然是不得民心的管理。

"民之轻死以其求生之厚，是以轻死。"我们都是人，都有相同的感受：正常情况下，人们安居乐业、生活稳定、阖家团圆是不会轻死的。甚至是会怕死的。所以有那么多人寻找延年益寿的良方，斟酌健康的生活方式、健康的饮食——此为贵生。人在什么情况下会轻死呢？"以其上求生之厚"。什么是"其上求生之厚"，厚到什么程度？和后面的"无以生为"是否刚好是反义词？先看"其上求生之厚"，帝王建陵、建宫、建殿、建华堂、建高台……却草菅人命。将相王侯三妻四妾、良田万顷、豪宅遍地……却视民生，如草芥。"上"，就是管理者、统治者；"厚生"，"厚"自己的生命、生活品质、生活方式到什么程度，以至于搜刮民财民脂民膏，以至于老百姓走投无路，因而使其只剩下轻生寻死。

"夫唯无以生为者，是贤於贵生。"管理者如果可以"无以生为"，那么老百姓自然是可以"贵生"的。

第七十六章

或柔或强：不能光看表面

人之生也柔弱，其死也坚强。

万物草木之生也柔脆，其死也枯槁。

故曰：坚强者死之徒，柔弱微细生之徒。

兵强则不胜，木强则兵。

强大居下，柔弱微细居上。

传统译文

人在活着的时候身体是柔软的,死了以后身体就变得僵硬。草木生长时是柔软脆弱的,死了以后就变得干硬枯槁了。所以坚强与死是同类的,柔弱与生是同类。因此,用兵逞强就会遭到灭亡,树木粗壮就会遭到砍伐。凡是坚强的往往处于劣势,相反,柔弱的往往处于优势。

经典对话

朱玲:无为,不是什么都不做,而是什么都渗透自己的理念。但这并非爱辩、爱争、爱说服,而是要宛如水一般润物细无声,以身作则。如水般柔弱,并不等于失去自己的品质和信心,而是以种种方式渗透自己,柔中包含着巨大的力量。

而刚强者、强行者易折,让我感受到的是人无视自然法则的傲慢和自负。眼中只有自己,故易折,行之不远。尽管草木柔弱,但大风骤雨从未能拔草而起,柔的优势在于润物无声,是一种潜移默化的力量。

婧婧:"人之生也柔弱,其死也坚强;草木之生也柔脆,其死也枯槁。"每个新生的小婴儿都是软软绵绵、柔柔弱弱的,但人去世的时候,是四肢僵硬,蹬得直直的。草木初生,刚刚发芽,都是嫩嫩的、绿绿的、小小的、软软的,但是草木枯死的时候,叶子都是脆脆的、枯萎的,一碰就碎。

"故坚强者死之徒,柔弱者生之徒。是以兵强则灭,木强则折。"所以又坚又硬又好强者属死亡一类的,又柔又软又能屈能伸者属于生长一类的。

感觉和第七十八章水的例子又联系到一起了,有棱有角,很容易折断,如水一般把百炼钢化为绕指柔,大约就是这个意思。

张倩:生和死、柔弱和坚强、柔脆和枯槁,代表了两种截然不同的生命状态。前两句老子用人和草木的生死为例,让我们对坚强和柔弱有了一定程度的认知。这里的坚强并不是我们日常所理解的精神状态,更多的指的是一种较为强硬或者僵硬的一种姿态。如果过于逞强、强硬不懂变通,就会使其通向死亡。只有我们懂得保持柔软、变通,方能更好地生存。

第七十六章 或柔或强：不能光看表面

盛极而衰，军队强大了就容易被消灭，木头太硬了，经不起揉搓，一折就断。所以我们遇事不争、懂得变通，对他人没有威胁是为上策。

想要活得时间久，就要使自己的身体变得柔软，要运动，比如打太极、做瑜伽都可以使我们的身体变得柔软。

师说：人之生也柔弱，其死也坚强。（中心思想）

万物草木之生也柔脆，其死也枯槁。故曰：坚强者死之徒，柔弱微细生之徒。（举例说明）

兵强则不胜，木强则兵。强大居下，柔弱微细居上。（实践指导）

"人之生也柔弱，其死也坚强。"生时柔弱，死时僵硬，生死特征不同，根源在深层的天道法则中。

"万物草木之生也柔脆，其死也枯槁。"万物草木新生时，柔软脆嫩，死后干硬枯槁。生之柔弱与死之僵硬的反差，眼光从人之生死移到万物与草木的生死，看到万物草木同样具有"生也柔脆，死也枯槁"的特征。

"故曰：坚强者死之徒，柔弱微细生之徒。"这说明"生也柔弱、死也坚强""生也柔脆、死也枯槁"是普遍现象，说明柔软是生之特征、僵硬是死之特征。

"兵强则不胜，木强则兵。强大居下，柔弱微细居上。"军队"强"，则不会胜利。树木"强"，则被砍伐。

这一段中，"木强则兵"好理解，为什么"兵强则不胜"？

俗人：骄兵必败。

朱玲："兵强则不胜"，我理解是战术上的强大掩盖了战略上的问题（错误）。

心兰：以道佐人主，不以兵强于天下。其事好还。师之所处，荆棘生之。

朱玲：强行者失道？强扭的瓜不甜。用兵强的方式强行改变结果。得天下易，守天下难。符合人心中的道，就像我们国家领导人对非洲和亚洲很多国家所做的那样。

心兰：老子主张"生"，不主张"死"。所有利于"生"的，则长；不利于"生"的，则断；兵强，则天下生灵涂炭。所以不胜是指长远的得失，而非战事的胜败。

朱玲：为大家好，而不是损人一毫，得己一利。

师说：我们要深度格"强"这个物，到底何谓"强"？"兵强则不胜"，长远来看，"强"是什么？是强弩之末、是巅峰、是固化（成功所沉淀的固有思维）、是不灵活、是死之徒……

从国家战略上看"兵强则不胜"，涉及军事力量在国家治理中的定位。如果定位在对外军事争霸上，这是一个极其"下"的定位。老子认为，军事应定位于自强而非对外争霸，争霸战争伤生害命，不符合道性，对国家命运亦是灾难性的。所以，我们要怎么做呢？

"强大居下"，不要抱着过去的成功，对新鲜事物视而不见；不要抱着固有的思维，对未来的可能听而不闻；要把过去的"强"踩在脚下，不要让过去的"强"左右我们看待未来的眼光。此为"强大居下"。

"柔弱细微居上"，什么是柔弱细微？在第五十五章中形容婴儿，老子用了一句话："骨弱筋柔而握固"，婴儿是新生。我们可以想象一下，当我们刚刚进入一个新的领域的时候，我们的心态和我们做事的状态是什么样子？

心兰：对所有的东西，我们都抱有好奇心，对所有人的指导，我们都虚心接受。

师说：很多人因为觉得自己已经"强"了，见任何人都想指导，想教育；也因为自己"强"，所以对外面的形势看不见、看不懂、来不及、跟不上；更因为自己"强"，所以放不下面子去学习……

我们应该永远保持新生的心态、柔弱的心态，不断地吸取营养，不断地学习，不断地打破自己固有思维，不断地成长……此为生之徒，此为柔弱细微居上也！

这样的心态就是延年益寿最佳的良药。反之，"强"者，很容易引起心脏的问题，折损寿命。

师说：这种人很多。首先的问题是，你是谁？如果是"至亲"，某种程度上可以说是无解，只能求"外来和尚好念经"。如果是"近朋"，肯定要死谏。如果是"当下的老板"，远则远矣，不是明主，浪费的是自己的时间与精力。如果是"一个无关紧要的人"，就只能顺其自然了：机缘成熟，就说两句；机缘不足，我们其实也无能为力，因为每个人都有自己的路要走。上帝给每个人安排的课题是不一样的，是能听进劝的，必然不会走到今天这个样子；不能听劝的，不会因为你说了什么或者做了什么，他会突然改变。

婧婧：这两天因为学习《道德经》，感觉美好的事情都多了呢！

师说：这就是"实其腹"，脚踏实地的人，必然能感受到生活的美好。

精彩拓展

张倩，学习收获：

1. 从第七十六章学习中，我对"强"有了更清晰更落地的认知。"强"是强弩之末、是巅峰、是固化（成功后所沉淀的固有思维）、是不灵活。即不能抱着过去的成功，对新鲜事物视而不见；抱着固有的思维，对未来的可能听而不闻。要把过去的"强"踩在脚下，不要让过去的强，左右我们看待未来的眼光，这才是强大居下。

2. 从第七十五章学习中，我对"贵生"的领悟更加深刻。所谓"贵生"就是对生活充满了希望，以寻找延年益寿的良方，斟酌健康的生活方式，养成良好的健康饮食习惯。再有，就是对"饥"有了颠覆性的理解。当下时代的"饥"更多指精神层面，内驱力以及原动力，不知所作为何。作为管理者也要解决组织以及下属"饥"的问题，这不仅要解决薪资，而且更多的是要解决员工的动力问题。

3. 我知道了晦涩难懂的第七十四章所表达的中心思想："法令孰行，赏罚孰明"实际讲的是法令、规则、原则、注意事项，以及有法必依，执法必严的必要性。

4. 从第七十三章学习中，我对"敢"字有了更加深入的了解。"敢"为刚强的表现，是不理智的表现，而不是勇气和胆量。"勇于敢者则杀，勇于不敢者则活"告诉我们，做任何事情都要深思熟虑、谋定而后动。我们要勇于不敢，不要去做随波逐流的盲从者，要理智。

5. 从第七十二章学习中，我学会了什么是真正的"威"以及如何"立威"。治理和管理的核心在于得民心。手握"重兵"就更要俯身关注百姓或者下属，把百姓（职员）的利益当作自己的利益，国家才会稳固，公司才会稳固。

通过学习，我再一次温故了"实其腹"，也真实地感受到脚踏实地做人、做事，能够真心感受生活的美好，感到充实，才是真正的"实其腹"。

心兰，学习收获：

1. 第三章就在讲"虚其心"，到了第七十六章反而通过系统地对"强"的分析，让我彻底理解了"虚其心"是一种怎样的感觉。这一章让我懂得要脚踏实地做好自己，控制欲和占有欲是内心深处的自卑。

2. 第七十五章让我想到了一件事情，就是之前我跟着老师去高校讲课。老师讲完，好几次都有同学说愿意为这样的公司效力。也正是这一章让我懂得了人为什么会焦虑。当一个人内心长期处于荒芜，脚无法着地的那种无力感中时，当事人就会焦虑，加上整个社会也都在贩卖焦虑……所以在这样的环境下，才会有那么多的抑郁症吧。《道德经》应该是一本治愈的书，它让我感受到"活在当下"的魅力！让我感受到"脚踏实地"的美好！

3. 第七十四章讲人生是一场修行，而在这场修行里最重要的课题就是每个人的人生都是一场博弈。国家治理是这样，公司管理是这样，教育孩子是这样，夫妻关系是这样。越是最亲近的人，反而越需要这样。

4. 第七十三章讲做任何事情都需要深思熟虑、谋定而后动。要勇于不敢，不随波逐流，以保持自己内心最真实的声音。老师告诉我：不仅要这样去说，更要有这样的认知，然后坚定不移地做，才是正道。一切都为了我想要的那个美好的未来！

5. 第七十二章以习主席为例，看历史上也不乏这样的明主，比如唐有李世民，宋有仁宗赵祯，明有仁宗朱高炽。没学这一章之前，看"轻徭薄赋，与民休息"这些字，其实并不完全理解其内涵。但读完这一章之后再看，才发现这是伟大的帝王都明白的道理。我们做管理也是一样，只有为大局考虑，为民生着想，这样的企业才有美好的未来。

感谢每一位同学相伴让我学习成长！你们的话就像解语花，不断地点化我对《道德经》的理解；你们的话，让我不断地调整自己的思维方式。

最后，感谢老师的付出！

朱玲，学习收获：

1. 第七十二章，这一章让我看到我自己最薄弱的环节就是"夫唯不厌"（不厌其烦）。我经常会期待别人在自己付出努力之后就有所改观，关系能如自己期待的样子发展，或者自己要完成一件事时，总是有一种急功近利、拔苗助长的心理。当一切无法快速如自己所愿的时候，会因自己难以接受落差而做出过激反应（怨天尤人或失去自信）。

学习了《道德经》后，我开始反思自己的行为方式和目标方向存在的问题，努力应该放在自己身上，不厌其烦——对待事情的发展应该不厌其烦，

第七十六章　或柔或强：不能光看表面

与人相处应该不厌其烦。

这种不厌其烦表现几个方面：第一，没有强迫和强求的心态；第二，所有的抱怨对自己想要的目标来说都无济于事；第三，意识到外界环境是在不断变幻的，因而不能完全依赖于外界环境的好坏；第四，不厌其烦，更意味着坚持不懈的精神。做事做人都当如此。

2. 第七十三章，这一章让我最深刻的体会就是"天网恢恢，疏而不失"。由此反思自己以前是抱着侥幸心理的时候太多了，期待别人"恰巧"理解自己，期待事情"恰巧"一次努力就做完……然而这种想法显然是我忽略了脚踏实地努力和坚持不懈的重要性。老子所说的"虚其心，实其腹"，正是告诉我们把贪心和侥幸"虚"掉、放下，重视当下应该要做的是什么，从而脚踏实地去完成一件一件的事。

3. 第七十四章，这一章给我最大的启发是立规矩、定原则、信承诺、树信念、守信条，因为凡事不是单纯凭借一时冲动而成就或者只是做给别人看的。因为这些都不是长久的东西，更容易一击即碎。因此，我们要对自己立的态度和人生目标，信守承诺，秉持自己的信条与信念；对他人要立出底线、立出原则，最重要的是在其中能够习得当机立断的取舍能力，处处贪心反而什么都拿不到，抓不到。立出规矩和原则是为了区分和舍弃与目标无关的存在，才能使我们的注意力和精力集中，以便更好地实现我们需要完成的事情。

4. 第七十五章，这一章让我明白了对待身边的人和事应该有的态度。自己的能力越发展，越该考虑的是自己的担当、责任，以谨慎决策和行动。扪心自问，发心是否在正道之上，是否在成人达己，而不只是在图一己私利。这不仅是行动指导，而且也是结果定律。

5. 第七十六章，开始我理解的"强"，是强盛、强大的自己，所以一直没能理解这段表达的意思。通过学习后再来看，原来这一段强调的是"柔"，是一种围绕目标可以随时调整与变换的能力；是大丈夫能屈能伸，而不是刚愎自用的所谓"强"；是如水般无为（对外不强迫、强求，虚己心），无不为（对内是对自己的要求，实己腹）。

第七十七章

补损得当：要的就是这个结果

天之道，其犹张弓欤？
高者抑之，下者举之。
有余者损之，不足者补之。
天之道，损有余而补不足。
人之道，则不然，损不足以奉有余。
孰能有余以奉天下？唯有道者。
是以圣人为而不恃，
功成而不处，其不欲见贤。

传统译文

　　自然的规律，它不是和弯弓射箭所显示的道理一样吗？高了就要压低一些，低了就把它抬高一些。拉得过满了就把它放松一些，拉得不足了就把它补充一些。自然的规律是减少有余的补给不足的。社会的法则却不是这样，要剥夺不足的用来奉养有余的人。那么，谁能够减少有余的，以补给天下人的不足呢？只有有道的人才可以做到。因此，圣人就可以从中有所作为而不占有，有所成就而不居功。圣人是不愿意显示他的贤德的。

经典对话

朱玲： 这章我理解的是有道者和大多数人之间"人性"的区别。在有德之人眼中，是和谐自然共处，没有自己的人欲在里面作祟——以道莅天下。

　　人性的普遍现象是喜爱加重剥削、欺软怕硬，对弱者欺凌、对强者膜拜。然而每个个体的存在都有其独特的价值和意义，共生共荣才是长久的发展之本。很多已经成功登顶的民营企业家，仍然不断地在改善企业与社会的环境、在文化教育上做很多努力……我相信这些企业家心中一定有"天道"，才会有他今天的成就。

赵丹： 当下越来越多人奉行的是"人之道"，是把人性最贪婪的一面发挥出来，不停利用自己拥有的权利、金钱或名誉，去获取更多自己本就富足的东西，而且赚取的是本就匮乏的人的那点可怜的金钱、健康或寄托。越是这样贪婪最终的结果会越惨，要么使自己进了监狱，要么使自己众叛亲离。

　　真正能站出来有能力造福众生的，往往众生可能不知道或没见过的。人类能够发展靠的就是那极少部分不求名利地位的智者，用他们的智慧平衡人类因自私贪婪造成的不良后果，并不断地给予后来者一些支持和引导。

张倩： 天之道，其犹张弓欤？高者抑之，下者举之，有余者损之，不足者补之。天之道，损有余而补不足。人之道，则不然，损不足以奉有余。（举例说明）

第七十七章　补损得当：要的就是这个结果

孰能有余以奉天下？唯有道者。（中心思想）

是以圣人为而不恃，功成而不处，其不欲见贤。（实践指导）

天道的运行就犹如张弓射箭一般，对准目标，举高了往下放，太下了往高举；力道大了减少一点，力道小了增加一点。

"天之道"的特点和"人之道"进行对比之后，让我们更加明白天道运行的规律。对于本章而言，主旨也更加呼之欲出。

谁能够将自己占有较多的资源（包括金钱、能力、智慧等）奉献给天下？只有真正行道之人。这也是为什么老子总是在说圣人不积、利而不害、为而不争等。因为天道如此，那些掌握更多社会资源的及更加有能力的人，就更要普惠大众，更加利于众生，如此才是"替天行道"。

人们为什么仇富，仇的哪些富？是那些"为富不仁"的富。如果一个富人真的可以做到施舍、救助，民众感谢他还来不及怎么会仇恨。

整体来说，这一章是要教我们怎么样秉道而行。我们所有的一切均是上天赏赐，上天为什么要赏赐好东西给你，是想让你替它利万物。如果你占为己有就是背道而驰，应该将自己所拥有的给出去。简言之，这世界锦上添花的人很多，雪中送炭的却很少，我们要做雪中送炭的人。

心兰："天之道"，老子引喻大自然的规律与运转法则，告诉我们做任何事，都需要因时、因地、因势制宜，要不断调整和完善方案及自我，才能达到理想的效果。

"人之道"，老子用来比喻人类社会的运转法则，二八定律，根本原因是人性的贪婪与愚昧共同造成的。

谁能有余以奉天下，只有真正明道之人。圣人怎么做呢？圣人会把自己应该做的事做到极致，却不会邀功；事成而身退，不会把外在的功名利禄（见贤）放在心上。因为圣人做事只是做了自己认为应该做的事，而并没有想过以此来邀功请赏。

师说："孰能有余以奉天下？唯有道者。"这一句，心兰和张倩陷入了共同的误区。"天地不仁"那一章，你们俩都再去看看。

朱玲："孰能有余以奉天下？唯有道者。是以圣人为而不恃，功成而不处，其不欲见贤。"

这段我理解是真正专注于自己要做的事的人，他们会在管好自己之余，也能管好周围，能凝聚力量。"管"，我理解，它的前提是有目标为基础进行对现状的一个调整。有自己道的人能通过这个目标为基础，衍生出所需要调整和收纳的人和事。管理者通过专注的目标完成一系列的动作，这期间他所带来的功成名就却不自居。因为功名本来就不是有道之人的目标，他们只是专注在自己要完成的事上而已。目的是警醒自己专注，专注于目标的需求，不要被"人欲"和周围的杂音带跑偏了自己的目标。

师说： 大自然之所以能生生不息、天长地久，大概是因为大自然从一开始就明白并遵循和谐共生的丛林生态法则。

几乎无人不知无人不晓，我们整个地球所有物种是命运共同体，却几乎很少有人愿意去主动遵循这个自然法则。人类之间相互剥削相互压榨，"各扫门前雪"就不错了，何况对待其他的物种……造成这些结果的根本原因是人有恐惧、有贪婪、有黑洞一般的不安全感……

师说： 我一直相信人性本善，一个人但凡还有得选，他一定不会选择恶。但这些不应该成为我们要求别人或衡量别人的标准。就像感恩，我们一定要有感恩之心，但不是去要求别人也一定要有感恩之心，或者把"感恩之心"当作一个道德的标尺去衡量别人。否则，就是道德绑架。其实现实中这种情况与现象很多，许多人喜欢用道德绑架他人，但似乎他们从不用同样的道德来要求或衡量自己。

张倩： 这世间有太多自私自利的人，所以我们提倡付出和奉献。但硬币是两面的，多了付出和奉献，随之而来的自私自利也会更多……所以，是不是说，我们还不如什么都不要做。

师说： @张倩，该打！所以善良是需要智慧的。

我们所有的行为，先追求问心无愧、坦荡磊落，至于结果，那是以后的事。先从心所欲，而后结果自负。我们只需要相信，不管结果是什么，都是上天给的课题。每一个课题背后，一定有相对应的礼物。至于能不能拿到课题背后的礼物，那就是"福报"的问题了。

张倩： 这章老子是要让我们从心所欲吗？有余以奉天下，可以奉，也可以不奉，内心坦荡就好，问心无愧就好。

师说： 这章的核心是"圣人为而不恃，功成而不处，其不欲见贤"这句，是什么意思呢？做自己内心认为对的事，求的是无愧于心。不要管结果，结果不好就不好，不是我们能左右的。结果不好，前面说了，是上天给的课题；结果好，本来就是应该的，没什么好邀功的。

第七十七章 补损得当：要的就是这个结果

什么是应该做的事？就是做力所能及的事。什么是力所能及的事？穷则独善其身，达则兼济天下。很多人明明自己已经是泥菩萨过河了，还要打肿脸充胖子；明明自己的事都搞不定、做不好，还要天天"多管闲事"……这叫什么？这叫"人之道，损不足以奉有余"。

"损不足以奉有余。孰能有余以奉天下？唯有道者"和"拔一毛为天下，不为也"，我们可以细品这两句话，是如此的"异曲同工"。

第七十八章

正言若反：做一个真正的强者

天下莫柔弱于水。

而攻坚强者莫之能胜，以其无以易之也。

弱之胜强，柔之胜刚。

天下莫不知，莫能行。

是以圣人云：受国之垢，是为社稷主。

受国之不祥，是谓天下王。

传统译文

天下再没有什么东西比水更柔弱了，但是它无坚不摧，没有什么能够胜过它，替代它。弱胜过强，柔胜过刚，天下间虽没有人不知道这样，但很少有人能做到这样。所以有道的圣人说："能够承担国家的屈辱，才称得上是国家的君主；能为国家承受祸患的人，才配做天下的君王。"

经典对话

张倩： 天下最柔弱的莫过于水，但就是如此柔弱之物，能洞穿坚硬的物体也没有谁能胜过它（水滴石穿），究其原因是其无法改变的特质。一则，这里的柔弱实质是因为其内在无比强大，而呈现出来的柔弱。二则，说明那些谦让、理解、包容、承载的特质，而这些特质背后都是无比强大的内心和力量——真正厉害的人都会让别人感到很舒服；那些真正厉害的企业，他们的产品和服务就像水一样让人不可缺少，体验起来又无比舒适。三则，"道"就是这样的存在，如此至柔又至强之物可以融汇在同一个存在上面，就像阴阳。

"弱能胜强，柔能胜刚。"这么简单的道理天下没有人不知道的，但没有几个能做到。为什么会知易行难呢？因为还没有真正的"知"，当真的认识到这句话的力量，就会去行动，然后在"行"里加深"知"，而后更加笃"行"。

圣人说："能够承受国人辱骂的方可称为社稷的主人。"这里的社稷是指土地和庄稼，也指国家之根本。这一句让我想起一句话：如果每个人都理解你，那你得普通成什么样子。那些眼光超前的智者通常不为现世（当下）所接受，都会饱受诟病。只有这样的人方可承担社稷重任，能够承受国家之不祥（大难），在临危关头扛起大旗、振臂一呼，解救万民，方可称为天下的王。为什么会是这样呢？我们要学会凡事要透过现象看到本质，那些被大众骂得最惨的，有可能才是对的；那些只有在大难之时挺身而出的才是大才，平时叽叽喳喳的都是不咋地的。

朱玲： 尽管去做自己想要做的事就好，做到心中有数、心中有谱就好。所有展现出来与人的争、好胜、辩、强、硬，都有可能是事与愿违，也只有心中没谱的人才会被激起愤怒。

不辩——不仅意味着心中有谱，也意味着明白自己要去的是哪里。有句话叫"当你有明确的目标的时候，你就可以忍受任何一种生活"，当我们把精力和注意力集中在目标上，而不是与人争执上时，我们心里也就自然很有谱了。能承载多少压力，就有多大载物的能力，就在目标上有多大的成就。

婧婧： 水是最柔软的，但也是最强大的。这让我想到"上善若水"，真正的王者既获名利又享富贵，但也需担起所有的压力与责任，受得了舆论与指责——能屈能伸才是真正的大丈夫（王者）。

赵丹： 普天之下最柔弱的物质要属水了，再坚硬的物质都可以被水侵蚀，比如石头和金属，而且也找不到任何物质可以替代水。这是大自然中最显而易见的一种无形的力量。

如果我们能够感知到这样的启发，就不会再争强好胜、争名夺利，而是处处发出善念，不在乎一时的得失，持之以恒地积蓄力量，最终潜移默化地达成愿望。

对于大自然的这种启发处处可见，但人们能够转化成自己的修为的却很少。很早就有智者指明了方向：你能够帮助的人越多，承担的责任越大，因而支持和拥护你的人就越多。能够成为一个国家的领袖，更是要集万民的寄托于己任，为百姓解除苦难；创造安居乐业的环境，才能长治久安，不负天下，成为名副其实的"王"。

弘仁： 这一章谈的是柔弱与刚强的问题，水滴石穿是我们耳熟能详的一个成语，讲的是柔能克刚的道理。大家虽然都懂，但并非每个人能照办。因为在人们心中，柔弱就等于懦弱，胆小怕事其实只是对懦弱地误解。人生在世固然有刚直的做人准则，但是在面对一些貌似强大的矛盾时候，选择太刚太直未必能解决问题，因而选择柔弱的处理方式才是明智之选。

圣人说，能够忍受国家的处事耻辱，才可以做国家的君王，如果善于把自己放在柔弱的位置上，清晰明了自己的柔弱与不足，然后柔顺谦和，积极进取，终将成功。老子提倡的这种为人处世的人生态度，对我们现代人是非常有帮助的。

师说："以其无以易之也""天下莫不知，莫能行"，这两句很重要，要重点解读。要领悟这一章的内容，需要我们先放下"柔弱"和"刚强"这两个概念。在这一章里，柔弱和刚强没有那么重要。

心兰：天底下最柔弱的莫过于水。水以自己这柔弱之躯扛起的却是无以取代的价值：承载污垢、洗清灰尘、润泽万物、功成不怠、生而不有、为而不恃、长而不宰……"地低为海、人低为王"的道理，天下无人不知，却鲜有人能做到。

什么是（成熟的人）圣人？是有承载力的人，有德行的人（厚德载物）。你能承载一人之责，就是一人之领导，承载一国之务，就是一国之主。

师说：天下莫柔弱于水。（中心思想）

而攻坚强者莫之能胜，以其无以易之也。

弱之胜强，柔之胜刚。

天下莫不知，莫能行。（举例说明）

是以圣人云：受国之垢，是为社稷主。

受国之不祥，是为天下王。（实践指导）

思考一下，如何理解"上善若水"。

张倩：我对"上善若水"的理解，做到善已经很不容易了，能真正做到善的，基本都是圣人了。老子用很多篇章来阐述什么是善、什么是善人、圣人怎么做，这些都已经很厉害了。但在善的层次里面还有上善，为了更好地理解上善，老子用水来做比喻。"上善若水，善利万物而不争"是水所呈现出来的特质。一个"利"字与"不争"道出了上善的核心特质，因为它足够的"低下"和"博大"，方能"承载"。

赵丹：善，善良、付出、担当；上善，如何把善良、付出、担当做好；若水，水千变万化，不是始终一个形象，因为遇到的状况不同，解决问题的方式就不同，但始终初心不变。

师说：《道德经》的每一篇，都在从不同的维度出发，阐述这几个关键的"基础概念"。而第七十八章就是对"上善若水"的总结和升华。前提是我们要透彻了解什么是"上善若水"。

如果"上善若水"理解偏了或理解得不透彻，自然是很难理解老子的

"上善"与"深意"。

老子是管理大师，能透析人性，深谙道之所"存"。从管理出发，这一章升华的部分在哪里呢？就在于激发人的最大潜能。

张倩： 作为管理者能够接纳和包容下属犯错，不要那么强势。强势的结果就是他们表面上什么都认可，什么都回复"收到""好"，但实际上他们充满了对管理者的不屑和抵抗。

师说："天下莫柔弱于水"，天底下再没有比"水"更卑微，更柔弱的存在了。它润泽万物、善利万物，天地万物无一会拒绝水的滋养和灌溉。东西脏了，用水来洗；有灰尘，用水来冲……无论何时何地，水带来的都是美好。

"而攻坚强者莫之能胜"，就算最坚硬的一切，在水面前都拿水没办法。火烧它，它会雾化为空气，依旧润泽万物；冷空气冻它，它幻化为冰，继续为天地储蓄能量，所谓"君子不器"。

"以其无以易之也"，以此为天地带来无可取代的价值，赢得所有物种的尊重，此谓"实其腹"，脚踏实地，自重也。

"弱之胜强，柔之胜刚。天下莫不知，莫能行"，水用一己柔弱之躯，不折不挠，万年如一日地告诉大家"柔弱胜刚强"的道理，然而天下莫能从之。

这一章给我的启示：

1. 水，这个世界上最柔弱、最卑微的存在，尚且能够以不卑不屈的特质取得万物的尊重，它亘古不变地做着力所能及的事，才赢得天地万物的尊重，何况是万物之灵的我们？

2. "上善若水"，并非要求我们要做到如此"圣人"境界。恰恰相反，老子想传递的上善与深意是即使我们卑微如水，尚且不抛弃、不放弃，我们有什么理由遇到一点点挫折就放弃，就否定，就自暴自弃？

3. "受国之垢，是为社稷主；受国之不祥，是谓天下王。"没有人要求我们要受国之垢或受国不祥，只是我们必须明白"欲戴王冠，必承其重"的道理。没有高德厚望，何来承载之基？

4. 这个世界的法则是，你存在是因为你创造了价值，你有价值是因为你发挥了价值，你被尊重是因为你为这个社会创造了价值。若蝼蚁一生或如蛀虫，又何谈自己价值！

5.物种灭绝,定有其缘由,存在亦然。人类作为万物之灵长,为这个地球带来的是什么,我相信大家有目共睹。

6.聪明的人看的是别人的故事,思考的是自己的人生;智慧的人成全的是别人的故事,成就的是自己的人生。

第七十九章 天道无亲：菩萨心肠，还得有霹雳手段

和大怨，必有余怨，安可以为善？
是以圣人执左契，而不责于人。
有德司契，无德司彻。
天道无亲，常与善人。

传统译文

很大的愁怨，就算调解，也会有余怨留在心中；用德来报答怨恨，这怎么可以算是妥善的办法呢？因此，有道的圣人保存借据的存根，但并不以此强迫别人偿还债务。有德的人就像持有借据的人那样宽容且不索取，没有德的人就像掌管税收的人那样苛刻刁钻。自然规律对任何人都没有偏爱，但永远帮助有德的善人。

经典对话

张倩： 这一章用举例的方式让我们知道什么是真正的善人。现实生活中且不说那些无理搅三分的，就算得理了不饶人，这样的做法也非明智之举。

朱玲： "和大怨，必有余怨，安可以为善？"这一句我认为老子是承认人和人之间的怨恨是存在的。所以用所谓"圣人"来要求自己别生气、要以德报怨，我觉得是不切实际的……连孔子也说，以德报怨，何以报德？再说，在已经发生的"果"上纠结，是没有用的。如果只是思考第一因，在自己可以做到的第一因上纠结或纠缠不清，又如何能使自己避免陷入大怨纷争。

"左契，而不责于人"，我认为是老子给出的办法，不陷于上面那种"大怨之争"，应该如何操作和摆心态。宁可人欠我，我不欠人，图的是自己做人问心无愧，而不是使自己陷于斤斤计较当中。如若自己帮助了别人、付出了代价，但是斤斤计较，这就背离了自己的初心。前提是自己要有执左契的能力，有句话叫"菩萨心肠，霹雳手段"。

"有德司契，无德司彻"，想想自己当初为何这么做，而不是来纠结发生的这个结果，因为在果上争的人争不明白。

"天道无亲，常与善人"，我理解是举头三尺有神明，你做事的初心、目的是什么？时间会给出答案。同样你也可以通过自己对待发生的结果的态度，来了解自己如此做的初心到底是什么。

第七十九章　天道无亲：菩萨心肠，还得有霹雳手段

赵丹： 解决任何问题或矛盾，无论怎样都不会尽善尽美，把矛盾降到最低就好了。

德行高尚的人会遵守承诺，把自己要做的做好了。至于别人怎么做的，并不会使他们受到影响，因而也不会过分苛求。德行高尚的人有自己的做事准则，坚守承诺；德行差的人则言行不一，出尔反尔。希望人们都像大自然一样相互协作，和谐共生，人类的矛盾就会减少很多。

心兰： "和大怨，必有余怨，安可以为善？"这句中的怨，我认为本质上就是指情绪，一切能够引起怨的生发以及积累怨念的所有情绪。老子认为情绪一旦累积到一个爆发点，不管是否爆发，都一定是有伤害的——不爆伤身，爆发出来伤人。心里的怨即使爆发之后被和解掉，也一定还会留有残存，就像破掉的镜子，修复技术再好也一定会有痕迹。所以任何时候都不要让情绪左右我们的行为。情绪是不能控制的，只能靠自己的智慧去化解。老子认为，但凡有情绪积累，都不是一个成熟人（善）的标志。

"是以圣人执左契，而不责于人。"成熟的人（圣人）会怎么做？古代借、卖身、抵押等据皆为契，一分为二，左为出款人，右为借款人。执左契的人一般人给钱给出去的人（甲方），金主往往是趾高气昂的。所以老子用执左契来代表那些"占了上风的人"，掌握了别人把柄的人，揪了别人小辫子的人等。"不责于人"，就是不会把这些掌握在自己手里的有效凭证，当作自己的得理不饶人的依据，成熟的人会选择以德服人。

"有德司契，无德司彻。"契，是契约，司契，就是遵守契约的人。司彻，彻，这里老子表达的是一种处理方式，无德的人不遵守契约的时候，就要"彻"。也就是说遇上不遵守契约的人，也要应该有对应的手段去应对，而不是忍气吞声或者委曲求全，这些是没有用的。

"天道无亲，常与善人。"天道好轮回，苍天饶过谁。只要你遵守契约（善人），成熟做事，靠谱为章，苍天也自然不会亏待你。

师说： @心兰，很好，我就补充一句。"有德司契，无德司彻"对应佛家里面的一句话，叫做"菩萨心肠，还得有霹雳手段"，跟无德之人，讲"契"、讲德是无效的。

第八十章

小国寡民：保护传统与民俗，尊重民主与民权

小国寡民。使有什伯之器而不用。使民重死而不远徙。虽有舟舆，无所乘之。虽有甲兵，无所陈之。使人复结绳而用之。至治之极。甘美食，美其服，安其居，乐其俗。邻国相望，鸡犬之声相闻，民至老死不相往来。

传统译文

使国家变小，使人民稀少。即使有各种各样的器具，却并不使用；使人民重视死亡，而不向远方迁徙；虽然有船只车辆，却不必每次坐它；虽然有武器装备，却没有地方去布阵打仗；使人民再回复到远古结绳记事的自然状态之中。国家治理得好了，使人民吃得香甜，穿得漂亮，住得安适，过得快乐。国与国之间互相望得见，鸡犬的叫声都可以听得见，但人民从生到死，也不互相往来。

经典对话

张倩： 这一章老子对"小国寡民"的状态做了详细描述，简言之"小国寡民"是什么状态呢？是一种民众纯真质朴的状态。为什么要描述"小国寡民"呢？因为"至治之极"，这一章讲的是顶级的治国之道。

小国寡民的具体状态是指国家没有充斥着各种什伯之器（复杂的工具），否则会让民众变得懒惰；不是人人都那么看重个人生死，不断地想远走他乡谋生；虽然车船很多，但乘骑的人很少（没有攀比）；武器很多，但不需要结阵（不会打仗）。这样就像回到结绳记事那时候的状态，虽然吃的不怎么样却甘之如饴，穿的不怎么样却都认为很美，住的不怎么样却都很安定，对当地的风俗乐在其中。两个国家比邻，消息互通，但人民都各安其事，直至老死。

朱玲："小国寡民"，我理解是不贪大、贪好、贪富丽堂皇，而是实其腹、强其骨。其实，人真正需要的并没有那么多。

"虽有舟舆，无所乘之，虽有甲兵无所乘之"，代表本身很自强（利），但不好大喜功，争与侵犯（不害）。

"民复结绳而用之"，字面理解我觉得是一个人守真，要守住真正需要的。

"至治之极"，我理解是无为的顶点状态，守住自己，就要像颜回的一箪食、一瓢饮。

"甘其食，美其服，安其居，乐其俗"，去已经存在的那些中发现自己需要的，自然可以安之若素，对外无为不要求不强求，靠内在的智慧去运用好已经存在的东西。

"邻国相望，鸡犬之声相闻，老死不相往来"，这一段我感觉是一种人与人之间非常和谐的关系，鸡犬之声相闻说明距离非常的近，老死不相往来，说明不喜去走街串巷、打听闲事、聊人长短，而是彼此都能管好自己，做好自己，利而不害。

师说： 老子是一个十分通晓人性的哲学家、政治家以及管理大师。

"小国"是良性管理之下所呈现出来的一种状态，就像我们国家每个地方的风俗民情都不一样，所以有的地方就以自治的方式来管理，这就是"小国"的一种治理的状态。每个人都可以以自己习惯的，喜欢的方式去生活。

"寡民"，这里要用经济学的一个理论去解读，就是"私有制"，没有私有制，社会就不可能会有真正的进步。"寡民"的意思就是保护每一个人民的基本权益，你的就是你的，他的就是他的。

"小国寡民"，是老子对理想管理制度的描述，也是本章的中心理想。

"使有什伯之器而不用。使民重死而不远徙。虽有舟舆，无所乘之；虽有甲兵，无所陈之。使人复结绳而用之。"这一段是对"小国寡民"状态的具体描述。

"什伯"是军队的意思，这里借指军事实力。有什伯之器，但基本用不上。就好像今天我们国家的核武器力量，这个力量必须有，但能够不用才是"不战而屈人之兵"的上上策。

"重死"，我们小时候，家里老人都很注重自己的葬礼，因为以前不像今天这样，只要有钱，有无数的方法可以让葬礼热闹起来。过去只有德高望重的老人，葬礼上来吊唁和送葬的人才会多，反之则不然——这就是重死。人能够重死，说明在意自己的声誉和信誉，这是一种理想的管理结果。

"远徙"和重死一样，是一个"根"生出的两朵花，如果轻易远徙，人们到了一个陌生的地方，生活不易，更容易犯错。因为大家都不认识，犯错的成本低了，即使待不下去，也可以换一个地方生活。如果一直生活在一个地方，他就会顾及自己的名声，而不会乱来。就像今天社会上有很多人并不在乎自己的声誉。

"甲兵""舟舆",都是古时候作战时才用得到的,就像今天的坦克、大炮类似的装备;"结绳而用之",是老百姓安居兴业,大兴农业的一种状态。

"至治之极,甘其食,美其服,安其居,乐其俗。"这一段好理解,小国寡民的治理方式到了极致会是一种什么样子呢?老百姓能够甘其食,美其服,安其居,乐其俗。

"邻国相望,鸡犬之声相闻。"邻国,粗浅一点理解,就是隔壁村,深入一点理解就是指"风俗不一样的隔壁镇",大概是对"十里不同风,百里不同俗"的一种描述。虽邻国相望,都能听到鸡犬之声,但彼此能够做到相互和睦,相处和谐。

第八十一章

圣人之道：一生所求，不过是内心光明坦荡

信言不美，美言不信。

善者不辩，辩者不善。

知者不博，博者不知。

圣人不积，既以为人己愈有，既以与人己愈多。

天之道，利而不害；圣人之道，为而不争。

传统译文

真实的话听起来不好听,好听的话不真实。行为良善的人不狡辩,狡辩的人不善良。真正有学问的人不卖弄,卖弄自己懂得多的人不是有真学问的。圣人是不存占有之心的,而是尽力照顾别人同时,他自己也更觉充实。他尽量给予他人,自己就显得越加丰富。自然的规律是让万事万物都得到好处,而不伤害它们。圣人的行为准则是,为人处事或做事,尽量不求与人争夺。不和人家争夺。

经典对话

张倩:"信言不美,美言不信。"这让我想起来一个关于真理和谎言的小故事。真理和谎言本是一对好兄弟,有一天,他们去河里洗澡,谎言洗完了就先上来,并且穿走了真理的衣服。真理上来之后,发现自己的衣服不见了,"真理"宁可赤裸着身体也不愿意披上"谎言"的外衣。

信言,我的理解就是值得被人相信的话,什么样的话值得被人相信?那就是真理,所有的真理都是那么赤裸裸的,甚至有些真理是比较残酷的。反观那些充满华丽辞藻以及带有溢美之词的话,基本上大多都是谎言。

"善者不辩,辩者不善。"那些真正温良恭让的人,是不喜欢与别人去做争辩的。那些事事处处都喜欢和别人去争辩、辨别是非和对错的人,反而不是什么温良恭让之人,也可以说不是什么善茬。

"知者不博,博者不知。"这里的知,是通智慧的智。知者不博,我个人理解是说真正有智慧的人对于很多事情他不是去贪多,不是说所有的事情都要涉猎,然后再浅尝辄止。因为人的精力是有限的。那真正的智者干什么呢?他会在他喜欢和擅长的领域去探求事物的本质,做到一通百通。而那些看起来感觉好像很博知的人,其实是比较粗浅的,也是没有智慧的。

上天要走的路是怀着悲悯之心对待天下万物,不去损伤一丝一毫。而圣人要走的道路是指去做去体验,不去争世俗的名利。

第八十一章 圣人之道：一生所求，不过是内心光明坦荡

朱玲："信言不美，美言不信。"自己要对别人说真话的时候，话不美，易伤人，要考虑如何表达（知其白，守其黑之后的落地）；听别人说的话，听起来让自己舒服的或者动怒的（宠辱若惊）要考虑其话背后的目的。在这样的心态下，自己如何处理外界给予的各类反馈。真正对自己成长和修身有用的话语、内容，大多都刺耳难听，而那些听了让人为了图一时觉得爽（顺耳）的话，反而需要引起注意。这里我想起"行有不得反求诸己"，求诸己的过程，就是成长和修身的过程。

"善者不辩，辩者不善。"专注志向和专注做事的人没时间精力和别人纠结对与错；爱争高低和爱辩解，更多是逞口舌之快，当自己想要辩个高下时要自省：自己目的是什么，最终想要什么结果，还是只是觉得爽？听到难听刺耳的话之后，是寻思自己的问题，还是跳起来不断为自己开脱和辩解？善者，我理解是积极求索、学习、精进的人。一个精进者，注意力反而是放在自身的成长和改进上，而非与人较真对错。

"知者不博，博者不知。"真正知道、明白的人是有敬畏心的，不会四处讲大道理或者把自己知道的都抖出来。有敬畏心的人明白自己不知道的还有很多，因而不易妄下断言。保持努力精进学习的状态，更多时候是多听多看多学，就不轻易到处夸夸其谈自己的学识。如果把精力用在证明自己比别人厉害上，学识成为炫耀和满足好为人师欲望的工具，他就是"博者不知"之人。

"圣人不积，既以为人己愈有，既以与人己愈多。"不积，这里我理解为不独占与不贪。我认为一个成熟的人的标志是不会去计较自己对别人付出了多少（财、法、无畏），然后是否收获到了反馈，只有把这个"期待反馈"放下，才得自在。当他人感受到你本身就是这样一个不错的人时，别人自然会向你聚拢过来。这一句我理解是学而时习之。学了要落地，探索，在精进的状态下，把学到的东西落地、实践、与人交流与分享，通过运用一思考一运用，以不断地提高和打磨自己所学所得的认知（如切如磋，如琢如磨）。有句话叫教学相长，这是人与人之间交往应有的心态。而非好为人师，或是藏着掖着，后两者都无法使人进步。

"天之道，利而不害；圣人之道，为而不争。"天道虽无情，但对每个人都是一视同仁，从来不针对谁（天地不仁，以万物为刍狗）。一个有德之人，专注做事、志向、精进，而非为了与人一较高下。

419

师说：

信：诚也，从人从言，言必由衷之意。

诚：信也，从人言，人言则无不信者，故从人言。

1. 人言为信，称为"信言"。所谓"信言"，就是应该说负责任的话，靠谱的话。有一句话说：我们用两年时间学会说话，却需要用一生时间去学会沉默；

2. 信口雌黄，信口，本来应该说信言的口，却出口皆雌黄，如何立信？

3. 言必由衷之意，诚也！诚的是什么，不是诚于任何人，而是诚于自己的内心。王阳明死前说："此心光明，夫复何求？"一生所求，也不过是内心光明坦荡。

我们再来看第二个字：辩。

虽然说真理越辩越明，然而"善者不辩，辩者不善"的辩，却是辩解的意思。大家思考一下，人在什么时候需要辩呢？

张倩： 以自我为中心的人，只认为自己是对的，无法容纳接受别人的看法的时候。

"信言不美，美言不信。"一个脚踏实地的人就会说自己应该说的话；一个负责任的人才会说负责任的话；一个心中有谱的人才会说靠谱的话。反之，一味追求讲美言（总想讲漂亮话）的人，往往不是一个值得信任的人。所以，鬼谷子也说：口乃心之门户。

"善者不辩，辩者不善。"真正做实事的人不会去证明什么，解释什么。

"知者不博，博者不知。"真正知识渊博的人不会去证明自己知识渊博，想证明自己渊博的人，往往是因为其无知。

"圣人不积，既以为人己愈有，既以与人己愈多。"这一段，朱玲的理解比较到位。教学相长，圣人不会藏着掖着，但也只会说信言，而不会信口雌黄。乐于分享真理的人，越分享最后发现自己的收获越多。

在别人遇到困难的时候，能设身处地为别人分析，就是"应该说的话与负责任的话"：既以为人己愈有；在别人需要帮忙的时候，锦囊妙语就是"负责任的话，靠谱的话"：既以与人己愈多。

"天之道，利而不害""圣人之道，为而不争"，圣人与天地，在《道德经》里是一个意思，至少他们的道都是一样的：天之道，就是上善若水，善利万物而不争功名利禄，只是踏踏实实做自己应该做的事。

信言不美，美言不信。

善者不辩，辩者不善。

知者不博，博者不知。（举例说明）

圣人不积，既以为人己愈有，既以与人己愈多。（实战指导）

天之道，利而不害；圣人之道，为而不争。（中心思想）

这一章，放在《道德经》结尾之处，是有教义意义的：

1.不要好为人师，学了《道德经》，以为自己有了经世之才，到处去侃侃而谈；

2.应该说"信言"，应该"圣人不积，既以为人己愈有，既以与人己愈多"；

3.不要以为自己学了《道德经》，就知"道"了；

4.踏实做事，把《道德经》的体验和感悟到的智慧，实践到日常生活当中去；

5.时刻谨记：利而不害，为而不争！